Smith   Verlag Hans Huber
Affe im Kopf   **Sachbuch Psychologie**

HUBER

Daniel Smith

Affe im Kopf

Mein Leben mit der Angst

Aus dem amerikanischen Englisch von Cathrine Hornung

Verlag Hans Huber

Programmleitung: Tino Heeg
Lektorat: Thomas Reichert, Grevenbroich
Umschlaggestaltung: total italic, Berlin
Druckvorstufe: punktgenau gmbh, Bühl
Druck und buchbinderische Verarbeitung: AALEXX Buchproduktion GmbH, Großburgwedel
Printed in Germany

Bibliografische Information der Deutschen Nationalbibliothek
Die Deutsche Nationalbibliothek verzeichnet diese Publikation in der Deutschen Nationalbibliografie; detaillierte bibliografische Daten sind im Internet über http://dnb.d-nb.de abrufbar.

Anregungen und Zuschriften bitte an:
Verlag Hans Huber
Lektorat Psychologie
Länggass-Strasse 76
CH-3000 Bern 9
verlag@hanshuber.com
www.verlag-hanshuber.com

Die amerikanische Originalausgabe erschien unter dem Titel *Monkey Mind. A Memoir of Anxiety* bei Simon & Schuster.
© 2012 by Daniel B. Smith

Deutsche Erstausgabe
1. Auflage 2013
© 2013 by Verlag Hans Huber, Hogrefe AG, Bern
ISBN 978-3-456-85300-0

Monkey Mind [ˌmʌŋki_maind] *n.* Ein Zustand, in dem die Gedanken ruhelos, überspannt, launenhaft und unkontrollierbar sind. Akute Angst (chinesisch *xinyuan*, sinojapanisch *shin'en*).

Ich weiß nicht, was ihm fehlt, und die Ärzte wissen es nicht,
und er selbst weiß es auch nicht. Wir alle sagen, es sind die Nerven,
aber keiner von uns weiß, was er eigentlich damit meint.

– Wilkie Collins, *Die Frau in Weiss*

Inhalt

Warum ich dazu berufen bin, dieses Buch zu schreiben 9

Episode eins 13

  1 Genese 15
  2 Hurrikan Marilyn 17
  3 Monkey Mind 23
  4 Esther 37
  5 Der Trip 51
  6 Der Dolch 61

Episode zwei 77

  7 Das Unbehagen an der Freiheit 79
  8 Die Diagnose 93
  9 Ein Schauspieler vor seinem Auftritt 109
  10 Leute aus dem Buch 125

Episode drei 137

  11 Die Fakten 139
  12 Die Achselhöhlen 155
  13 Ängstliche Liebe 169
  14 Brian 181
  15 Warten 191

Quellen 199

Über den Autor 201

Warum ich dazu berufen bin, dieses Buch zu schreiben

Vor ungefähr zehn Jahren, als ich in Boston lebte, hatte ich einen Therapeuten, dessen Praxis in einer Klinik jenseits des Charles River auf einem großen Hügel lag. Der Therapeut hieß Brian. Sein Bart hatte die Farbe reifer Mangos, und in seiner Freizeit spielte er in einem Laientheater mit. Die Stücke, in denen Brian auftrat, waren meist in einem historischen Ambiente angesiedelt, und entsprechend trimmte er sein Gesichtshaar. Brian war der beste Therapeut, den ich je hatte, mitfühlend und geduldig und weise. Aber sein Erscheinungsbild konnte einen verwirren. Einmal, als die Premiere von *Der geheime Garten* anstand, stutzte er seinen Kinnbart bis auf einen schmalen Streifen zurück und ließ sich stattdessen einen mächtigen Schnurrbart wachsen, der schließlich auf beiden Seiten des Mundes herunterhing. Es war, als suche man Rat bei General Custer.

Ich hatte Brian aufgesucht, weil ich unter starken Ängsten litt. Und das nicht zum ersten Mal. Dies war die dritte und bislang schwerste Phase akuter Angst, die ich durchmachte, und wie schon bei den anderen Gelegenheiten schien mein Zustand auch diesmal durch keinen äußeren Lebensumstand gerechtfertigt zu sein. Im Jahr zuvor hatte ich meinen College-Abschluss gemacht, mit Auszeichnung. Ich hatte einen angesehenen Beruf, treue Freunde, eine schicke Wohnung, die ich mit einer intelligenten und bildhübschen Freundin teilte, und so viel Geld, wie ich brauchte. Und doch war jeder Tag eine einzige Tortur. Ich schlief schlecht und hatte immer wieder Alpträume, in denen Tsunamis und wilde Tiere vorkamen oder geliebte Menschen gewaltsam den Tod fanden. Ich litt unter Magenkrämpfen, Übelkeit und Kopfschmerzen. Ich hatte ständig das Gefühl, dass gleich eine Katastrophe hereinbrechen würde. Schlimmer noch, ich glaubte, die Katastrophe sei bereits eingetreten. Ich hatte die falschen Entscheidungen getroffen, den falschen Weg eingeschlagen und mir mein ganzes Leben unwiderruflich und für immer ruiniert.

In diesem Zustand machte ich mich eines Nachmittags auf den Weg zur Therapie. Dieser wöchentliche Gang war riskant, denn sobald ich nicht mehr durch meine Arbeit abgelenkt war, machten sich meine Gedanken selbstständig. Ich musste nicht einmal auf den Weg achten, denn die Praxis lag auf dem Freedom Trail, einer vier Kilometer langen Route, die durch rote Pflastersteine gekennzeichnet ist und zu den wichtigsten historischen Schauplätzen der amerikanischen Unabhängigkeitsbewegung führt. Bostons heiß geliebter «Pfad der Freiheit»: Boston Common, Granary Burying Ground, Old South Meeting House, Old North Church, die U. S. S. Constitution ... und Brians Praxis. Es war, als ob das gesamte Experiment der amerikanischen Demokratie nur auf meine Gesundung hinausliefe.

Kein anderes psychisches Leiden ist so verbreitet wie die Angst. Damit ist nicht nur der klinische Zustand gemeint, der viele Menschen (immerhin fast drei von zehn Amerikanern) betrifft, sondern auch ein – wie es so oft heißt – universelles und unvermeidliches Merkmal des modernen Lebens. Alle haben Angst. Und alle müssen damit zurechtkommen. Obwohl die Angst eines jeden Menschen anders ist und ganz eigene Besorgnisse und Verwirrungen mit sich bringt, handelt es sich doch immer um eine schmerzvolle Erfahrung. Die Angst zwingt einen zum Denken, allerdings zu einer unheilvollen, hermetischen Art des Denkens: ichbezogen, selbstverzehrend, unablässig, grausam. Auf dem Weg zur Therapie stellte ich mir zum Beispiel immer mit ungeheuer logischer Präzision vor, wie mich mein Zustand in den kompletten existenziellen Ruin treiben würde. Ein typischer Gedankengang sah ungefähr so aus: *Ich habe Angst. Die Angst macht es mir unmöglich, mich zu konzentrieren. Weil ich mich nicht konzentrieren kann, werde ich bei der Arbeit einen unentschuldbaren Fehler machen. Weil ich bei der Arbeit einen unentschuldbaren Fehler mache, wird man mich feuern. Weil man mich feuert, werde ich meine Miete nicht mehr bezahlen können. Weil ich meine Miete nicht mehr bezahlen kann, werde ich gezwungen sein, in einer Gasse hinter dem Fenway-Stadium Sex für Geld zu machen. Weil ich gezwungen bin, Sex für Geld zu machen, werde ich mich mit HIV anstecken. Weil ich mich mit HIV anstecke, werde ich das volle Krankheitsbild von AIDS entwickeln. Weil ich das volle Krankheitsbild von AIDS entwickle, werde ich einsam und in Schande sterben.*

Von einer diffusen Angst in acht kurzen Schritten zum Tod durch Prostitution. Bevor ich die Brücke nach Charlestown überquerte, ging mir meist der Gedanke durch den Kopf, dass ich mich umbringen könnte. Die letzte halbe Meile meines Fußmarsches gab mir genügend Zeit, um mir meinen schmachvollen Niedergang in allen Einzelheiten auszumalen. Ich stellte mir meine Mutter vor, die sich wie eine sizilianische Witwe wehklagend über meinen kalkweißen Leichnam warf. Ich sah den Rabbi vor mir, wie er mit salbungsvollen Worten mein kurzes Leben lobte, und ich hörte, wie die Erde dumpf auf dem rohen Kiefernholz meines Sarges aufschlug. In Gedanken gesellte ich mich zu meinen beiden Brüdern, die es eilig hatten, vom Friedhof nach Hause zu kommen, um die Plastikfolie von den Servierplatten mit den belegten Schnittchen zu ziehen und die Kaffeemaschine anzuwerfen. Während ich den Hügel zur Klinik hinauflief, der so steil war, dass man ihn vornüber gebeugt erklimmen musste, gab ich mir Mühe, ein paar echte Tränen zu vergießen – der Katharsis wegen. Es waren jämmerliche Versuche, die blökenden Laute von einem, der sich leergeweint hat. Ich klang wie ein Affe, der «Uh-uh-uh» macht. Schwitzend vor Anstrengung und innerem Aufruhr versuchte ich zu weinen und schaffte es doch nie. Wenn ich in der Klinik ankam, war ich jedes Mal so fertig, dass ich kaum noch stehen konnte. Ich war dreiundzwanzig Jahre alt und sah aus wie Richard Nixon, der gerade seinen Rücktritt vom Präsidentenamt verkündet hat.

Genau wie meine selbstzerstörerischen Gedanken, denen ich unterwegs nachhing, liefen auch die Monologe, mit denen ich die Therapiesitzungen eröffnete, stets nach demselben Muster ab. Als Erstes beteuerte ich, dass ich ein totales Wrack war. Meine Angst war in der vergangenen Woche so stark geworden, dass ich nicht länger zuverlässig arbeiten konnte. Das einzig Ehrenvolle, das ich tun konnte, war daher, meinen Job an den Nagel zu hängen. Als Nächstes bestand ich darauf, dass mein Leiden so akut war, dass man mich getrost für verrückt erklären konnte, und dass es an eine Verletzung der ärztlichen Berufspflicht grenzte, wenn Brian mich weiterhin ambulant behandelte. Was ich brauchte, war ein Klinikaufenthalt, am besten in einer Einrichtung mit gepflegtem Park und Krankenschwestern mit gestärkten weißen Hauben, auf die ein rotes Kreuz gestickt war. Am Ende meines Monologs flehte ich um Hilfe. Ich wollte, dass Brian mir sagte, was ich tun sollte. *Bitte,* sagte ich dann. *Bitte. Sagen Sie mir einfach, was ich tun soll. Ich schaffe das nicht allein. Ich bin nicht dazu in der Lage. Sagen Sie mir, was ich tun muss. Ich werde alles tun. Bitte, ich flehe Sie an. Bitte. Was soll ich tun?*

Als ich an jenem Nachmittag meine Eröffnungsrede hielt, unterbrach mich Brian irgendwann und fragte, ob er mich filmen dürfe. Er erklärte mir, dass er Studenten im Grundstudium unterrichtete und in seinen Seminaren manchmal Videoaufnahmen verwendete, zu Schulungszwecken.

«Sie wollen mich filmen?», fragte ich.
«Zu Schulungszwecken», sagte er. «Natürlich können Sie Nein sagen.»

«Im Ernst?», sagte ich. «Ich kann Nein sagen?»
«Ja, natürlich.»
«Das wäre in Ordnung?»
«Ja.»
«Sie könnten trotzdem unterrichten?»
«Ja.»
«Es ist also okay?»
«Ja.»
«Nein.»

Und so machten wir weiter, als hätte er mich nie gefragt. In den verbleibenden 40 Minuten unserer Sitzung war mir vor lauter Hoffnungslosigkeit elend zumute. Ich redete, während Brian verständnisvoll nickte und ein wahnsinnig gutmütiges Gesicht machte, wie es eben seine Art war. Dann trottete ich denselben Weg wieder zurück, auf den Spuren von Paul Revere und Sam Adams und all den anderen großen Patrioten, diesmal in umgekehrter Richtung, zurück ins Büro, um die schrecklichen Stunden meines restlichen Arbeitstages hinter mich zu bringen.

Erst später, als ich mit dem Zug nach Hause fuhr, um mich dort bis zum anderen Morgen unter der Bettdecke zu verkriechen, wurde mir klar, warum Brian mich filmen wollte. Es war wie bei meinem Bruder David, der als Kind extrem vorstehende Zähne hatte, breit und lang wie die eines Walrosses. Sein Überbiss war so ausgeprägt, dass unser Kieferorthopäde, bevor er die Fehlstellung schließlich in den Griff bekam, einen Gipsabdruck von Davids Zähnen anfertigte, den er bei Konferenzen vorführte, um die Fachwelt zu warnen: «Achtung, Leute! So schlimm kann es werden!»

Mein Fall, so wurde mir klar, war für Brian das, was Davids Zähne für den Kieferorthopäden gewesen waren. Ich war das klinische Anschauungsbeispiel: die Radierung mit dem verkrümmten Epileptiker; die Lithografie mit dem durch einen Geburtsfehler verkümmerten Arm; der Tumor mit Lippen und Zunge; der baguetteförmige Kopf mit sechs Augen und ohne Nase in einem Einmachglas.

Ich war die Angst in Person.

Episode eins

*Wenn du wirklich meinst, du müsstest dieses Buch schreiben,
dann sei wenigstens so anständig, mit einem Mann und einer Frau
zu beginnen, die Liebe machen.*

Ratschlag meines Grossvaters, der krankhaft übergewichtig war,
trotz seiner Neigung zu malignen Melanomen in Südflorida lebte
und nur Romane des populären Krimiautors Ed McBain las.

1 Genese

Die Geschichte meiner Angst beginnt mit zwei Frauen, nackt, in einem Wohnzimmer in Upstate New York.

Die Jalousien waren heruntergelassen. Jemand hatte den dreckigen Couchtisch, der mit Aschenbechern, leeren Flaschen und einer großen blauen Wasserpfeife vollgestellt war, an die Wand geschoben. Das Schlafsofa war zum Bett ausgeklappt. Es war ein billiges Sofa, ohne Federn, Rahmen oder Lattenrost. Wenn man es auseinandermachte, klatschten die Polster mit einem dumpfen Geräusch auf den Boden: *Flotsch!* Außerdem lagen überall durchsichtige Plastiktüten mit Latextüchern, spermatoziden Gleitmitteln und Einmalhandschuhen auf dem Boden herum. Wie mir schien, war alles vorhanden, bis auf eine Sauerstoffflasche und eine Tragbahre.

Ich kniete unbeholfen hinter einer Frau auf allen Vieren, blond und dickleibig. Ihr Hintern war entblößt und ihre Beine waren weit gespreizt – «darbietend», wie es bei den Säugetieren heißt. Ich war sechzehn Jahre alt. Noch nie hatte ich eine Vagina aus der Nähe gesehen, zumindest keine echte. Meine Erfahrung war bislang auf zweidimensionale Vaginas beschränkt gewesen, und die konnte man oft gar nicht richtig sehen, weil das Papier an der entscheidenden Stelle zerknittert war oder Heftklammern die Details verdeckten. Zur Feier des Tages hätte ich der Vagina am liebsten die Hand geschüttelt und ein bisschen mit ihr geplaudert. *Nett, dich kennenzulernen, Vagina! Möchtest du einen Kräutertee?* Aber die Vagina war geschäftsmäßig und schroff. Eine ungeduldige Vagina, eine wartende Vagina. Eine echte Bürokratin von einer Vagina.

Ich rutschte auf den Knien näher heran, die Hände ausgestreckt, die Finger gespreizt: ein Porträt des Autors als junger Lüstling. Die Luft in dem Zimmer roch wie eine Mischung aus Damen-Umkleidekabine und illegalem Wettbüro, gefüllt mit Rauch, Schweiß und parfümierter Körperlotion. Mein Kondom – das erste, das ich nicht nur zu Übungszwecken trug – kniff und schränkte mein Empfindungsvermögen ein, und mein Penis fühlte sich ungefähr so an, wie ich mir das bei einem Phantomglied vorstelle. Die zweite Frau hatte braunes, gelocktes Haar, runde Hüften und dunkle Brustwarzen, so groß wie ein Schokokeks. Sie lag auf der Couch und wartete. Während ich mich weiter nach vorn arbeitete und dabei versuchte, gleichzeitig meine Erektion und mein Gleichgewicht zu halten, redete sie mir mit ihrem Blick gut zu. Sie fasste sich zwischen den Beinen an.

Jetzt war die angepeilte Vagina nur noch ein paar Handbreit entfernt. Ich kam mir vor wie ein Militärflugzeug, das zur Luftbetankung ansetzt. Zugleich fühlte ich mich wie ein Stellvertreter für all die anderen Jungs da draußen. Deswegen war ich schließlich hier. Deswegen hatte ich die Einladung angenommen («*Willst du hierbleiben? Ich will, dass du bleibst!*») und wer weiß wie lange in dem dunklen Raum auf die beiden gewartet. Wie hätte ich auch Nein sagen können? Was man mir anbot, war der Traum eines jeden Jungen. Zwei Frauen. *Der* Traum.

Durch einen Dunst von Haschisch und billigem Bier versuchte ich, mir Mut zu machen: Der Traum! Was ich jetzt tue, tue ich nicht für mich, sondern für meine Leute, meinen Stamm. Liebe Freunde, das ist nicht mein Verdienst. Das ist euer Verdienst. Euer Sieg. Die Erfüllung eurer Wünsche. Ach, ihr armen, gequälten Jungs aus der elften Klasse, mit euren schmerzenden Lenden, hiermit widme ich diese Vagina –

In dem Moment hustete die Frau. Es war ein rasselndes, ein bellendes Husten. Ein Husten voller Nikotin und Schleim. Und die Vagina, die durch irgendeinen mysteriösen Muskelstrang, von dem ich bislang nichts geahnt hatte, mit diesem Hustenapparat verbunden war, zwinkerte mir zu. Mit ihren haarigen, wilden, buschigen Brauen zwinkerte sie. Mein Herz flatterte. Mein Atem ging schneller. Soeben hatte mir eine Vagina zugezwinkert, die aussah wie Andy Rooney: über jedem Auge ein Schnurrbart. Ich spürte eine Enge in der Brust und dachte bei mir, *Guter Gott, wo bin ich da bloß hineingeraten?*

2 Hurrikan Marilyn

Ich werde sie Esther nennen. Die korpulente Blonde mit dem struppigen Schamhaar und der Vorliebe für halbwüchsige Jungs – der Vorliebe für mich. Ich begegnete ihr bei der Arbeit in einer Buchhandlung in Plainview, New York, im Herzen von Long Island, wo ich geboren und aufgewachsen bin. Sie mochte mich gleich. Dann nahm sie mir die Unschuld, und heute, zwei Jahrzehnte später, hat sich meine Psyche noch immer nicht von dieser Liebenswürdigkeit erholt. Esther hat meine Angst entfacht. Sie war das Streichholz, das meine Seele in Brand setzte. Alles beginnt mit Esther.

Entweder mit ihr oder mit meiner Mutter. Ich kann mich nie so recht entscheiden. Zweifellos hatte die Art und Weise, wie ich meine Jungfräulichkeit verlor – Umstände, die selbst meine verdorbensten Freunde bemitleidenswert finden –, unmittelbare und nachhaltige Auswirkungen auf mich. Aber meine Mutter hatte die Voraussetzungen geschaffen, die einen Trigger wie Esther überhaupt erst ermöglichten. Es war nur eine Frage der Zeit, bis es losging. Was die entscheidenden Dinge betrifft – Kognition, Verhalten, Umwelt, Genetik –, so hat meine Mutter den Grundstein für mein unlösbares Problem gelegt.

Dies ist nicht die Geschichte einer Heilung, um es gleich vorwegzusagen.

Vor einigen Monaten, als ich meiner Mutter erzählte, dass ich ein Buch über Angst schreiben würde, sagte sie: «Ein Buch über Angst? Aber das war doch *meine* Idee. Ich hatte diese Idee. Kate» – ihre langjährige, enge Freundin – «und ich wollten es zusammen schreiben. Dann ist sie tot umgefallen, deshalb ist nichts draus geworden. Aber wir haben jahrelang davon gesprochen. Das ist nicht fair!»

Ich war mir nicht sicher, was sie mit «nicht fair» meinte – dass ich ein Buch schrieb, das sie selbst hatte schreiben wollen, oder dass Kate tot umfiel, oder beides. Ich wies darauf hin, dass die Idee, ein Buch über Angst zu schreiben, keineswegs neu war. Freud hat das schon vor mehr als hundert Jahren getan. Ebenso Kierkegaard. Und Spinoza sogar schon im

17. Jahrhundert. Abgesehen davon wusste ich gar nicht, dass sie vorhatte, ein Buch über Angst oder etwas Ähnliches zu schreiben.

«Wir sollten das zusammen machen!», sagte sie. «Als Koautoren. Ein Mutter-und-Sohn-Buch über Angst! Die Leute würden es verschlingen. Wir würden ein Vermögen machen!»

Ich erwiderte, das sei eine gute Idee, aber es werde wahrscheinlich nicht funktionieren. Ich hatte noch nie etwas mit jemandem zusammen geschrieben. Es fiel mir sogar schwer, zu schreiben, wenn ein Foto von jemandem im selben Zimmer hing. Wie sollte das erst mit einem lebendigen menschlichen Wesen gehen?

Später, bevor wir uns zum Abschied umarmten, fragte ich meine Mutter, ob sie etwas dagegen hätte, wenn ich über sie schrieb. Sie zögerte keine Sekunde. «Das ist mir scheißegal. Ich bin alt! Ich bin müde! Ich arbeite zu viel!»

Die erste dieser drei Behauptungen ist relativ, die zweite schwer zu glauben. Meine Mutter ist Ende sechzig, hat aber mehr Energie als die meisten College-Studenten, die ich kenne. Sogar mehr Energie als die meisten Eichhörnchen, denen ich begegnet bin. Mein Bruder Scott und ich haben ihr den Spitznamen «Hurrikan Marilyn» gegeben. So nennen wir sie, wenn sie einen von uns zu Hause besuchen kommt: Wir sehen ihr dabei zu, wie sie aus ihrem Toyota Prius steigt und mit fuchtelnden Armen die Straße überquert. Aus zahlreichen Taschen und Tüten quellen Schlüssel und Quittungen und Geschenke für die Enkelkinder – eine rasch heranziehende Sturmfront voller Geschichten und Klagen und Anekdoten und leidenschaftlicher Familienliebe. Kurzum, eine jüdische Mutter, wie sie leibt und lebt. Und wir rufen: «Achtung, macht die Schotten dicht! Hurrikan Marilyn erreicht das Festland!» Unsere Kinder beten sie an.

Die dritte Behauptung meiner Mutter trifft allerdings zu. Als mein Vater vor vierzehn Jahren an Krebs starb, hinterließ er nicht viel Geld, und es ist unwahrscheinlich, dass meine Mutter es sich je wird leisten können, in den Ruhestand zu gehen. Sie beschwert sich darüber, aber in Wirklichkeit liebt sie ihre Arbeit. Sie ist stolz auf ihr Talent und ihre Erfahrung und darauf, dass sie etwas Nützliches tut. Und damit komme ich zum wichtigsten Beitrag, den meine Mutter zur Entwicklung meines Seelenlebens geleistet hat: Sie ist Psychotherapeutin. Sie behandelt alle möglichen Leute mit allen möglichen Beschwerden. Aber ihr Spezialgebiet sind Angststörungen.

An dem Klischee, dass ängstliche, melancholische, manische und besessene Menschen mit größerer Wahrscheinlichkeit Seelenklempner werden als andere, ist durchaus etwas dran. Bevor meine Mutter Therapeutin wurde, war sie selbst Patientin und Leidende. Sie ist immer noch Patientin, behauptet aber, nicht mehr allzu leidend zu sein. Sie stellt sich selbst als eine Erfolgsgeschichte der Angstbewältigung dar, als wandelndes Beispiel dafür, wie Wille, Weisheit und die klinische Psychologie über die Natur triumphieren können.

Und die Natur ist gnadenlos. Den Erzählungen meiner Mutter zufolge bestand ihr Leben, seit sie zehn war, aus einer einzigen Abfolge von hunderten ausgewachsenen Panikattacken – einem inneren Tumult, der mit Angstschweiß, Hyperventilation und Selbstvorwürfen einhergeht. Ihre Nerven reagierten dermaßen empfindlich auf Reize, dass sie morgens, bevor sie zur Schule ging, heimlich ein paar Schluck Wodka trinken musste, um sie zu beruhigen. Sie hatte Angst vorm Autofahren, vorm Reden in der Öffentlichkeit, vor Partys, öffentlichen Plätzen und Männern. Sie litt an Unwirklichkeits- und Schwindelgefühlen, Sodbrennen, Herzrasen und Zittern. Sie hatte Panikattacken in der Schule. Aber auch zu Hause, im Supermarkt, in der U-Bahn, im Waschsalon, unter der Dusche und im Bett. Sogar als mein Vater ihr bei der Arbeit einen Heiratsantrag machte, hatte sie einen Panikanfall. «Meine Hände zitterten», sagt sie. «Allein der Gedanke, still zu halten, während mir jemand einen Ring an den Finger steckt, machte mich wahnsinnig!»

Vor kurzem habe ich meine Mutter gefragt, wie das alles aufgehört hat. Wie hatte sie es nur geschafft, die Welt nicht länger als einen einzigen großen Feuerwerkskörper wahrzunehmen, der jederzeit hochgehen kann? Sie antwortete mit einer Geschichte.

Als sie ungefähr vierzig war, ging sie zu einer Therapeutin, die in einer angesehenen Privatklinik für Menschen mit Phobien arbeitete. Die Therapeutin war von der Intelligenz und Entschlossenheit meiner Mutter beeindruckt. Sie fand, dass sie eine außergewöhnliche Willenskraft besaß, die sie – im Gegensatz zu vielen anderen Menschen mit Panikneigung – dazu trieb, Dinge zu tun, vor denen sie eigentlich Angst hatte. Obwohl es aus ethischer Sicht nicht ganz korrekt war, fragte die Therapeutin meine Mutter, ob sie nicht Lust hätte, für sie und die Klinik zu arbeiten. Zu ihren Aufgaben würde gehören, Gruppen von Phobikern in die Welt hinauszuführen und sie Situationen auszusetzen, in denen sie normalerweise vor

Angst durchdrehen. Sie wäre wie eine Blinde, die anderen Blinden den Weg weist. Therapeutisch gesehen, versteht sich.

Die ersten Personen, die meine Mutter ausführte, waren vier ältere Patienten, die entweder Angst davor hatten, Auto zu fahren, einkaufen zu gehen, unter Menschen zu sein, oder alles zusammen. Meine Mutter hatte vor diesen Dingen ebenfalls noch Angst, besonders vorm Autofahren. Sie beschloss, mit der Gruppe in ein nahe gelegenes Einkaufszentrum zu fahren – mit ihrem eigenen Wagen. Zunächst lief es gar nicht schlecht. Keiner fiel in Ohnmacht, keiner übergab sich oder rannte schreiend auf den Parkplatz hinaus. Dann, auf dem Rückweg zur Klinik, gab das Auto plötzlich den Geist auf. Damals gab es noch keine Handys. Sie saßen auf dem engen Standstreifen einer viel befahrenen vierspurigen Straße fest. Die Autos zischten mit nervtötenden Doppler-Geräuschen vorbei. Der Blutdruck der Gestrandeten begann zu steigen. Alle fingen an, ein wenig nach Luft zu schnappen. Was passiert, wenn fünf klinisch ängstliche Menschen in einem 1983er Buick LeSabre gleichzeitig eine Panikattacke bekommen? Meine Mutter wollte das lieber nicht herausfinden.

Sie versuchte ein Taxi anzuhalten. Vergeblich. Die Fahrer warfen einen kurzen Blick auf die Insassen des Wagens – ihre pergamentene Haut, ihre wilden Triefaugen – und traten aufs Gaspedal. Da begann meine Mutter außer Kontrolle zu geraten. Sie malte sich dramatische Szenen aus: auf dem Polizeirevier, im Krankenhaus, im Leichenschauhaus; örtliche Fernsehteams, die das Ganze filmten. Sie fing an zu zittern und zu schwitzen – ein Alptraum im Wachzustand.

In dem Moment hielt ein Taxi an einer roten Ampel. Meine Mutter zerrte die alten Leutchen zu dem Wagen, riss die hintere Tür auf und schob ihre Schützlinge unter dem wütenden Protest des Fahrers in das Taxi. Erst als die Ampel grün wurde und der Fahrer gezwungen war, klein beizugeben, erkannte meine Mutter, warum er die Gruppe nicht hatte mitnehmen wollen. Es lag nicht nur daran, dass sie aussahen wie aufgeschreckte Tiere und dass sie gewissermaßen sein Taxi beschlagnahmt hatten. Der eigentliche Grund war, dass bereits ein Fahrgast in dem Taxi saß, und dieser Fahrgast war – ich habe meine Mutter schwören lassen, dass sie das nicht erfunden hat – eine hochschwangere Frau, bei der die Wehen eingesetzt hatten. Der Fahrer setzte die Frau als Erste ab.

Das war nicht die Antwort, die ich erwartet hatte, als ich meine Mutter fragte, wie sie ihre schlimmste Angst besiegt hatte. Ich dachte, sie würde so etwas sagen wie: «Ich habe hart an mir gearbeitet und mithilfe von Medikamenten, gezielten therapeutischen Maßnahmen, intensivem Sport, der Unterstützung durch deinen Vater und Freunde sowie von verschiedenen Meditations-, Yoga- und Muskelrelaxationstechniken meine Art des Denkens verändert.» Das alles hat sie tatsächlich gemacht. Aber zu meiner Überraschung war das, was meiner Mutter am allermeisten geholfen hat, nicht die bewusste, kritische Auseinandersetzung mit ihren Ängsten, sondern die direkte Konfrontation mit genau jenen Dingen, die ihr am meisten Angst machten. Sie hatte sich ihrer Angst regelrecht entgegengeworfen – notgedrungen.

In der klinischen Psychologie gibt es einen Begriff für diesen Ansatz: «Flooding», sprich: die «Überflutung» mit den angstauslösenden Reizen. Die erste Patientin, bei der das Flooding in den 1950er Jahren erfolgreich angewandt wurde, war ein junges Mädchen, das eine lähmende Angst vor Autos hatte. «Sie wurde gezwungen, auf dem Rücksitz eines Autos auszuharren, und dann wurde sie vier Stunden lang ohne Unterbrechung herumgefahren», heißt es in dem Bericht. «Ihre Angst nahm erst panische Ausmaße an, ebbte dann aber allmählich ab. Gegen Ende des Ausflugs fühlte sie sich sogar wohl, und von da an trat die Phobie nicht mehr auf.»

Dieser Bericht klingt abschreckend, vor allem das Wort «gezwungen». Man fragt sich unwillkürlich, wie sie das Mädchen wohl dazu gebracht haben, nicht aus dem fahrenden Auto zu springen. Haben Wärter sie festgehalten? Haben sie die Türgriffe abgeschraubt? In vier Stunden kann man von Midtown Manhattan bis zum Washington Monument fahren, wenn man zwischendurch nicht zum Tanken anhält.

Für meine Mutter war jener Nachmittag mit den vier phobischen Senioren eine Art informelle Flooding-Behandlung. Was kann einer Frau, die Angst davor hat, die Kontrolle zu verlieren, Schlimmeres passieren als eine Situation, in der sie die Verantwortung trägt und ihr die Kontrolle entgleitet? Die ganze Welt hatte sich gegen sie verschworen, damit sie in Panik geriet. Tat sie aber nicht. Das konnte sie sich nicht erlauben. Wäre sie in Panik geraten, hätte das dazu geführt, dass die Situation eskaliert. Ebenso therapeutisch wirkungsvoll war der Umstand, dass die erwartete Katastrophe ausblieb. Stattdessen brachte meine Mutter ihre Schützlinge sicher in die Klinik zurück, bestellte einen Abschleppdienst für ihr Auto und fuhr nach Hause. Das war, als würde sie langsam aus einem Alptraum erwachen, in dem sie von Wölfen verfolgt und zerfleischt wurde. Sie unterzog sich einer kurzen Prüfung: Keine Bisse? Keine Kratzer? Keine Wunden? Es ging ihr gut. Alles hatte sich nur in ihrem Kopf abgespielt.

So begann die Laufbahn meiner Mutter als Therapeutin – und zugleich eine Flooding-Behandlung, die zwar langsamer wirkte, dafür aber radikaler war als alles, was selbst der fieseste Verhaltenstherapeut ihr hätte verordnen können. Im Reich der Ängste haben all jene gut lachen, die nur eine einzige Phobie bewältigen müssen: Wenn Sie unter Höhenangst leiden, lehnen Sie sich über eine Balkonbrüstung im zwanzigsten Stock. Wenn Sie Angst vor Keimen haben, lecken Sie den Fußboden ab. Was aber, wenn Ihre größte Angst die Angst vor der Angst ist? Das war nämlich das Dilemma meiner Mutter. Man hatte bei ihr eine «Panikstörung» diagnostiziert, einen Zustand, der darauf hinausläuft, dass man beim bloßen Gedanken an die Panik panisch wird. Man hat eine Panikattacke und wartet voller Unbehagen auf die nächste. Man achtet auf alles, was das innere Gleichgewicht gefährden könnte, und da das Leben nun mal so ist, findet man immer etwas – mit dem Ergebnis, dass man erneut einen Panikanfall bekommt. Der Anfall macht einen wachsamer, was zu noch mehr Anfällen führt, die noch mehr Wachsamkeit zur Folge haben, und so weiter und so fort, bis die gesamte Existenz so eng und stickig ist wie eine Besenkammer. Es gibt Mittel und Wege, um sich daraus zu befreien. Die Welt ist voll mit Theorien darüber, wie man seine Angst los wird. Aber keine ist so radikal wie die, die meine Mutter gewählt hat.

3 Monkey Mind

Ich war neun, als meine Mutter wieder aufs College ging, um Therapeutin zu werden, und zwölf, als sie ihren Abschluss machte. Davor hatte sie lange Zeit als Lehrerin an öffentlichen Schulen gearbeitet, und später als stellvertretende Leiterin einer Kindertagesstätte, die im Keller des Nachbarhauses untergebracht war. Nun gab sie eine Anzeige im *Pennysaver* auf und begann, in einem großen Raum mit niedriger Decke im Parterre unseres Hauses Patienten zu empfangen. Für uns Kinder bedeutete das eine Menge neuer Regeln und Pflichten.

Regel Nummer eins lautete: Ruhe – oder zumindest die äußerste Geräuschlosigkeit, zu der drei pubertierende Jungs fähig waren. Wenn meine Mutter einen Patienten hatte, mussten wir auf Zehenspitzen durchs Haus laufen. Wir durften weder laut sprechen noch streiten noch kämpfen noch sonst irgendein Geräusch machen, das durch die Gipswände eines Vorstadthauses von bescheidener Größe dringen konnte. Im Grunde konnte man überhaupt nichts tun, außer lesen oder leise masturbieren. Auf der Rückseite des Hauses führte ein geteerter Weg mit Rissen und Löchern zu dem Eingang, den die Patienten benutzten. Im Herbst mussten wir das Laub auf dem Weg zusammenrechen. Im Winter mussten wir dort Steinsalz streuen. Im Frühjahr und Sommer mussten wir die Rosenbüsche sprenkeln, die den Weg säumten. All das musste rechtzeitig erledigt werden, bevor ein Patient eintraf. Meine Mutter wollte nicht, dass ein zitternder Neurotiker vom Anblick eines Jungen mit freiem Oberkörper und einer Spritzpistole in der Hand zu Tode erschreckt wurde. Aus demselben Grund hatten wir strikte Anweisung, während der fünfundfünfzigminütigen Sitzungen nicht in den Garten zu gehen, der vom Behandlungszimmer aus durch ein großes Fenster einsehbar war. Zwar zeigte die dick gepolsterte, beigefarbene Ledercouch, auf der die Patienten Platz nahmen, in die andere Richtung, aber es bestand immer die Möglichkeit, dass ein Patient plötzlich einen Blick über die Schulter warf – mit unvorhersehbaren klinischen Folgen. Angenommen, meine Mutter behandelte einen Mann, dessen Frau sich mitsamt den Kindern aus dem Staub gemacht hatte. Wie würde er beim idyllischen Anblick dreier Brüder reagieren, die Fußball spielten?

Wir achteten also darauf, nicht gesehen und gehört zu werden. Das war die neue Hausordnung, und sie glich einer schmerzvollen Verbannung. Bevor meine Mutter den Raum im Erdgeschoss in eine Praxis verwandelte, ihr Diplom dort an die Wand hängte und überall Papiertaschentücher deponierte, war das unser Hobbyraum gewesen, eine wunderbar schummrige, mit Teppichboden ausgeschlagene Höhle, wo wir Filme guckten und Schiffe versenken spielten und abwechselnd unsere Windpocken und Grippeanfälle auskurierten. Es war der kulturelle Mittelpunkt und der Rückzugsort unseres Hauses gewesen, und ich empfand seine Beschlagnahme als herben Verlust. Ungefähr so müssen sich die Pariser gefühlt haben, als die Nazis ihre Stadt besetzten und ihnen die besten Tische in den Cafés wegnahmen.

Einer der Orte, an die ich mich nach dem Berufswechsel meiner Mutter zurückzog, war das Schlafzimmer meiner Eltern, das direkt über dem ehemaligen Hobbyraum lag. Dort gab es einen großen Fernseher, ein breites Doppelbett und viele dicke Daunenkissen. Wie sich herausstellen sollte, gab es dort auch etwas Offenbarendes, etwas, das mich dazu veranlasste, mir zum ersten Mal Gedanken über die Psyche meiner Mutter und deren Einfluss auf meine eigene zu machen, wenngleich diese Gedanken anfangs noch etwas verschwommen waren. Die Entdeckung machte ich ganz zufällig, als ich eines Abends gähnend auf dem Bett lag und versehentlich die Fernbedienung auf den Boden fallen ließ. Ich suchte danach, wie Kinder eben nach heruntergefallenen Fernbedienungen suchen: kopfüber vom Bett heruntergehängt, die Hüfte geknickt wie ein Scharnier. In dem Moment hörte ich es. In dem staubigen Spalt zwischen dem Bett und dem Nachttisch meines Vaters befand sich die geriffelte Abdeckung eines Lüftungsschachts, durch den jetzt Stimmen nach oben drangen.

Frau (um die vierzig oder fünfzig, belegte Stimme): ... so, als würde sie gleich einstürzen. Als würde sie einfach in sich zusammenbrechen. Als würde sie verdammt noch mal gleich auseinanderkrachen. Stahlträger, Drahtseile, Asphalt, Verkehrsschilder, Autos, Lastwagen, Dampfwalzen. Was auch immer. Das ganze Ding. Das ganze Scheißding, das einfach in den verdammten Sund stürzt.
Meine Mutter: Wie oft müssen Sie da drüberfahren?
Frau: Zweimal pro Woche! Zweimal pro Woche über eine Brücke, die aussieht, als sei sie während der verfluchten Depression gebaut worden! Ich könnte mich umbringen ... Nicht wirklich. Ich mach' nur Witze. Das wissen Sie doch, oder?

Meine Mutter: Mm-hm.
Frau: Ich hab nicht den Mumm, mich umzubringen.
Meine Mutter: Mm-hm.
Frau: Wenn ich ihn nur hätte. Dann müsste ich nicht mehr pendeln … Gott! Wie diese Schrauben aussehen, das macht mich wahnsinnig. Diese, wie heißen die doch gleich – Bolzen? Diese Dinger, die die Träger zusammenhalten?
Meine Mutter: (*schweigt*)
Frau: Die sehen total *verrostet* aus. Als ob sie jeden Moment nachgeben und brechen würden – und das war's dann. *Game over!* Ende der Geschichte! Auf geht's nach unten. Und wahrscheinlich sind wir nicht mal tot, wenn wir auf dem Wasser aufschlagen. Wie lange dauert das aus einer Höhe von, was weiß ich – dreißig Metern? Fünfzig Metern? Sterben wir beim Aufprall? Sterben wir im Wasser an Unterkühlung? Oder ertrinken wir? Wie lange dauert es, bis man ertrinkt?
Meine Mutter: (*schweigt*)
Frau: Ich frage ja nur. Wissen Sie, wie lange es dauert, bis man ertrinkt?
Meine Mutter: Nein.
Frau: Wie auch immer, ich sterbe. So viel steht fest.
Meine Mutter: (*schweigt*)
Frau: (*schweigt*)
Meine Mutter: Und wovor haben Sie Angst?
Frau: Haben Sie denn nicht zugehört? In den Tod zu stürzen, davor habe ich Angst!
Meine Mutter: (*schweigt*)
Frau: Ist das nicht genug?
Meine Mutter: Nun, was Sie mir erzählen, hat verschiedene Teile. Das Szenario, meine ich. Da ist der Gedanke, dass die Brücke einstürzt. Da ist der Sturz in die Tiefe. Und da ist das eigentliche Sterben. Welcher Teil macht Ihnen Angst?
Frau: Alle.
Meine Mutter: (*schweigt*)
Frau: Das Sterben.
Meine Mutter: Warum?
Frau: Wegen R____.
Meine Mutter: Was ist mit ihr?
Frau: Was soll aus ihr werden, wenn ich nicht mehr da bin? Wer wird sich um sie kümmern?

Meine Mutter: Wie wär's mit ihrem Mann?
Frau: Ihr Mann! Der kann doch nicht mal ein Omelett machen.

Nachdem ich ein paar Minuten lang gelauscht hatte, entdeckte ich die Fernbedienung zwischen den Pantoffeln meines Vaters und schaltete den Fernseher aus. Das hier war viel spannender als *Matlock*. Dabei war das Thema an sich gar nicht so außergewöhnlich. Eine Frau mittleren Alters mit einer Brückenphobie, das ist nun wirklich kein therapeutischer Sprengstoff. Im Grunde war es auch nicht die Patientin, die mich dazu brachte, die nächste halbe Stunde in einem Zustand gespannter Faszination vom Bett herunterzuhängen und zuzuhören. Es war meine Mutter. Oder, um genau zu sein: Es war die unbekannte Person, die sich der Stimme meiner Mutter bemächtigt hatte. Ich hatte das aufregende Gefühl, unverhofft Zugang zu einer Identität zu erhalten, die ganz anders war als die, die ich kannte. Meine Mutter, wie ich sie kannte, war die impulsive, chaotische Person, die ich beschrieben habe, die Tochter eines Gemischtwarenhändlers aus der Bronx, deren Umarmungen an den Schraubstock eines Tischlers erinnerten. Im Vergleich dazu war die Mutter, die sich mir über den Lüftungsschacht offenbarte, ein wahrer Zenmeister: cool, besonnen und aufmerksam. Dass meine Mutter Trost spenden konnte, war keine Überraschung für mich. Sie war meine Mutter. Sie hatte mich getröstet, seit ich auf der Welt war. Aber dass sie es logisch und beherrscht tun konnte; dass ihr Zuspruch vom Verstand her und nicht aus dem Bauch heraus kam; dass sie ihren Beistand choreographieren, bändigen, steuern und mit Bedacht zuteilwerden lassen konnte – das war eine Offenbarung für mich. Und so kam es, dass ich Tag für Tag, Woche für Woche auf meinen Lauschposten zurückkehrte und das Allerheiligste ausspionierte, bis meine Ohren ganz heiß waren.

Vor ein paar Jahren stattete ich meinem ältesten Bruder Scott einen Besuch ab, um mit ihm über Angst zu sprechen. Das war kein ungewöhnliches Thema. Scott und ich reden über Angst wie andere Brüder über Geld, das heißt, häufig und immer mit einem wachsamen Auge darauf, wer mehr davon hat. Aber eigentlich stehen wir in keinem Wettbewerbsverhältnis. Wir haben unterschiedliche Sorten von Angst. Meine kommt vom Kopf her. Sie beginnt mit einem Gedanken – einem «Was wäre, wenn?», oder einem «Hätte sollen», oder einem «Hätte können», oder einem «Wird nie sein». Von dort aus bildet der Gedanke Metastasen, die das Rückgrat hinunterwandern und den ganzen Körper befallen, in Form von Atemnot, Beklemmung, Erschöpfung, Herzrasen und dem schrecklichen Gefühl, dass die Welt, in der ich lebe, zugleich nicht greifbar wie ein Hologramm und auf groteske Weise bedrohlich ist.

Bei Scott ist es umgekehrt. Seine Angst kommt vom Körper her. Sie beginnt mit einem Zwicken, Ziepen, Stechen oder Brennen und wandert dann nach oben in den Kopf. Dort wird die Körperempfindung zunächst ausgiebig analysiert und möglichen Ursachen zugeschrieben, wodurch die Angst weiter wächst. Das führt zu noch mehr Spekulationen über den eigenen Gesundheitszustand und zu noch mehr Angst, und am Ende dieser negativen Feedbackschleife liegt Scott entweder mit einem Glas Nutella und einer Tüte Soja-Chips auf dem Sofa, oder er wird mit Blaulicht in die Notaufnahme gebracht, wo man eine ganze Reihe von Untersuchungen durchführt, die wieder einmal nichts Bösartiges ergeben, außer vielleicht ein paar Luftbläschen. Kurzum, Scott ist ein Hypochonder.

Wir streiten manchmal darüber, was schlimmer ist: meine «frei flottierende» Angst oder seine «somatische». Aber meistens bedauern wir uns gegenseitig. Wir jammern, geben uns gegenseitig Tipps, welche Selbstberuhigungsstrategien am besten funktionieren, und überprüfen unsere Lieblingstheorien am anderen. Diesmal wollte ich mit Scott über die Ursprünge meiner Angst sprechen.

Wir unterhielten uns in Scotts Küche. Er war dabei, das Abendessen für seine Familie zuzubereiten, und gab fein gehackte Zwiebeln und Knoblauch in eine gusseiserne Bratpfanne. Ich erzählte Scott von meiner Theorie, dass der Beginn meiner Angst mit meiner Entjungferung zusammenfiel. Das war der Wendepunkt, der evolutionäre – oder besser: der devolutionäre – Sprung. Vorher: einigermaßen normale Kindheit. Nachher: angsterfüllte Jugend. Der Duft von sautierten Zwiebeln wirkt wie ein natürliches Beruhigungsmittel, eine Art Valium zum Inhalieren. Es löst die Zunge. Ich redete ziemlich lange. Als ich fertig war, schwenkte Scott die Bratpfanne kurz fachmännisch vor und zurück und sagte dann in einem Ton, den Professoren immer bei besonders begriffsstutzigen Studenten anschlagen: «Herrje, Dan. Vielleicht. Das kann schon sein. Aber hör mal, schließlich wurden wir ja nicht von buddhistischen Mönchen aufgezogen.»

Dazu müssen zwei Dinge gesagt werden. Erstens: Entgegen der landläufigen Vorstellung können Buddhisten sehr ängstliche Menschen sein. Oft ist das ja der Grund, weshalb sie überhaupt Buddhisten werden. Der Buddhismus wurde für die Ängstlichen erfunden, genau wie das Christentum für die Unterdrückten oder die Anonymen Alkoholiker für die Abhängigen. Der Zweck des Buddhismus besteht ausschließlich darin, mehr Gelassenheit zu erlangen und den Geist zu bändigen, wenn zu viele Gedanken und Emotionen darin herumtollen. Die Buddhisten haben eine wunderbare Bezeichnung für diesen ruhelosen Geist gefunden: «Monkey Mind». Gemeint ist ein Zustand, in dem die einzelnen Bestandteile des Bewusstseins ohne Unterlass durch den Kopf jagen, Purzelbäume schlagen, mal hierhin, mal dorthin springen, mit Fäkalien werfen und in atemberaubenden Tempo von einem losen Nervenzellende zum nächsten schwingen, wie ein Affe, der an Lianen durch den Dschungel turnt. Die Praktiken des Buddhismus dienen dazu, den Affen im Kopf zu zähmen und auf den Boden der Tatsachen zurückzuholen – ihn ruhigzustellen. Wen wundert es da noch, dass der Buddhismus in den Hochburgen amerikanischer Aufgeregtheit, an der Westküste und im Stadtgebiet von New York, so erfolgreich ist?

Zweitens: Scotts Bemerkung brachte mich darauf, wie ungeheuer einflussreich unsere Erziehung gewesen sein muss. Scott hatte recht. Natürlich hatte er recht. Die Geschichte meiner Angst zu erzählen und dabei die meiner Mutter zu überspringen wäre ungefähr so, als würde man *Moby Dick* an der Stelle beginnen lassen, wo der Wal von Ahabs Harpune getroffen wird. Und nicht nur die Angst meiner Mutter. Scott verwendete den Plural – Mönche, nicht Mönch. Wir wurden von *zwei* ängstlichen Eltern aufgezogen. Die Angst meines Vaters war anders als die meiner Mutter, genauso wie Scotts Angst anders ist als meine. Sie war düsterer und komplizierter. Aber sie war da, manchmal ständig. Mit Anfang vierzig hatte mein Vater eine Reihe von Panikattacken, die ihn buchstäblich flachlegten und in die psychiatrische Klinik brachten, wo er sich erholen sollte. Unterdessen gab sich meine Mutter alle Mühe, Sitzungen des Elternbeirats zu überstehen, ohne zu hyperventilieren und ohnmächtig zu werden. Und noch immer begriff ich nicht, was los war.

Gab es irgendwelche Hinweise? Etwa ein Jahr, nachdem meine Mutter die Therapeutenlaufbahn eingeschlagen hatte, schlich ich eines Tages heimlich in ihr Büro und entdeckte die ersten Visitenkarten, die in einer Porzellanschale auf dem Schreibtisch lagen. Der Text der Karten, auf die sie sehr stolz war, lautete:

Marilyn Smith, Master of Social Work (MSW)
PSYCHOTHERAPEUTIN

Ich begann, auf den Karten herumzukritzeln, und als ich damit fertig war, stand dort:

> Marilyn Smith
> PSYCHO

Aber das war eher kindlicher Unfug und keine echte Erkenntnis. Ich wusste nicht, dass die therapeutische Arbeit meiner Mutter aus ihren therapeutischen Bedürfnissen heraus entstanden war. Ich wusste nicht einmal, dass sie therapeutische Bedürfnisse hatte, dass es außer ihr selbst, der mütterlichen Konstante, noch etwas anderes gab, das ihr Temperament beeinflusste. Es gibt viele äußere Anzeichen von Angst: abgenagte Fingernägel und Nagelhaut, schweißnasse Hände, ständiges Blinzeln oder die Unfähigkeit, auch nur einen Moment lang ruhig auf einem Stuhl zu sitzen – all das, was der Affe im Kopf mit einem anstellt, wenn er die Oberhand gewinnt. Aber man muss wissen, wonach man sucht. Und selbst, wenn man es weiß, heißt das noch lange nicht, dass man auch fündig wird. Erfahrene Angstpatienten sind sehr geübt darin, sich nichts anmerken zu lassen. Ob aus Scham, Ehrgeiz oder dem Wunsch, nicht aufzufallen – sie haben gelernt, ihre Angst vor den Augen der Öffentlichkeit zu verbergen. Sie schließen sie in sich ein wie Säure in einer Ampulle. Diese Taktik funktioniert zunächst, ist aber keineswegs angenehm. Die menschliche Psyche besteht nicht aus chemikalienbeständigem Glas wie dem unverwüstlichen Pyrex. Die Säure kann sie zersetzen.

Ein Kind hat empfindliche Antennen. Man kann die Angst vor ihm verbergen, nicht aber den Einfluss, den sie auf seine eigene Entwicklung nimmt. Irgendwann kommt die elterliche Gemütserregung zum Vorschein, und mit der Zeit formt sie das Temperament des Kindes wie Wasser einen Kieselstein. Als meine Mutter zum ersten Mal ohne Umschweife mit mir über ihre Angst und das Leid, das sie verursachte, sprach, war ich fast zwanzig und steckte bereits tief in meiner eigenen Angstgeschichte. Es war, als spreche sie über mich. Hier ging es nicht nur um Genetik. Es waren Millionen kleine Hinweise: Die fahrigen Bewegungen, die seltsamen Befürchtungen, das Vermeidungsverhalten, der panische Ausdruck in den Augen, die Angst hinter den Umarmungen, das Zittern bei den Liebkosungen. Es war der Affe. Ein Kind registriert genau, wer es aufzieht.

Nachdem ich mit Scott gesprochen hatte, besuchte ich meine Mutter in ihrer Praxis. Das war nicht mehr der Raum, in dem sie gearbeitet hatte, als wir noch Kinder waren. Ein paar Jahre nach dem Tod meines Vaters hatte sie das Haus verkauft und war in einen Wohnkomplex weiter im Osten von Long Island gezogen. Ihre Patienten empfängt sie jetzt in einem einstöckigen Apartment, das praktischerweise gleich neben einer großen chirotherapeutischen Praxis liegt. Manchmal, wenn sie gerade eine Pause zwischen zwei Patienten hat, lässt sie sich dort rasch den Lendenwirbel einrenken.

Meine Mutter und ich haben ein enges Verhältnis und kommen meist gut miteinander aus. Aber von dem Moment an, als wir uns hinsetzten, zappelte sie mit den Beinen und rutschte unruhig auf ihrem wuchtigen Arztsessel herum. Ich saß auf der Patientencouch, über mir ein Kunstdruck von Andrew Wyeth, der ein Mädchen auf einem abschüssigen braunen Feld zeigte. Als das Telefon klingelte, nahm sie den Hörer ab: «Ich kann jetzt nicht sprechen, Donna. Daniel ist hier und quält mich.» Dann, als sie auflegte: «Ich bin nervös!»

«Warum?», fragte ich. «Warum bist du nervös?»
«Ich bin nervös», sagte sie, «weil ich dein Buch nicht vermasseln will.»
«Du wirst mein Buch nicht vermasseln, Mom. Wie auch? Ich habe noch nicht mal damit angefangen.»
«Das ist es ja eben. Du hast das Buch noch nicht geschrieben. Das macht mir Angst.»
«Und überhaupt ist das Konzept lediglich –»
«Konzept!» Sie spuckte das Wort aus wie eine faule Olive. «Das ist nur der Anfang, das Konzept. Du musst es in Worte fassen. Ich habe Erwartungsangst.»
«Du hast Erwartungsangst, weil du denkst, dass das Buch nicht gut wird, wenn dieses Interview schiefläuft.»
«Ich bin nervös, weil ... weil ich die Königin der Angst bin, und du der Prinz, und wenn das Interview schiefläuft, nun ja, dann bin ich schuld daran, dass das Buch vielleicht auch nichts wird.»

Die Königin und der Prinz. So hatte sie das noch nie gesagt. Man hätte fast meinen können, sie sei stolz auf diese Erbfolge, wären da nicht die Schuldgefühle gewesen, die der Bemerkung einen bitteren Unterton gaben. Wie sich herausstellen sollte, fühlte sich meine Mutter verantwortlich – und zwar für alles. Ich wollte ihr nur ein paar einfache Fragen stellen, und sie reagierte, als hätte ich einen Scheinwerfer und zahnärztliche Folterinstrumente mitgebracht.

«Es tut mir leid!», sagte sie. «Ich hab Mist gebaut. Tut mir leid. Oh doch! Ich wusste nicht, wie man Kinder erzieht. Ich hatte Angst. Und ich war naiv. Als du kamst, dachte ich, wir würden das jetzt hinkriegen. Du warst Nummer drei. Es heißt, Kinder erziehen ist wie Pfannkuchen backen: Die ersten sind immer ein bisschen daneben, aber der dritte gelingt in der Regel gut. Bei mir war es anders. Ich litt unter Angst. Es tut mir so leid.»

Ich schämte mich dafür, dass sie sich meinetwegen schuldig fühlte. Mit siebzehn hatte ich ihre Schuldgefühle noch genossen. Nun, da ich doppelt so alt war, wurde jede Schuldzuweisung durch die Bewunderung für das überlagert, was sie aus ihrer Angst gemacht hat. Dreißig Jahre lang hatte die Angst ihr die Sicherheit, das Selbstvertrauen und die unbefangene Liebenswürdigkeit verwehrt, die sie bei Gleichaltrigen zu entdecken glaubte. Ich weiß sehr gut, wonach das Nervensystem unter diesen Bedingungen verlangt. Es verlangt nach Bewusstlosigkeit oder, wenn das nicht gelingt, nach irgendeiner Art von Rausch. Wie alle Angstmenschen machte auch meine Mutter bisweilen von ihrem Recht auf Realitätsflucht Gebrauch. Anders als viele Leidensgenossen versuchte sie jedoch nicht, ihrer Angst zu entkommen, indem sie sie betäubte. Und sie schlug auch nicht den anderen Weg ein, den so viele Betroffene nehmen: den der lebenslangen unglücklichen Resignation. Stattdessen blieb sie standhaft und kämpfte.

Gewonnen hat sie diesen Kampf nicht. Niemand gewinnt ihn. Dafür machte sie eine Art Deal mit sich selbst, der folgendermaßen lautete: Erkenne die Angst als einen wesentlichen Teil von dir selbst an, und im Gegenzug wird diese Angst in Energie umgewandelt, instabil, aber beherrschbar. Hör mit der Selbstgeißelung auf und werde du selbst, mit all deinen Narben und Schrullen. Dass meine Brüder und ich diesen Deal mitunter missbilligen und unserer Mutter vorwerfen, sie würde sich aus purem Trotz weigern, die größtmögliche Kontrolle auszuüben, ist in der Logik ihres Lebens nicht von Belang und zeigt uns unsere eigenen Grenzen auf. Meine Mutter hat aus dem Material, das ihr mitgegeben wurde, das Beste gemacht. Mehr noch, sie hat hunderten anderen Angstmenschen geholfen, was kein Klacks ist. Angst kurbelt den Narzissmus an. Einen Weg zu finden, sie in etwas Gutes umzumünzen, ist in der Tat ungewöhnlich. Lang lebe die Königin.

Ein paar Wochen nach dem Besuch bei meiner Mutter vibrierte eines Tages mein Handy, und auf dem Display erschien folgende SMS:

Von: Mom
bin gerade beim teich in stony brook vorbeigefahren, wo du fast ertrunken wärst! beginn deiner angst? xoxoxo [Umarmungen & Küsse]
Cell Broadcast: 516-606-XXXX

Das hatte ich ganz vergessen. Eigentlich seltsam, denn es ist eine jener Familiengeschichten – sagen wir, Nummer 289 –, die oft erzählt wurden. Der Vorfall ereignete sich im Herbst 1980, als ich drei Jahre alt war. Der Schauplatz war das Nordufer des Mill Pond, eines Weihers im T. Bayles Minuse Park in Stony Brook. Der Anlass war ein Familienausflug, an dem außer meinen Eltern, meinen Brüdern und mir auch noch eine Tante, ein Onkel und zwei Cousins teilnahmen. Das Genre der Geschichte ist eine Komödie – oder zumindest wurde sie in unserer Familie immer als solche zum Besten gegeben.

Der erste Teil der Geschichte ist rasch erzählt: Ich entfernte mich von der Gruppe und fiel in den Weiher. Der Mill Pond ist voll mit Enten und dicken, schlecht gelaunten Schwänen, die immer das Brot wegfressen, das die Kinder den Enten mitbringen. Es gibt kein Geländer oder Gitter um den Teich herum, nur Gras, etwas Erde und ein glitschiges Steinufer – und schon ist man im Wasser. Ich war ein Kleinkind und noch etwas wackelig auf den Beinen. Ich weiß nicht mehr, was die anderen machten. Meine Brüder und die älteren Cousins rannten bestimmt herum, lachten und kappelten sich. Die Erwachsenen saßen bestimmt herum, lachten und kappelten sich. Auf jeden Fall achtete niemand auf mich, und niemand weiß genau, wie lange diese heitere Sorglosigkeit andauerte. Vielleicht eine Minute, vielleicht fünf, vielleicht auch länger. Als jemand auf den Gedanken kam, nach mir zu sehen, lag ich mit dem Gesicht nach unten im Wasser, inmitten des Federviehs, die Arme am Körper, reglos. Jemand schrie, meine Mutter schrie ebenfalls und rannte zum Teich.

So weit, so unlustig. Ein Kind ertrinkt schnell. Und selbst wenn es überlebt, ist die Gefahr eines Hirnschadens groß. Es ist ein Wettlauf mit der Zeit. Dieser Umstand, zusammen mit der Tatsache, dass ich körperlich unversehrt blieb, hatte zur Folge, dass meine Mutter noch Jahrzehnte später wegen dem aufgezogen wurde, was dann passierte. Sie war damals eine passionierte Hobbyfotografin, und als sie zum Teich eilte, hatte sie eine nagelneue 1980er «Winter Olympics»-Sammlerausgabe der Canon

AE-1-Kamera um den Hals hängen. Es gibt zwei Versionen davon, was meine Mutter mit der Kamera machte, als sie das Ufer erreichte. Laut der ersten Version stürzte sie sich ohne zu zögern ins Wasser, hielt jedoch die Kamera mit der einen Hand weit nach oben, während sie mich mit der anderen Hand packte und ans rettende Ufer zog. Die zweite Version klingt etwas unrealistisch, aber wer weiß? Demnach hielt meine Mutter kurz inne, bevor sie ins Wasser sprang, und legte die Kamera behutsam auf dem Boden ab. Ganz gleich, welche der beiden Versionen stimmt, der eigentliche Punkt der Geschichte ist, dass meine Mutter in dem Moment gewissermaßen eine unfreiwillig komische Neuauflage des Filmdramas *Sophies Entscheidung* in Szene setzte. Der einzige Unterschied bestand darin, dass sie sich nicht zwischen zwei Kindern, sondern zwischen einem Kind und einem elektronischen Luxusgerät entscheiden musste.

Ich möchte nicht ungerecht sein: Meine Mutter bezeichnet den Mill Pond bis heute als «den Ort, wo ich furchtbar unachtsam war und meinen Dreijährigen beinahe ertrinken ließ». Abgesehen davon ist die Canon AE-1 tatsächlich eine tolle Kamera. Meine Mutter hat sie immer noch. Aber nachdem sie mich aus dem Teich gezogen hatte, konnte oder wollte ich kein Wort sagen. Ein Passant, der das Ganze beobachtet hatte, brachte uns eine Decke, und meine Mutter wickelte mich darin ein und trug mich ins Haus meiner Tante, wo sie mich vor dem Kaminfeuer im Arm wiegte und mit sich selbst schimpfte. Für die nächsten achtzehn Stunden war ich stumm wie ein Fisch.

Als ich am nächsten Morgen aufwachte, war ich dieselbe redselige, ausgelassene kleine Nervensäge wie immer, als sei nichts passiert. Nahtoderlebnis? Ich will eine Burg bauen! Posttraumatischer Stress? Lasst uns *Sesamstraße* schauen!

Aber als die SMS meiner Mutter eintraf, wusste ich sofort, was sie meinte. Das ist das Problem mit der Suche nach den Ursprüngen: Es gibt so viele Ursprünge. Meine Mutter mag ihre Gene und ihr Temperament für meine Angst verantwortlich machen, aber als Therapeutin glaubt sie felsenfest an die transformative Macht von traumatischen Ereignissen – daran, dass negative Emotionen den Teufel in unseren Chromosomen aus dem Schlaf schrecken können. Traumata aufzuspüren ist ihr Job, genauso wie es der Job eines Kriminalkommissars ist, die Tatwaffe zu finden. Darauf war sie trainiert, und nach unserem Gespräch machte sie sich daran, diese Fertigkeit rigoros auf meinen Fall anzuwenden. Sie durchforstete meine Vergangenheit nach Indizien, und in dem Moment, da sie die Mill-Pond-

Geschichte erwähnte, wusste ich, welche Indizien sie meinte. Es waren die Vorfälle in meiner Kindheit, die meine Angst vor Wasser besiegelten.

Indiz Nummer eins: Seit dem Mill-Pond-Zwischenfall sind einige Monate vergangen. Es ist Herbst. Ich bin draußen, zusammen mit meinen Brüdern. Unser Haus ist eines von vieren in einer kleinen, hufeisenförmigen Stichstraße, wo die Nachbarskinder oft zusammen spielen. Plötzlich ertönt ein gellender, opernreifer, panischer Schrei von der Lautstärke einer Luftschutzsirene. Meine Mutter stürzt nach draußen und findet mich mit weit aufgerissenem Mund, zitternd, die Fäuste an den Schläfen, und zu meinen Füßen – und denen der anderen – ergießt sich, kaum knöchelhoch, eine steigende Flut von Wasser. Offenbar hat einer der Nachbarn sein Schwimmbecken geleert und das Wasser auf die Straße laufen lassen. Diese kleine Überschwemmung löst bei mir eine Art posttraumatischen Flashback aus. Meine Mutter meint, das sei meine erste Panikattacke gewesen.

Indiz Nummer zwei: Im darauffolgenden Jahr bekomme ich eine panische Angst vor der Toilette. Ganz plötzlich, ohne Vorankündigung, verliere ich das Vertrauen darin, dass ich meine Exkremente auch weiterhin so problemlos herunterspülen kann wie bisher. Mit einem Mal bin ich davon überzeugt, dass alles, anstatt nach unten durch die Röhre ins Abwassersystem zu verschwinden, nach oben kommen wird, sobald ich die Spülung betätige – ein endloser Rückfluss, der die Naturgesetze außer Kraft setzt. Dabei geht es gar nicht um den Ekel. Was mir eine Höllenangst macht, ist das Wasser. Die Toilette wird überlaufen, das Wasser immer höher steigen, die Badezimmertür aufdrücken, sich über die mit Teppich bedeckte Treppe ergießen und schließlich das ganze Haus füllen, wie ein Fischglas. Und ich werde darin ertrinken.

Indiz Nummer drei: Zwei Jahre vergehen, und ich entwickle eine Heidenangst vorm Schwimmen. Ich weigere mich, auch nur in die Nähe eines Schwimmbeckens zu gehen, geschweige denn, eines anzuschauen. Wenn mir ein Hauch von Chlor in die Nase steigt, fange ich sofort an zu hyperventilieren. In der Hoffnung, diese Angst im Keim zu ersticken, melden mich meine Eltern in einem Schwimmkurs an. Die erste und einzige Unterrichtsstunde findet in einem Hallenbad mit olympiatauglichem Becken, mosaikverzierten Wänden und einer Gewölbedecke statt, einem jener Orte also, wo jedes Geräusch, selbst das leiseste Flüstern, verstärkt wird und x-mal widerhallt. Die Geräusche, die ich von mir gebe, als mein Vater mich zum Schwimmbecken geleiten will, sind viel lauter als ein Flüstern und strotzen nur so vor blumigen und vulgären Obszönitäten. Unter anderen

Umständen hätte er wahrscheinlich seine Freude daran gehabt, wie gut ich diese Ausdrücke trotz meines jungen Alters beherrsche. Unter diesen Umständen ist er jedoch zu sehr damit beschäftigt, mich festzuhalten und gleichzeitig zu verhindern, dass ich meine Nägel in seine Haut grabe und ihn blutig kratze. Ich rapple mich auf, flüchte zur Umkleidekabine und klammere mich mit meinen dünnen Armen an eine Bank, bis mein Vater es aufgibt und mich nach Hause bringt.

Indiz Nummer vier: Etwa zur selben Zeit unternimmt meine Mutter den Versuch, meine tägliche Vitamindosis zu erhöhen, und zwar nicht in kaubarer, sondern in schluckbarer Form. Obwohl ich sonst keine Probleme mit dem Schlucken habe, braucht es Monate und unzählige peinliche Fehlversuche, bis ich die Tabletten runterbekomme. Es ist merkwürdig, aber offenbar habe ich irgendeine innere Blockade: Mein Hals macht dicht, ich würge herum, und – schwups – hüpft die Tablette heraus, kullert quer über den Küchenboden und wird vom Tischbein oder Teppichrand gebremst; oder sie bleibt kurz an einem der weißen Küchenschränke hängen, bevor sie mit einem feuchten *Klack* auf die Arbeitsplatte fällt. Wie sich beim elterlichen Verhör herausstellt, sind es nicht die Tabletten an sich, die bewirken, dass sich bei mir alles verkrampft. Es ist das Wasser, der Saft, die Milch oder der Sprudel. Sobald die Flüssigkeit meine Lippen berührt, wird mein inneres Warnsystem aktiviert. Die Tabletten sind winzig. Selbst wenn eine in meiner Speiseröhre stecken bleiben würde, könnte ich bequem weiteratmen. Aber die Flüssigkeit – an ihr könnte ich ersticken.

Schon möglich. Es ist eine Theorie. Aber wie so viele Theorien ist sie selektiv. Sie pickt die Rosinen aus dem großen Indizienkuchen heraus. Ich war hydrophobisch, das stimmt schon; aber ich war auch in anderer Hinsicht hypersensibel und neurotisch. Die Angst kennt viele verschiedene Geschmacksrichtungen, und meine Kindheit glich einem Degustationsmenü: Ich habe von allem etwas gekostet.

Liebend gerne würde ich die banalen Beispiele überspringen (die Nullacht-fünfzehn-Angst vor der Dunkelheit, vor dem Dachboden, vor dem Keller, vor Geistern, vor dem Wald, vor Tieren, Ärzten, alten Menschen, vorm Alleinsein, vor Trennungen), wäre da nicht der Umstand, dass sogar diese alltäglichen Ängste bei mir besonders ausgeprägt waren. Zu meinen stärksten Kindheitserinnerungen gehören die Begegnungen mit ärztlichem Personal. Als ich klein war, konnte mich selbst eine so harmlose Prozedur wie ein Halsabstrich oder eine Impfung völlig aus der Fassung bringen. Oft waren vier ausgewachsene Männer erforderlich – einer für jede meiner dünnen, zappelnden Extremitäten –, um mich festzuhalten, während ein fünfter meine geschwollenen Mandeln bearbeitete oder mir eine Spritze verpasste. Ich weiß noch, was der Arzt für ein Gesicht machte, wenn ich mich an der Tür des Sprechzimmers festklammerte oder ihn mit Zungenspateln bewarf. Ungefähr so schaut der Priester in *Der Exorzist* drein, als Linda Blair alias Regan MacNeil ihm die Erbsensuppe auf die Soutane spuckt.

Manchmal mussten mir die Erwachsenen nicht nur Einhalt gebieten, sondern mich auch regelrecht von etwas loseisen: Ich konnte mich so sehr an Dinge festklammern, als ginge es ums Überleben. Das war so ein Tick. Meine Mutter fragt sich bis heute, ob es richtig war, mich damals im Ferienlager zu lassen. Ich war zum ersten Mal dort, und nachdem ich die erste von zwei Wochen überstanden hatte, kamen mich meine Eltern besuchen. Als sie am Abend ohne mich nach Hause fahren wollten, hätte man meinen können, ich sei eine Geisel in der Hand iranischer Terroristen und die Verhandlungen über meine Freilassung seien soeben gescheitert. Die Betreuer mussten mich an den Knöcheln vom Rücksitz des Autos zerren.

Kurz darauf fing dann die Sache mit den Zwängen an. Wann genau das war, weiß ich nicht mehr, aber ich erinnere mich noch gut, dass diese Zwänge meiner Angst eine ganz neue Qualität verliehen. Ist es etwa normal, wenn ein Kind sich gezwungen sieht, vor dem Essen mit dem Zeigefinger einmal über die gesamte Oberfläche seines Tellers zu fahren, damit seine Angst nachlässt, oder genau zwölfmal das Licht an- und auszuknipsen, bevor es den Raum verlässt, oder mit der Zunge die unteren Zähne zu zählen, paarweise wohlgemerkt? Was läuft *schief*, wenn ein Kind meint, es müsse sich fünfzig Mal pro Minute räuspern, weil es davon überzeugt ist, dass ein winziger, aber störender Makel dort drinnen sitzt, irgendeine Furche, ein Fetzchen, Fleckchen oder Fältchen, das sich nur durch Räuspern oder intensives Husten glattbügeln lässt?

Ich wusste es nicht. Das ist der Punkt. Bis weit in meine Jugend hinein wusste ich es nicht. Es wäre zu früh gewesen, um der Sache nachzugehen. Wen kümmerte schon, dass ich nicht schwimmen konnte, solange ich sonst aktiv war? Wen kümmerte schon mein Gehuste, solange ich nicht ernsthaft krank war? Wen kümmerte schon meine Angst, solange noch die Chance bestand, dass sie nur ihre Reißzähne aufblitzen ließ, ohne zuzubeißen? Selbst damals lag es noch im Bereich des Möglichen, dass ich nicht so werden würde wie meine Mutter.

Dann trat Esther in mein Leben.

4 Esther

Sie tauchte buchstäblich aus dem vorstädtischen Nichts heraus im Buchladen auf. Mit ihrem überschwänglichen Lächeln, dem karierten Kleid und den weißen Tennisschuhen sah sie aus wie eine Imbissbedienung aus dem Mittleren Westen. Ich fand gleich, dass Esther an diesem Ort wie ein Fremdkörper wirkte. Laut ihrer Bewerbung war sie Mitte zwanzig und hatte gerade mit Bestnoten ihren College-Abschluss gemacht. Sie gab sich belesen, weltgewandt und ehrgeizig. Man konnte sie nicht wirklich hübsch nennen. Ihr Kopf war etwas zu klein geraten, und sie war dicklich. Nicht fett, aber üppig, fleischiger, als ihr guttat. Sie hatte eine Steckdosennase und Mäusezähnchen. Aber sie war aufreizend. Sie hatte Pep und stellte ihre Kurven in tief ausgeschnittenen, eng anliegenden Kleidern aus hauchdünnem Stoff zur Schau. Sie war quirlig, plapperte gern und steckte voller Ideen. Deswegen wirkte sie auch so fehl am Platz. Eigentlich hätte sie viel besser nach Manhattan, San Francisco oder Los Angeles gepasst, als in einen Buchladen im hintersten Winkel eines Einkaufszentrums in Rhode Island, irgendwo auf halber Strecke an der Eisenbahnlinie nach Port Jefferson.

Als ich Esther zum ersten Mal sah, war ich fünfzehn und arbeitete schon seit einem Jahr in dem Buchladen. Vermutlich wäre meine Psyche heute viel gesünder, wenn ich damals meinen beruflichen Werdegang rechtzeitig eingefroren hätte – bevor ich die Stelle im Buchladen annahm und Esther begegnete. Eigentlich brauchte ich den Job gar nicht. Ich hatte nämlich schon einen bei Foodtown, dem höhlenartigen Supermarkt am anderen Ende des Einkaufszentrums, wo es so kalt war, dass es einem die Brustwarzen zusammenzog. Der Job bei Foodtown war meine allererste Anstellung. Ich arbeitete dort als sogenannter «Aufräumer».

Für alle, die mit dieser Berufsbezeichnung nichts anfangen: Aufräumer sind im Wesentlichen Leute, die Trümmer beseitigen. Sie sind die moderne Entsprechung zu den Bahrenträgern und Lumpensammlern im amerikanischen Bürgerkrieg, die auf die Schlachtfelder eilten, sobald das Gemetzel für kurze Zeit unterbrochen wurde. Heute arbeiten diese armen Teufel für die großen Supermarktketten. Sie werden aktiv, nachdem die Hausfrau den Joghurtkarton durchwühlt hat, auf der Suche nach dem Becher mit dem längsten Haltbarkeitsdatum; nachdem der Familienvater sämtliche Chipstüten aus dem Regal gezogen und befingert hat, aus Furcht, in den anderen könnte mehr drin sein; nachdem die Nanny die vorderen Reihen der Dosen mit der Hühnerbrühe beiseitegeschoben hat, in der Hoffnung, ganz hinten im Regal noch eine zu finden, die weniger kostet. Hier tritt der Aufräumer auf den Plan. Er sammelt die durcheinandergeworfene Ware ein, stapelt sie an ihrem angestammten Regalplatz wieder fein säuberlich auf-, neben- oder hintereinander und dreht die einzelnen Artikel zum Schluss so hin, dass das verlockende Etikett in Richtung Kunden zeigt. Dann wartet er wie Sisyphus darauf, dass alles wieder von vorn beginnt. Das Aufräumen ist ein monotoner, stupider, todlangweiliger Job, und erst jetzt, wo es viel zu spät ist, wird mir klar, wie perfekt diese Arbeit für jemanden mit meiner psychischen Verfassung war. Mein Vater war Anwalt, und er witzelte immer darüber, dass er besser Anstreicher geworden wäre. Er meinte, im Gegensatz zum Anwaltsberuf sei das Anstreichen von Häusern so beruhigend klar und begrenzt. Das Aufräumen im Supermarkt war genau solch ein Job. Nie gab es irgendeine Aufregung oder Unklarheit. Es gab nur die Aufgabe, und sie hörte nie auf. Manchmal denke ich, wenn ich Aufräumer geblieben wäre, hätte mich vielleicht nie diese chronische Angst klinischen Ausmaßes befallen.

Dass ich den Job an den Nagel hängte, lag an einem Buch, das wir in der neunten Klasse lesen mussten: John Steinbecks *Von Mäusen und Menschen*. Eines Abends, kurz vor dem großen Familienessen an Rosch ha-Schana, dem jüdischen Neujahrsfest, zog ich mich ins Schlafzimmer meiner Großmutter zurück und las, in ihrem begehbaren Kleiderschrank kauernd, den bewegenden Schluss, wenn George, zitternd vor Trauer und Mitleid, dem grobschlächtigen, einfältigen, kaninchenbesessenen Lennie ins Genick schießt – *peng!* – und so seinen besten Freund tötet, um ihn vor der Lynchjustiz der Landarbeiter zu bewahren. Und zum ersten Mal in meinem Leben weinte ich beim Lesen. Ich weinte um Lennie. Ich weinte um George. Ich weinte um die geschundenen Wanderarbeiter im Kalifornien der 1930er Jahre. Ich weinte um die Menschheit. Als ich mit roter Nase und nach Mottenkugeln stinkend aus meinem Unterschlupf hervorkroch, war ich im Herzen kein Aufräumer mehr. Von nun an, wenn ich nach meiner Schicht vor dem Supermarkt stand, schaute ich sehnsüchtig zu dem Buchladen auf der anderen Seite des Parkplatzes hinüber – an dem Delikatessengeschäft und der Drogerie und dem Bilderrahmenshop und dem Schreibwarenladen vorbei –, als handle es sich um eine Fata Morgana, eine Oase der literarischen Erhabenheit.

Da irrte ich mich aber. Als einzige kulturelle Attraktion neben der örtlichen Leihbibliothek zog der Laden zwar so ziemlich alle Leseratten und Möchtegernintellektuellen in der Gegend an, einsame Männer und Frauen, die ganze Nachmittage in der Lyrik-Abteilung herumlungerten und über Gedichtbänden brüteten; aber den eigentlichen Umsatz machte er mit den Bestsellern – dem neuesten Grisham oder Koontz oder Büchern über irgendwelche spirituellen Phänomene, die den Massenmarkt bedienten. Am allerbesten verkauften sich jedoch die Comics. Der Laden entpuppte sich als wahrer Tummelplatz für picklige Jugendliche, die ihre Erfahrungen im anarchischen Universum der Superhelden, atomaren Mutanten und dämonischen Schurken austauschten. Sie kamen jeden Tag in Heerscharen, diese Comicfreaks, und im Laufe der Jahre schafften es viele von ihnen auf die Lohnliste des Ladens. Als ich dort anfing, waren sie bereits ein untrennbarer Teil seiner DNA. Der Laden hatte Philosophie- und Geschichtsbücher im Angebot, in Leder gebundene Erstausgaben von Romanen aus dem 19. Jahrhundert. Aber im Grunde war es ein Jungenclub, so klüngelhaft, abgeschottet und argwöhnisch gegenüber Nichteingeweihten wie der Vatikan.

Unter diesen sozialen Bedingungen wurden Esther und ich Freunde. Oder, um genauer zu sein: Unter diesen sozialen Bedingungen beschloss Esther, sich mit mir anzufreunden. Sie hatte auch keine große Auswahl. Sie war die einzige Frau unter den Angestellten, und die meisten konnten sie nicht ausstehen. Sie fanden sie penetrant, nicht vertrauenswürdig und sonderbar – die ganze xenophobe Leier eben. Penetrant war sie zweifellos. Esther hatte die Angewohnheit, die Kunden hinterrücks zu überfallen, sobald sie den Laden betraten, und sie so lange zu bequatschen, bis sie ihnen ihre Lieblingsbücher verkauft hatte. In der Mittagspause wich sie uns nicht von der Seite und lauerte darauf, dass wir uns nach dem Essen den Mund abwischten. «Kann ich den Rest davon haben?», fragte sie dann. Wenn jemand sie damit aufzog, behauptete sie, ohne mit der Wimper zu zucken, sie sei bitterarm, aber die Belegschaft kam zu dem Schluss, dass sie einfach nur faul war – die Sorte Mensch, die mit dem Essen der anderen fett wird. Was uns vielleicht am meisten verwirrte, war Esthers eigentümliches und undurchschaubares Liebesleben. Sie war mit einem schmächtigen, stillen jungen Mann verheiratet, den sie uns eines Tages im Laden präsentierte. Dennoch behauptete sie dauernd, lesbisch zu sein. «Ich liebe meinen Mann», sagte sie. «Wir haben viel gemeinsam. Aber ich habe ihn nur geheiratet, weil ich ein Baby will. Ich will eine Mami sein.»

Esther verunsicherte mich genauso wie alle anderen, vielleicht sogar noch mehr. Sie war es, die in mir zum ersten Mal das stärkste, geheimste körperliche Symptom meiner Angst auslöste – ein kaltes, scharfes Stechen in der Herzgegend, als habe dort jemand einen Eiszapfen deponiert. Ich weiß noch, wie mich dieses Gefühl jedes Mal überkam, wenn ich ihr im Laden über den Weg lief. Ein Frosthauch. Ein inneres Zurückschrecken. Auf die anderen Mitarbeiter hatte Esther zweifellos eine ähnliche Wirkung. Und doch war ich der Einzige, der sie nicht abwies. Ich war der Einzige, der ihr so etwas wie Akzeptanz und Wohlwollen entgegenbrachte, der Einzige, der ihr das Gefühl gab, dass er sie mochte und an dem interessiert war, was sie sagte – auch wenn das gar nicht der Fall war. Von den zwölf Angestellten war ich der einzige, der Esther freundlich behandelte. Auf diese Weise ermunterte ich sie aber auch dazu, mir ihre Freundschaft und Dankbarkeit entgegenzubringen.

Im Grunde war es kein Fehler, nett zu Esther zu sein, obwohl ich jahrelang glaubte, dass es einer war. Esther tat so, als merke sie nicht, dass die anderen Angestellten sie aus der Gemeinschaft ausschlossen. Sie wusste, dass sie unbeliebt war, ließ es sich aber nie anmerken. Natürlich wusste sie es, und gerade weil sie es wusste, hatte ihr unermüdliches Bemühen, so zu tun, als gehöre sie dazu, etwas unerträglich Trauriges. Esther brauchte einen Freund. Dass ausgerechnet ich derjenige war, der sich für diese Aufgabe mehr oder weniger freiwillig zur Verfügung stellte, hat mich von Anfang an sehr verwirrt. Ich, der ich immer zusammenzuckte, wenn ich sie sah, und das reflexartige Verlangen spürte, vor ihr zu flüchten; mein Körper, der «Nein, danke!» schrie. Warum machte ich genau das Gegenteil von dem, was ich empfand?

Der springende Punkt hier ist die sogenannte «Kampf-oder-Flucht-Reaktion». Wenn ein Tier, egal ob Komodowaran oder Labrador, bedroht wird oder glaubt, bedroht zu werden, hat es zwei Möglichkeiten: Entweder es stellt sich der Bedrohung oder es nimmt Reißaus. Wofür es sich auch entscheidet, sein Körper bereitet sich blitzschnell auf eine Reaktion vor. Das sympathische Nervensystem – jenes Überbleibsel aus den primitiven, amphibischen Stadien der menschlichen Evolution – kommt auf Touren. Die folgende Beschreibung dieses Vorgangs stammt aus einem Buch über Angst, das ich zufällig in einer Leihbibliothek gefunden habe:

Die Aktivierung des sympathischen Nervensystems [...] löst einen Zustand der Übererregung (Hyperarousal) aus, der durch folgende Symptome gekennzeichnet ist: Verengung der peripheren Blutgefäße, vermehrte Durchblutung der Skelettmuskeln, erhöhte Herzfrequenz und Kontraktionskraft, beschleunigte Atmung und erhöhte Sauerstoffzufuhr durch Weitung der Lungen, Pupillenerweiterung für eine bessere Sehleistung, Verlangsamung der Verdauungsaktivität, erhöhter Grundstoffwechsel und vermehrte Ausschüttung von Adrenalin und Noradrenalin durch das Nebennierenmark.

Kennen Sie diese Geschichten von Müttern, die aus eigener Kraft ein Auto anheben, um ihr eingeklemmtes Baby unter den Reifen hervorzuziehen? Das sind Geschichten, bei denen das sympathische Nervensystem eine Rolle spielt.

Das Gute an der Angst ist, dass der Organismus blitzschnell durchstartet, um auf Bedrohungen zu reagieren. Anders könnte eine Spezies auch gar nicht überleben. Das Problem mit der Angst ist, dass der Organismus manchmal Bedrohungen sieht, wo gar keine sind. «Chronisch ängstliche Menschen», steht in besagtem Buch aus der Leihbibliothek, «zeigen ständig ein erhöhtes vegetatives Erregungsniveau, auch wenn keine Bedrohung vorliegt, die eine Angstreaktion rechtfertigen könnte.» Ob das auf eine Fehlschaltung im Gehirn zurückzuführen ist oder ob der Organismus lernt, harmlose oder wenig gefährliche Dinge für potenziell existenzbedrohend zu halten, ist Gegenstand wissenschaftlicher Debatten, auf die ich hier nicht näher eingehen will. Der eigentliche Punkt ist, dass die Angst ein neurologisches Warnsystem darstellt, das einzig und allein der Sicherheit und der Unversehrtheit des Organismus dient. Die Angst sagt immer dasselbe. Sie sagt «Das hier? Das ist wahrscheinlich richtig schlecht für dich. Du solltest ernsthaft darüber nachdenken, dich aus dem Staub zu machen.»

Und genau das tun Angstmenschen – sie machen sich aus dem Staub. Oder sie rühren sich vor lauter Angst nicht vom Fleck, je nachdem. Letzteres war der Grund, weshalb ich mich auf Esther einließ. Der Angstmensch sieht sein Auto in der Garage stehen und denkt an zusammengequetschtes Blech, geschmolzene Reifen, verbranntes Fleisch – und beschließt, nicht zu fahren. Er liest die Einladung zur Hochzeit und denkt an nervtötende Unterhaltungen, betrunkene Verwandte oder die Aufforderung, bei der Polonaise mitzumachen – und schickt eine Absage. Er schaut den sanft dahinplätschernden Wellen zu und denkt an Quallen, heimtückische Strömungen und weggeworfene Spritzen – und setzt sich unter den Sonnenschirm und schlägt das *US Weekly* auf. Manchmal ergreift er aber auch die Flucht: Er lässt die Verabredung sitzen, bricht die Beziehung ab, kündigt den Job, zieht in eine andere Stadt. Dahinter steckt immer der gleiche tief empfundene Impuls, der unwillkürliche Drang, zu entkommen. Zu vermeiden.

Was Esther betraf, so ignorierte ich diesen Impuls. Ich war im Schulchor. Ich trug eine Zahnspange, die im Dunkeln leuchtete. Meine Lieblingsband waren die Eagles. Ich besaß weder die geistige Ausstattung noch den Wunsch, mich mit einer verarmten, verheirateten Lesbe mit Schwangerschaftsambitionen einzulassen, noch dazu mit einer, die ich nicht besonders mochte. Das war mir völlig klar. All meine guten alten präkognitiven, weisen körperlichen Instinkte sagten es mir – und ich hörte nicht auf sie. Ich hielt mir die Ohren zu und tat das Gegenteil.

Ich habe diese Widersprüchlichkeit nie richtig verstanden und sie mir auch nicht verziehen, bis ich meine Mutter in ihrer Praxis aufsuchte, und sie einen Fachbegriff gebrauchte, den keiner meiner Therapeuten je auf mich angewandt hatte, der aber – das wusste ich gleich – meine Sorte Angst perfekt beschrieb. Der Begriff lautete «counter-phobisch», und wie er schon vermuten lässt, sind damit jene Situationen gemeint, in denen der Betroffene auf den Gegenstand seiner Angst zugeht, anstatt davor zu flüchten. Er setzt sich allem aus, was ihm Angst macht oder Missbehagen verursacht, weil … Nun, es gibt verschiedene Gründe dafür. Es kann schlichtweg Masochismus sein. Oft liegt es aber auch daran, dass ein Teil des Unterbewusstseins das Objekt fürchtet, während der andere es wertschätzt, ja sogar anbetet. Wie viele große Heilige zeichnen sich durch diese fruchtbare Vereinigung von Zittern und Ekstase aus. Wie viele große Künstler. Wie viele Schauspieler leiden Höllenqualen, während sie hinter den Kulissen auf ihren Auftritt warten, gehen dann aber trotzdem auf die Bühne, wenn der Vorhang aufgeht. Das sind counter-phobische Reaktionen, und allein in der Welt der Musik gibt es unzählige Beispiele dafür. Der Cellist Pablo Casals sagte, er habe sein ganzes Leben lang nervöse Angst und Lampenfieber vor Konzerten gehabt. Dasselbe gilt für Jascha Heifetz und Luciano Pavarotti. Aber keiner von ihnen hat seine Karriere deswegen an den Nagel gehängt. Als Tschaikowsky zum ersten Mal eine Oper dirigierte, war er nach eigenen Aussagen so panisch und orientierungslos, dass er die ganze Zeit sein Kinn stützte, damit sein zitternder Kopf nicht von den Schultern fiel. «Bis zum Alter von vierundsechzig Jahren», so Tschaikowsky zu einem Reporter, «litt ich unter Lampenfieber, und allein schon der Gedanke, vor ein Orchester zu treten, ließ mich vor Angst erzittern.» Paul McCartney hatte vor seinen Auftritten mit den Beatles solche Angst, dass er die Band 1964 fast verlassen hätte – noch vor *Help!*, *Rubber Soul*, *Sgt. Pepper* oder *Abbey Road*. Die Beatles ohne Paul. Die Vorstellung ist fast so schrecklich wie ein Tschaikowsky ohne Kopf.

Der counter-phobische Impuls sorgt dafür, dass Menschen die Nerven behalten und sich nicht unterkriegen lassen. Mehr noch, er bringt sie dazu, sich dem zu stellen, was ihnen Angst macht. Als Lebenseinstellung hat der counter-phobische Impuls freilich etwas Perverses, weil die höheren geistigen Funktionen den niedrigeren gewissermaßen den Vogel zeigen. Auf der anderen Seite ist dieser Impuls ein Geschenk, sowohl für die counter-phobische Person selbst als auch für die Welt. Was hat man schließlich davon, immer auf Nummer sicher zu gehen? Wer will schon auf seine Instinkte hören, wenn die einem sagen «Versteck dich»? Wo bleibt denn da der Spaß? Der Schriftsteller Ambrose Redmoon hat einmal gesagt «Mut ist nicht die Abwesenheit von Angst, sondern die Erkenntnis, dass es etwas Wichtigeres gibt als die Angst.» Genau das ist der counter-phobische Impuls, und er ist für viele Dinge verantwortlich, ohne die diese Welt nachweislich ärmer wäre: Die Freedom Riders der amerikanischen Bürgerrechtsbewegung, das Apollo-Weltraumprogramm, die «Samtene Revolution» in der Tschechoslowakei, Jackie Robinson, Gandhi, Ärzte ohne Grenzen, Lenny Bruce.

Dennoch schwimmen zwei ziemlich dicke Haare in dieser heroischen Suppe. Erstens: Der Impuls, das Angstsignal zu missachten, ist per definitionem nicht besser oder schlechter als das Angstsignal selbst. Mit anderen Worten, nur weil es nützlich, produktiv, fortschrittlich und ehrenvoll sein *kann*, counter-phobisch zu sein, hat man noch lange keine Garantie dafür, dass das auch tatsächlich immer so ist. Manchmal ist es schlichtweg damlich. Auf jeden Formel-1-Weltmeister kommen fünfzig Trottel, die bei Tempo 100 nicht die Kurve kriegen. Es ist wie mit dem alten Spruch: «Nur weil du paranoid bist, heißt das noch lange nicht, dass sie nicht hinter dir her sind.» Selbst eine hoffnungslos neurotische Person tut manchmal gut daran, Angst zu haben. Die eigentliche Schwierigkeit, so findet man im Lauf der Jahre heraus, besteht darin, zwischen der angemessenen und der unangemessenen Angst zu unterscheiden – zwischen der Angst, die einen vor einer echten Gefahr zu warnen versucht, und der Angst, die nichts weiter ist als ein lügender, sadistischer, mitleidloser Mobber im eigenen Kopf. Die Kunst ist die, zu lernen, einen Schritt zurückzutreten und die Daten ganz nüchtern zu analysieren.

Auf der einen Seite scheint die counter-phobische Einstellung so etwas Ähnliches zu bewerkstelligen. Der counter-phobische Mensch begutachtet seine Angst, kommt zu dem Schluss, dass sie mit seinen Zielen nicht so recht vereinbar ist, und handelt trotzdem. Auf der anderen Seite ist die counter-phobische Einstellung eben nur das – eine Einstellung. Ein Verhalten, das zwar nicht so archaisch ist wie die Angst selbst, das sich aber auch nicht bewusst mit ihr auseinandersetzt. So gesehen kann die Einstellung gefährlich sein, denn sie trübt die analytischen Wässer, die ohnehin schon trüb genug sind. Sie fügt dem Angstproblem eine weitere Schwierigkeit hinzu. Angstmenschen müssen lernen, zwischen ihren angemessenen und unangemessenen Angstimpulsen zu unterscheiden. Counter-phobische Angstmenschen müssen lernen, zwischen ihren angemessenen und unangemessenen Angstimpulsen *und* zwischen ihren angemessenen und unangemessenen counter-phobischen Impulsen zu unterscheiden. Sie haben also die doppelte Arbeit.

Das zweite Problem ist, dass die counter-phobische Einstellung keine *anti*-phobische Einstellung ist. Nur weil man der Angst nicht gestattet, einem das eigene Verhalten vorzuschreiben, heißt das noch nicht, dass man klinisch gesehen irgendeinen Nutzen aus seiner Standhaftigkeit zieht. Einen moralischen Nutzen vielleicht. Einen kreativen Nutzen. Vielleicht sogar einen Karriereschub und/oder Selbstbestätigung. Aber ist das therapeutisch? Nicht unbedingt. Möglicherweise überhaupt nicht. Paul McCartney behauptet, er habe inzwischen kaum noch Lampenfieber vor einem Auftritt. Aber was ist mit Casals, der im Alter von siebenundsiebzig Jahren zugab, dass er noch immer vor jedem Konzert unter Auftrittsangst litt? Als er zum ersten Mal auf der Bühne stand, war er sechs Jahre alt. Unterm Strich sind das einundsiebzig Jahre ständiger Angst.

Denken Sie einen Moment darüber nach. Es ist leicht, Casals' Geständnis als Beleg für seine Stärke, Professionalität, Beharrlichkeit, Liebe zum Publikum und andere künstlerische Tugenden zu loben. Wahrscheinlich sollten wir ihm wirklich Beifall zollen. Aber wir dürfen auch nicht vergessen, was dieses Geständnis für den Menschen Casals bedeutete. Denken Sie nur, welch riesiger, fürchterlicher Konflikt damit verbunden war. Casals hat sein ganzes Leben dem Cellospiel gewidmet, um andere damit zu erfreuen. Vielleicht hat man ihn dazu genötigt, als er noch ein Kind war, aber von einem bestimmten Punkt an hat er sich das alles freiwillig angetan. Zehntausende Stunden des Übens, Auftritte vor Königinnen und Präsidenten und Generälen und Aristokraten und unzähligen spitzfindigen

Kritikern, die nur darauf lauerten, dass er einen Fehler machte. Eine unerschütterliche, mönchische, lebenslange Hingabe. Und wofür? Für etwas, das sein Herz so sehr zum Rasen brachte, als wolle ihm das Blut aus den Ohren schießen. Etwas, das er in seinem tiefsten Inneren so sehr fürchtete, dass nicht einmal sieben Jahrzehnte Erfahrung etwas an seinen Qualen ändern konnten.

Denken Sie nur, wie verrückt und selbstzerstörerisch das ist. Stellen Sie sich die mentalen Verrenkungen vor, die man machen muss, die Gedanken, gegen die man ankämpfen muss, nur um morgens aufzustehen und weiterzumachen, ohne vor der unbestreitbaren Tatsache zu erstarren, dass man sich ein Leben ausgesucht hat, das bei einem fast pausenlos das Bedürfnis erweckt, sich zu übergeben. Stellen Sie sich vor, wie stark der Wunsch sein muss, überhaupt nicht darüber nachzudenken, niemals. Schlussendlich macht es keinen Unterschied, ob man sich seiner counter-phobischen Einstellung bewusst ist oder nicht, denn psychologisch gesehen ist es widernatürlich, Dinge zu tun, die man fürchtet, und die counter-phobische Einstellung führt in jedem Fall dazu, dass man diese Dinge noch mehr fürchtet. Wenn die temperamentbedingte Weigerung, sich der Angst zu unterwerfen, mit dem ängstlichen Temperament zusammenprallt, fliegen die Fetzen. Weil man nicht wirklich etwas gegen das Problem unternommen hat. Man hat lediglich Einwände dagegen erhoben. Nachdem meine Mutter mir den Begriff «counter-phobisch» in den Kopf gesetzt hatte, fand ich einen Eintrag im *Comprehensive Dictionary of Psychoanalysis*. Dort steht, dass «die ‹Freude› an counter-phobischen Handlungen etwas Verzweifeltes an sich [hat]. Es ist, als sei der Betroffene nicht wirklich davon überzeugt, seine zugrunde liegende Angst bewältigt zu haben.»

«Du bist so erwachsen! Ich muss mich ständig daran erinnern, dass du erst fünfzehn bist», pflegte Esther zu sagen und vertraute mir dann intime Dinge an, die deutlich machten, dass sie sich nicht oft genug daran erinnerte. Sie lauerte mir auf, wenn ich Bücher ins Regal einsortierte, und nutzte die Gelegenheit, um mir ihre Lebensgeschichte zu erzählen – zumindest jene Teile, die von alten Traumata handelten und von ihren fortwährenden Bemühungen, sie zu überwinden.

Als sie jünger war als ich damals, ertappten ihre Eltern sie dabei, wie sie ein anderes Mädchen küsste. Ihre Eltern waren strenge Christen, Mitglieder der Erweckungsbewegung. Sie schmissen sie raus und sagten, sie dürfe nicht nach Hause zurückkommen, solange sie ihrem blasphemischen Treiben nicht abschwor. Dickköpfig und selbstbeherrscht wie sie war, weigerte Esther sich. Fortan wohnte sie abwechselnd bei Freunden. Aufgrund ihrer ausgeprägten Willenskraft gelang es ihr, einen passablen High-School-Abschluss zu machen und einen Studienplatz an einem guten College zu bekommen. Das Studium finanzierte sie durch Kellnern und verschiedene Gelegenheitsjobs. Währenddessen entwickelte sie den starken Drang nach einem eigenen Kind, um das Unrecht wiedergutzumachen, das ihr selbst widerfahren war. Ihr Mann machte sich keine Illusionen, was ihr sexuelles Verlangen nach ihm betraf. Ein selbstloser Heiliger, der alles wusste und alles hinnahm. Zweimal war sie bereits schwanger gewesen, und beide Male hatte sie eine Fehlgeburt gehabt, eine Erfahrung, von der sie voller Trauer berichtete. Jetzt versuchten sie es wieder. Abends kuschelten sie sich unter die Bettdecke und lasen einander Kinderbuchklassiker vor. «Und dann lieben wir uns», sagte sie.

Das alles war mir fremd und ich fühlte mich unwohl, wenn Esther mir diese Dinge erzählte. Oft stand ich dabei auf einer Stehleiter, die bei jeder Gewichtsverlagerung wie ein Pendel hin- und herschwang. Außerdem musste ich den Rest der Belegschaft im Auge behalten, wenn Esther mich belagerte, damit sie mich nicht dabei ertappten, wie ich den Feind tröstete. Abgesehen davon hatte ich mit meinen fünfzehn Jahren noch nie eine bekennende Lesbe getroffen. Und schon gar kein Mitglied der Erweckungsbewegung. Ich wusste nicht mal genau, was «Erweckung» eigentlich bedeutete. Zugleich fand ich es aufregend, dass Esther mir diese Dinge anvertraute. Es schmeichelte mir, dass sie mich für so weise hielt, die Schwierigkeiten und Sorgen der Erwachsenen zu verstehen. «Du bist so erwachsen!», wiederholte sie immer wieder, und ich stimmte ihr zu. Ich wollte ihr zustimmen. Noch kannte ich meine Angst nur als die namenlose Summe meiner Empfindlichkeiten. Ich war dermaßen dünnhäutig, und alles machte mich so betroffen. Es war eine Erleichterung und eine Wohltat, von jemandem zu hören, dass meine Sensibilität keine Behinderung, sondern eine Tugend war. Ich war nicht schwach oder überempfindlich. Ich war lediglich frühreif. Es mangelte mir nicht an Stärke, sondern an Jahren.

Dass Esther mich gleichzeitig abstieß und anzog, verwirrte mich. Ungefähr sechs Monate, nachdem sie angefangen hatte, im Buchladen zu arbeiten, kam sie eines Tages zu mir und sagte, sie müsse mir eine wichtige Neuigkeit mitteilen. Wie üblich war ich hin- und hergerissen. Ich war gerade dabei, hinten im Laden die *Harlequin*-Comics alphabetisch zu ordnen.

Esther nahm meine Hand und zog mich hinter die Falttür, die das Hinterzimmer vom restlichen Laden trennte. Sie strahlte vor Freude. «Ich bin schwanger», sagte sie. Sie zog mich an sich und schlang die Arme um mich. Ich musste meine Glückwünsche in die feuchte Haut ihres Nackens murmeln. All das Fleisch, das mich umgab, ließ ihre Worte nur gedämpft zu mir durchdringen. «Ich musste es dir einfach sagen. Ich konnte unmöglich warten. Ich habe es mir so sehr gewünscht.» Die Schwangerschaft war noch nicht weit fortgeschritten, und sie wollte nicht, dass es jemand erfuhr. Außer mir hatte das sowieso keiner verdient. «Das soll unser kleines Geheimnis bleiben», sagte sie. «Sag es niemandem.»

Diese kleine Verschwörung hatte etwas zutiefst Beunruhigendes an sich. Die Gegenwärtigkeit und die Körperlichkeit des Ganzen, der bloße Gedanke – ein Baby! Ein richtiges Menschenbaby! – und die Art und Weise, wie Esther darüber sprach: All das veranlasste mich dazu, den Laden gedanklich sofort nach den Notausgängen abzusuchen. In dem Moment, da sie mich umschlungen hielt, wurde Esthers geradezu romanhafte Faszination – ihr plötzliches, mysteriöses Auftauchen, ihre unkonventionelle Sexualität, ihre exotische Armut und ihre Aufmerksamkeit, die mir schmeichelte – plötzlich von einer ernüchternden Wirklichkeit überdeckt. Noch nie hatte ich mich so sehr wie fünfzehn gefühlt.

Dann passierte etwas Unerwartetes. Ein paar Wochen später, als ich wieder einmal mit dem alphabetischen Ordnen von Büchern beschäftigt war – diesmal waren die Fantasy- und Science-Fiction-Bände an der Reihe – rief Esther im Laden an und wollte mich sprechen. Sie rang nach Luft und war außer sich. Sie sagte, sie sei in der Notaufnahme, mehr konnte ich nicht verstehen. Sie flehte mich an vorbeizukommen. Ich trat wie wild in die Pedale meines Fahrrads. Im Krankenhaus fand ich Esther in einem gekachelten Gang auf einer Bahre liegend, ihr Gesicht hochrot und ihr stämmiger Körper in ein Flügelhemd gehüllt. Sie war jetzt ruhiger. Sie erzählte mir, was passiert war. Es war schrecklich. In ihrer Gebärmutter hatten sich zahlreiche Zysten gebildet, kleine aufgeblasene Fleischbällchen, die ihren geschlechtslosen Fötus wie Noppenfolie umgaben. Dann platzten sie, eins nach dem anderen. *Pop pop pop pop pop.* Die dumpfen Explosionen in ihr drin gingen weiter, während ich ihre klamme Hand hielt und ihre feuchte Stirn abtupfte. Sie krümmte sich und stöhnte, während das Baby aus ihr herausgedrückt wurde, Monate, bevor es fertig war.

Wo war ihr Mann? Ich wusste es nicht. Es war mir auch egal. Was mich verblüffte, war, was *ich* empfand: Gelassenheit und Selbstvertrauen.

Das war das Erstaunlichste. Ich konnte Esther noch immer nicht besonders gut leiden und fühlte mich in ihrer Gegenwart nach wie vor unwohl. Ich war immer noch das unbedeutende, grüblerische, leicht aus der Fassung zu bringende Etwas. Aber im Eifer des Gefechts, in dieser Notsituation, wurde all das vorübergehend vom Bewusstsein ausgeblendet, von Körper und Geist abgeschottet. Im Eifer des Gefechts wurde ich zu etwas Besserem, etwas, das ich mir nie hätte träumen lassen. Die Zweifel verschwanden. Sämtliche Bedenken und Ängste verdampften angesichts der brennenden Frage: Was war zu tun?

In den folgenden Jahren machte ich diese Erfahrung häufig. Sie führte zu einer gewissen melodramatischen Empfindsamkeit und zu einer qualvollen Verwirrung – einem Verlangen nach Tragik und Notlagen, und folglich zu einer Abspaltung wichtiger emotionaler Wirklichkeiten. Als bei meinem Vater Darmkrebs im fortgeschrittenen Stadium diagnostiziert wurde, war ich zwanzig. Ich war dabei, als die Ärzte die schlechte Nachricht überbrachten, aber das Rinnsal der Trauer über das Todesurteil war nichts gegen den Wasserfall der Erleichterung, der mich überschwemmte. So schrecklich das klingt (und sich anfühlte): Ich empfand Dankbarkeit. Ein todkranker Vater war eine Entschuldigung, eine berechtigte, unbestreitbare Entschuldigung, um dem alltäglichen Leben zu entfliehen, in dem Ängste wie Mückenschwaden umherschwirrten. Seine Krankheit hatte Vorrang. Sie war wie ein Magnetfeld, das alle anderen Sorgen an den Rand drängte und einen weiten, klaren Raum in meinem Kopf schuf.

Dass man in Ausnahmesituationen andere Prioritäten setzt, ist eigentlich selbstverständlich. Ganz gleich, ob es Krebs ist oder ein Autounfall – es wird von einem erwartet, dass man die alltäglichen Probleme ruhen lässt, dass man weniger ängstlich ist, da Ängste im Wesentlichen große Reaktionen auf kleine, falsche oder aufgeblasene Dinge sind. Demgegenüber ist der Tod so enorm, so wahrhaftig und so konkret, dass er unsere ganze Aufmerksamkeit fordert. Andernfalls (und hier kommt der Aberglaube ins Spiel, aber wer kann sich dem schon entziehen?), andernfalls fühlt sich der Tod nicht respektiert und schlägt zurück. Aus diesem Grund ist es so absurd – geschmacklos oder komisch, je nachdem, wie man es sehen will –, wenn ein Gast bei einer Trauerfeier anfängt, über seine Hühneraugen oder Ähnliches zu klagen. Damit missachtet er die Würde der Situation, die alles Triviale verbietet.

Aber eigentlich meine ich etwas anderes, etwas, das viel unüblicher und unnützer und letztlich viel ungesünder ist. Ich meine eine Haltung gegenüber Notfällen, die nicht nur die Angst, sondern auch das Bewusstsein ausradiert. Als mein Vater die tödliche Diagnose erhielt und kurze Zeit später starb, empfand ich diesen Rausch nicht etwa, weil die Situation aus dem quälenden Alltag herausführte und ihn durch irgendetwas Großartiges ersetzte; vielmehr öffnete sie mir das Tor zum – Nichts. Es war die Eintrittskarte in einen Zustand, in dem ich alle Ängste für eine Weile hinter mir lassen konnte, eine Art Betäubungsmittel. Nur dass eine Notsituation, anders als ein Betäubungsmittel, die Sinne nicht vernebelt, sondern schärft. Sie fokussiert die Aufmerksamkeit, damit man sich besser auf das konzentrieren kann, was die Situation erfordert, oder um sich der Aufgaben und Pflichten zu entledigen, die einen vom Wesentlichen abhalten. Es ist wie Ritalin. Es ist magisch.

Zum ersten Mal machte ich diese Entdeckung, als ich auf einem Plastikstuhl in der Notaufnahme des Central General Hospital saß. Vier Stunden lang weinte und wand sich Esther vor Kummer, weil ihr Körper sie erneut im Stich gelassen hatte, und die ganze Zeit über hielt ich ihre Hand und murmelte Worte des Mitgefühls, während ich mich ruhig und kompetent fühlte. Endlich fühlte ich mich so erwachsen, wie Esther es immer von mir behauptet hatte. Als es dunkel wurde, rief ich meine Mutter an, damit sie mich abholte. Am nächsten Morgen musste ich eine Klassenarbeit schreiben. Einen Monat später kündigte Esther ihren Job im Buchladen. Ich weiß nicht, wo sie als Nächstes hinging und was sie vorhatte. Ich erinnere mich nicht einmal, ob sie sich von mir verabschiedete. Ich weiß nur noch, dass ich erleichtert war, nun, da der Ausnahmezustand vorbei war, erleichtert wie alle anderen nostalgischen, nationalistischen Bewohner des Buchladens, erleichtert, dass alles endlich wieder normal war.

5 Der Trip

Als ich sechzehn war, luden mich meine Eltern in ein koscheres Schnellrestaurant in der Nähe unseres Hauses ein, um mit mir über meinen emotionalen Zustand zu sprechen. Seit meinem Geburtstag war ich träge geworden, zog mich zurück und wirkte irgendwie losgelöst von der Welt. Ich vermied es, anderen in die Augen zu schauen. Ich schlappte noch griesgrämiger durchs Haus als ein gewöhnlicher Teenager. Meine Eltern befürchteten, dass irgendetwas mit mir nicht stimmte.

Aus psychiatrischer Sicht hätten sie sich keine Sorgen machen müssen. Ursache der Veränderungen, die sie bei mir bemerkt hatten, war nicht etwa eine sich anbahnende Depression, sondern etwas viel Banaleres: der stinknormale, heimliche Drogenkonsum eines gelangweilten Jugendlichen, der ganz hinten in der Schublade zwischen den Socken kleine Tütchen versteckt. Ich war nicht psychisch krank. Ich war stoned.

Für meine Eltern wäre das bestimmt kein großer Trost gewesen. Es war seltsam, dass sie es nicht merkten. Sie übersahen sämtliche Hinweise – meine zunehmende Besessenheit von den Grateful Dead, die fluoreszierenden Poster und den beißenden Geruch von Räucherstäbchen in meinem Zimmer, die Taschenbuchausgabe von Huxleys *Die Pforten der Wahrnehmung*, mein Haar, das langsam den Nacken hinunterwuchs, meinen unstillbaren Appetit auf Salzgebäck und überzuckerte Frühstückszerealien. All das entging ihnen. Und so kam es, dass sie ohne zu zögern einwilligten, als ich im Frühjahr jenes Jahres um Erlaubnis bat, zusammen mit meinem besten Freund Justin in das drei Autostunden entfernte Binghamton zu fahren, um ein Konzert der Phish zu sehen. Justin und ich hatten kurz zuvor in der Schule den Schrank mit den Chemie-Utensilien aufgebrochen und einen Messzylinder aus Plastik gestohlen, den wir mit einem Bohrer, einem Stahlröhrchen und einem faulig riechenden Kunstharz in eine brauchbare Wasserpfeife verwandelten. Meine Eltern dachten sich nichts bei unserem Konzertbesuch. Schließlich war ich ein sensibler, vertrauenswürdiger Junge.

Es sollte ein bescheidener Wochenendtrip werden, von Freitag bis Sonntag. Die Unterbringung war geritzt. Wir würden in einem Studentenwohnheim bei unserem gemeinsamen Freund Jesse übernachten, der im ersten

Semester am staatlichen College in Binghamton studierte. Da Justin und ich bald die High School abschließen würden, wollten wir uns das College ohnehin anschauen. Die Frage war nur, wie wir dort hinkommen sollten. Für einen Teenager, der im Nebenjob sechs Dollar pro Stunde verdiente, war Marihuana ein teures Vergnügen. Die Reise mit dem Greyhound-Bus oder der Bahn war eine Möglichkeit, aber sie hätte ein empfindliches Loch in unsere Partykasse gerissen. Zwar hatte Justin ein Auto, aber auch die Benzinkosten waren mit unserem Budget nicht vereinbar.

An diesem Punkt tauchte Esther wieder auf, um uns aus unserer Kiffer-Patsche zu helfen. Eines schönen Morgens stand sie ohne jede Vorwarnung im Buchladen. Ihr Auftreten hatte sich völlig verändert, seit sie weggegangen war. Ihre muntere Offenheit, ihr Feuereifer und ihre hartnäckigen Versuche, sich einzuschmeicheln, waren verflogen. Sie war meinetwegen gekommen, so viel stand fest. Um mich zu sehen, um sich nach mir zu erkundigen, um mir auf irgendeine undurchsichtige Weise für alles zu danken, was ich für sie getan hatte.

Sie hielt mich hinter dem Ladentisch in Schach und fragte, was ich denn so getrieben hatte, seit sie weg war. Was hatte ich getrieben? Was treibt ein Sechzehnjähriger? Ich ging zur Schule, machte meine Hausaufgaben, bereitete mich auf den Eignungstest für die Hochschule vor und rauchte Gras. Ich schaute *Seinfeld*. Ich sah mir die Spiele der New York Mets an. Was sollte ich schon treiben? Das einzig Aufregende, das mir einfiel, war der anstehende Trip nach Binghamton, eine kleine Abwechslung in der Monotonie meines gut behüteten Daseins.

«Echt?», sagte sie. «Ich bin auch auf dem Weg dahin. Ich bin dort oben aufs College gegangen, wusstest du das? Hab ich dir das schon erzählt? Das ist ja verrückt. Wow. Wie sieht's aus – wann fährst du?»
Ich sagte es ihr.
«Heilige Scheiße! Ich auch! Ich fahr Freitagnachmittag los. Willst du mitfahren? Das wär toll!»

Ich rief Justin an, und er war sofort einverstanden. Ich hatte Justin zum Kiffen animiert, aber inzwischen rauchte er viel mehr als ich und investierte mehr in den Lebensstil. Er verehrte und idealisierte die Gegenkultur der 1960er Jahre, vor allem das Gemeinschaftsgefühl. Aus seiner Sicht hatte uns das Universum eine Gunst erwiesen, und nebenbei sparten wir noch ein paar Dollar. Jetzt konnten wir die Kosten für das Benzin und die Maut durch drei statt durch zwei teilen.

Justin kannte Esther nicht. Wie grausam auch immer die Angestellten im Buchladen über sie geurteilt haben mochten – was Esthers Sparsamkeit anging, so hatten sie sich nicht geirrt. Als sie uns eine Woche später in ihrem ramponierten blauen Chevy aus Long Island hinauskutschierte, durch den surrenden Tunnel hindurch, quer durch Manhattan und in das grasüberwucherte New Jersey hinauf – ich auf dem Beifahrersitz, Justin stumm auf dem Rücksitz –, gab sie uns erst andeutungsweise, dann ohne Umschweife zu verstehen, dass der Preis für unseren Transport die volle Erstattung sämtlicher Reisekosten war: Benzin, Maut, Proviant, Landkarten. Sie beförderte Minderjährige, und wir sollten die Kosten dafür übernehmen.

Die Interstate-Highways 95, 280, 80, 380, 81, New York State Route 17 ... alles verschwimmt im Zigarettendunst und Small Talk, ein Fall von retrograder Amnesie. Keine bleibenden Eindrücke, bis der Chevy in der Dämmerung über den Susquehanna River nach Vestal rumpelt und Esther uns fragt, welche Pläne wir für den Abend haben. Wir haben keine. Wir werden uns Jesse anschließen, und vorausgesetzt, das College hat ihn nicht allzu sehr verändert, heißt das: high werden und *Der Supercop* anschauen. Das Konzert ist am Samstagabend. Es ist ein Freitag im Jahr 1994. Esther wendet den Blick von der Straße ab und dreht ihren kleinen Kopf zu uns herum.

«Lust auf 'ne Party?»

Wir geben ihr das Geld für den Fusel und warten bei laufendem Motor im Auto. Inzwischen ist auch Jesse bei uns – es war nicht schwer, ihn für die abendliche Ausschweifung zu gewinnen. Schließlich kommt Esther aus dem Spirituosenladen, mit einer Flasche Wodka in einer Papiertüte, einem Kasten Bier der Marke Molson Golden und einem Sixpack Zima. Zima: ein Getränk, auf das die Mädchen in den 1990ern total abfuhren, ein süßes, sprudelndes Zeug, so ähnlich wie Sprite, aber mit undefinierbaren Rauschmitteln versetzt. Nachdem wir Esther geholfen haben, den Alk ins Auto zu laden, dreht Justin – ganz der Alte – im schummrigen Licht der Innenbeleuchtung einen Joint. Als Unterlage benutzt er einen Rand-McNally-Straßenatlas.

Die Party ist im ersten Stock eines Hauses, das in einzelne Apartments umgebaut wurde. Es liegt in einer ruhigen Wohngegend, nur wenige Meilen vom Campus entfernt. Wie sich herausstellt, sind wir nicht nur mit Abstand die Jüngsten, sondern offenbar auch die einzigen Heteros. Esthers Freunde sind ausnahmslos homosexuelle Männer. Für uns drei ist diese Spezies ungefähr so exotisch wie die Mitglieder eines Maori-Stamms. Eine Schwulenparty! Das hatten wir vorher nicht gewusst. Jesse, mit seinem ungezwungenen Lächeln und den glatten Wangen, zieht sofort die Aufmerksamkeit der Gäste auf sich. Ein Mann mit engem weißen Shirt und tiefschwarzen Haaren, die zu einer Igelfrisur hochgegelt sind, legt zum Spaß den Arm um ihn. «Gib mir nur eine Nacht», sagt er. «Eine Nacht. Ich schwör dir, ich krempel dich um.» Jesse strahlt, lehnt das Angebot aber dankend ab.

Wir lassen uns volllaufen. Ex und hopp. Wir nehmen tiefe Züge aus der Wasserpfeife, die auf dem Tisch steht. Wir fühlen uns immer leerer, leichter und mutiger. Esther schwirrt dauernd um mich herum, wie ein blonder Satellit, der um einen deutlich jüngeren Planeten kreist. Ihre Annäherungen sind plump. Das Material, mit dem sie es zu tun hat, ist biegsam. Aus Sicherheitsgründen sitzen Jesse, Justin und ich die meiste Zeit eng aneinandergeschmiegt auf dem Sofa. Dann setzt sich Esther dazu und sagt ganz nebenbei: «Ich komme nur, wenn mir jemand den Hals leckt.» Sie fordert mich auf, es zu versuchen, und, angefeuert von den belustigten Gesichtern meiner Freunde, lege ich los. Sie sitzt rechts neben mir. Mit ihrem Hals habe ich schon bei anderer Gelegenheit Bekanntschaft gemacht. Ich kenne auch andere weibliche Hälse. In den letzten Monaten hatte ich Gelegenheit, zwei verschiedene zu lecken. Beide schmeckten nach Vanille. Dieser Hals ist anders. Esthers Haut schmeckt salzig. Und sie kommt gleich zur Sache. Sie fängt an zu stöhnen. Es hört sich dumpf an, wie ein Tier, das in einen Schacht gefallen ist, weil mein Gesicht unter ihrem Kinn in die Haut vergraben ist. Ich lecke weiter, und ihr Stöhnen klettert die chromatische Tonleiter hinauf. Es klingt jetzt abgehackt, näselnd, scharf, wie das Gewieher eines Pferdes in der Ferne, erregt, diaphragmatisch, gepresst, bis sie plötzlich scharf die Luft einsaugt und sich keuchend und rot im Gesicht von mir löst.

«Siehst du?», sagt sie lächelnd. «Ich hab's dir ja gesagt. Es ist eine ganz besondere Gabe.» Der Mann mit der Igelfrisur erinnert sie an ein weiteres Talent, das sie besitzt. Esther verschwindet kurz. Als sie zurückkommt, hat sie ihre Bluse unter der Brust geknotet und trägt ihren runden, flossenweißen Bauch mit dem dunklen, tiefen Nabel zur Schau. Sie steckt eine Kassette in das Transistorgerät, streift Zimbeln über ihre dicken Finger und beginnt zu einer rhythmischen, orientalischen Musik zu tanzen. Für mich. Nur für mich. Ein persönlicher Bauchtanz, als würden wir in einem marokkanischen Restaurant meinen Geburtstag feiern, und meine Freunde hätten mir die Nummer spendiert. *Hum da-da hum da-da hum da-da hum da-da.* Esther hebt und senkt das Becken auf der Achse ihres Bauchnabels. Sie lässt ihren Bauchspeck zwischen Rippen und Leiste hin- und herrollen, was das Zeug hält. Sie klimpert und gleitet auf mich zu. Jesse zu meiner Linken kichert. Justin zu meiner Rechten ist zu zugedröhnt, um ein Wort zu sagen. Jetzt beugt sie sich über mich, ihre Schenkel an meine Knie gepresst, ihre Lippen verführerisch geschürzt, und macht schlangenförmige Bewegungen mit ihrem Oberkörper. Das Ganze ähnelt jetzt mehr einem Lapdance als einem Bauchtanz, einer privaten Vorführung im Separee eines Nachtclubs. Alle schauen zu. Ich spüre ihre Blicke und ihr Lächeln. Esther lächelt auch. Es macht ihr Spaß, das sieht man. Sie genießt die Aufmerksamkeit ihrer Freunde, und es gefällt ihr, mich mit Aufmerksamkeit zu überschütten. Sie saugt die Aufmerksamkeit der Anwesenden auf wie ein Schwamm. Sie nimmt sie und gibt sie an mich weiter.

Schließlich hört die Musik auf, Esther wirft den Kopf zurück, und die Leute applaudieren. «Ich habe am College einen Bauchtanzkurs belegt», sagt sie, als würde das ihre Vorstellung irgendwie rechtfertigen. Wenn sie stattdessen Fechten belegt hätte, würde ich jetzt wahrscheinlich aus zahlreichen Stichwunden bluten.

Alkohol beschleunigt die Zeit, Marihuana verlangsamt sie. Beides zusammen sorgt dafür, dass sie sich überschlägt, springt und sich im Kreis dreht. Irgendwann ging ich meine Blase entleeren, und als ich mich in dem sarggroßen Badezimmer umdrehte, stellte ich fest, dass Esther hinter mir stand. Sie presste ihren Mund auf meinen und fuhr mit ihrer Zunge über meine Zähne.

«Überrascht?», fragte sie, als sie fertig war.

Nein. Also, ja und nein. Es überraschte mich nicht, dass sie mich küsste – die Vorboten waren schließlich unmissverständlich gewesen. Soweit mich in meinem Zustand überhaupt etwas überraschen konnte, war es, wie unausweichlich mir das alles vorkam. Ein normaler sechzehnjähriger heterosexueller Junge hat die niedrigste sexuelle Hemmschwelle, die man sich vorstellen kann. Ein Bild von Mutter Teresa ohne Ordenstracht genügt schon, um einen leichten testikulären Alarm auszulösen. Esther hingegen übte nicht die leiseste sexuelle Anziehungskraft auf mich aus, nicht einmal im besoffenen Zustand. Etwas in mir, das von den primären sexuellen Sinnen (Riechen und Schmecken, den Hormonen) herrührte, sperrte sich dagegen. Ich mochte den *Geruch* daran überhaupt nicht. Und doch war ich schockiert, dass nichts von alledem bei dem, was passieren sollte, eine Rolle zu spielen schien. Nicht einmal körperliches Desinteresse konnte das Drehbuch ändern, das für diesen Abend geschrieben worden war, einen Abend, den ich – und das war die Krux an dem Problem – auf faszinierende Weise dramatisch fand. Da war ich. Da war ich.

Im Wohnzimmer löste sich die Party allmählich auf. Die Musik war jetzt sanfter, leiser. Justin und Jesse waren mit halb geschlossenen Augen auf dem Sofa zusammengesunken, vergessene Bierflaschen in der Hand. Ich setzte mich zu ihnen. Esther stand mit verschränkten Armen in der Küche und unterhielt sich mit den wenigen Freunden, die noch da waren. Dann nickte sie, kam zu uns rüber und quetschte sich zwischen Jesse und mich. «Wir gehen jetzt», sagte sie, und rückte dann mit einer beunruhigenden Absicht heraus. «Wir gehen in eine Bar. Natürlich kannst du da nicht mitkommen. Aber ich komme zurück. Ich will ein Mädchen mitbringen. Willst du hierbleiben? Ich will, dass du bleibst!»

«Ich bleib hier», sagte Jesse.

«Das Angebot gilt nur für Daniel», erwiderte sie feierlich.

Daniel. Das klang nett. Während sie sprach, hatte sie mich die ganze Zeit über angesehen. Ihr Gesichtsausdruck hatte etwas Schwesterliches, Verschwörerisches und zugleich seltsam Liebevolles. Ich hatte nicht die leiseste Ahnung, was ich antworten sollte. Vielleicht sollte ich ihr irgendwelche Fragen stellen? Sollte ich Informationen sammeln, bevor ich ihr antwortete? Hatte ich vielleicht irgendwas nicht richtig verstanden?

«O.k.», sagte ich.

«O.k.», sagte sie. «Wir gehen dann mal. Rühr dich nicht von der Stelle.»

Und alle verließen das Apartment. Esther und die schwulen Männer in der Küche und Jesse und Justin, die betreten dreinschauten. Jemand machte das Licht aus, bevor die Tür zufiel.

Ich weiß nicht mehr, wie lange ich im Dunkeln gewartet habe. Irgendwann kam Esther zurück, zusammen mit einer olivhäutigen Schönheit mit dicken Ringellocken. Sie warf einen Blick auf mich, den merkwürdigen, übernächtigten Jungen, und stieß ein kurzes, scharfes Lachen aus. Dann legte sie den Mantel ab, drehte sich zu Esther um und küsste sie.

Ah, dachte ich.

Schau mich nicht an. Ich bin lächerlich! Ich bin jämmerlich! Ich bin ein hoffnungsloser Fall! Ich bin die Verkörperung von *Kama Sutra* für Fortgeschrittene, allerdings sehe ich dabei aus wie Archie aus der gleichnamigen

Comicreihe. Ich hätte mehr Pornofilme anschauen sollen. Ich hätte Liegestütze, Klimmzüge, Rumpfbeugen, Beinpresse, Kreuzheben machen sollen. Ich hätte weniger trinken sollen. Ich hätte mehr trinken sollen. Ich hätte weniger masturbieren sollen. Ich hätte mehr masturbieren sollen.

Schau mich nicht an. Ich muss das irgendwie zu Ende bringen. Ich muss mich auf meine Aufgabe konzentrieren. Ich will versuchen, die Hinweise, die Daten, die Gliedmaßen zu deuten. Ich will herausfinden, wozu dieses Latextuch gut sein soll. Wahrscheinlich sollte ich es nicht allzu sehr auseinanderziehen, damit es nicht reißt. (Ups!) Ich möchte mich auf meine Hände, meine Ellbogen, meine Unterarme, meine Stirn, deine Brust stützen. (Ist es erlaubt, sich auf deine Brust zu stützen?) Vielleicht sollte ich die Augen schließen. Ich glaube, es hilft, wenn ich die Augen schließe.

Wann sind wir fertig? Ich habe keine Ahnung, wann wir fertig sind. Sind wir fertig, wenn ich fertig bin? Sind wir fertig, wenn du fertig bist? Wenn sie fertig ist? Wenn wir alle fertig sind? Muss ich dafür sorgen, dass ihr beide fertig werdet? Wann *seid* ihr fertig? Woran erkenne ich, dass ihr fertig seid?

Jetzt? Sind wir *jetzt* fertig? Das ist, also … gut. O. k. Ja, danke. Das ist nett. Danke. Habe ich mir gedacht. Ha! Das ist lustig. Ha! Ha ha ha ha ha ha ha ha ha ha ha ha ha ha ha ha ha ha ha ha ha ha ha ha ha ha ha ha ha ha ha ha ha ha! Ja, danke. Ich hätte jetzt gern einen Kaugummi.

Hmm? Oh ja, bitte. Das wäre toll. Ich glaube, es ist spät. Wie spät ist es? Wirklich? Im Ernst? Wow. Uff. Also … was soll ich jetzt tun? Soll ich rausgehen? Nein, ich glaube, ich weiß, wo ich hingehe. Wenn sie mich zum Campus zurückbringen können, finde ich mich zurecht. Ich hab Geld, ja, ich glaube, ich habe genug Geld. Wie viel wohl? … Ja, ich denke, es wird reichen. Also dann. O. k. Ja, am Sonntag. Wir sehen uns am Sonntag. Genau. O. k. Genau. Bis dann. Tschüss.

[Kuss].

Aus meiner Sicht ist der Rest des Trips unwichtig. Alles, was in den nächsten vierzig Stunden folgte, das ganze emotionale Wechselbad – die selbstzufriedene Fahrt auf der Rückbank eines Taxis, die Arme in Eroberungspose seitlich auf den Kunstledersitzen ausgestreckt; die Dusche spät in der Nacht, bei der ich plötzlich das Bedürfnis verspürte, mich mit einer Drahtbürste und antibakterieller Seife abzuschrubben; der Entschluss am nächsten Morgen, nichts von dem zu erzählen, was in der Nacht passiert war; der

Drang am nächsten Abend, damit anzugeben, zu beschönigen, was bestenfalls ein konfuses, mechanisches Herumgeeiere gewesen war; das Schwanken zwischen Zweifeln, Erstaunen, Schuld, Stolz, Ekel, Wut, Verlangen, Selbsthass, Eigenliebe ... das alles spielt keine Rolle. Es spielt keine Rolle, weil im Nachhinein alles unter der Lawine von Dingen begraben liegt, die danach kamen. Sogar die Rückfahrt in Esthers Wagen war nichts weiter als eine Autofahrt. Abgesehen davon, dass ich es lästig fand, Small Talk machen zu müssen, und ich schockiert war, als Esther mir an einer Tankstelle den Vorschlag machte, den Jungs im Buchladen eine Postkarte zu schicken, auf der stand, dass wir gevögelt hatten. Ansonsten: Mautstationen, Zapfsäulen, Kaffeebecher, FM-Radio. Nur eine Autofahrt.

Erst als Esther in die Sackgasse einbog, in der ich wohnte, und ich meine Segeltuchtasche aus dem Kofferraum zog, erst da überfielen mich die Ereignisse dieses Wochenendes hinterrücks, gerieten ins Trudeln und prallten definitiv mit der Gegenwart zusammen, um die Zukunft zu schaffen. Erst da nahmen die Ereignisse konkrete Formen an und wurden zu meiner neuen, unwiderruflichen psychischen Realität.

Im Haus war es still. Mein Vater war einkaufen gegangen. Scott ging aufs College. David war bei einem Freund. Ich hatte mein ganzes Leben in diesem Haus verbracht. Wie viele Stunden unter diesem einen grauen Dach? Fünfzigtausend? Hunderttausend? Einmal war das Dach undicht geworden. Monatelang sickerte das Regenwasser durch die Dachbodenisolierung, bis die durchweichten Fasern des Dämmmaterials auf die Decke oberhalb der Treppe drückten und die Fugen rissen. Eines Morgens sah sich Scott den Riss etwas genauer an und merkte, wie etwas über ihm nachgab. Er musste die Decke festhalten wie Atlas das Himmmelsgewölbe, bis seine Arme ganz taub wurden. Die triefende Masse fiel schließlich mit solcher Wucht herunter, dass wir tagelang, lachend, die Fetzen des Dämmstoffes von den Wänden kratzen mussten.

Aus dem Schlafzimmer meiner Eltern drang gedämpft das Gemurmel des Fernsehers. Meine Mutter saß im Schneidersitz auf der Daunendecke und legte Wäsche zusammen. Ich sah meine weißen Socken, meine weißen T-Shirts, meine Unterwäsche. Sie lächelte ein mütterliches Lächeln, als sie mich in der Tür stehen sah. «Willkommen zurück», sagte sie. «Wie war dein Wochenende?»

Das genügte, um zusammenzubrechen. Es war eine Flut. Alles verkrampfte sich. Alles wurde freigesetzt. Alles schwoll an. Es war ein plötzliches, Übelkeit erregendes Pivotieren der Sinne, als habe ein unsichtbarer

Vernehmungsbeamter Drähte an meinen Nervenenden befestigt und Strom durchgejagt, als habe jemand Gift in mein Blut gespritzt, das sogar die tröstlichen Anblicke in diesem verlässlichen Allerheiligsten – die Schmuckdose aus Walnussholz auf der Kommode, die eingeschnitzten Wirbel an den runden Enden des Bettrahmens, das letzte Licht des Tages, das sich mit dem Schein der Lampe vermischte – von Boshaftigkeit durchtrieben erscheinen ließ. Eine unglaubliche Panik überkam mich. Ich rannte weinend zu meiner Mutter. Ich erzählte ihr alles. Alles. Ich erzählte ihr von der Fahrt, der Party, der Verführung, dem Sex. Es war reflexartig und geschah, ohne dass ich es wollte, und noch nie hatte ich mich so gedemütigt gefühlt. Sie hielt mich wie ein Baby, weinte mit mir, wiegte mich hin und her, und dann fragte ich sie, was denn passiert sei.

«Was passiert ist?», sagte sie. «Was passiert ist? Du wurdest vergewaltigt! Das ist passiert.»
«Nein.»
«Ich wusste es! Ich wusste, ich hätte dich nicht gehen lassen sollen! Diese Schlampen! Dieses abscheuliche Miststück!»
«Nein. Nein.»
«Du wurdest vergewaltigt, Daniel. Es ist nicht deine Schuld. Es ist nicht deine Schuld. Du bist ein Opfer. Du wurdest vergewaltigt!»
«Nein.»
«Du wurdest vergewaltigt. Das war Unzucht mit Minderjährigen.»

6 Der Dolch

Es dauerte eine Weile, aber irgendwann schaffte ich es, mich aus der Umarmung meiner Mutter zu lösen und mich in mein Bett zu schleppen. Ich brauchte vor allem Ruhe. Ich brauchte Platz und wollte allein sein, um diesen Anfall zu verstehen.

«Bett», das hieß für mich ein Hochbett, das mein Vater aus Sperrholzplatten und Teppichresten für mich gebaut hatte. Der Rahmen des Hochbetts verdeckte das einzige Fenster im Raum bis auf eine kleine Luke, durch die ich hinausschauen konnte, wenn ich im Bett lag. Von dort aus sah ich einen schmalen Ausschnitt des Gartens unserer Nachbarin.

Das war unsere verrückte Nachbarin. Jeder hat irgendeinen verrückten Nachbarn oder eine verrückte Nachbarin. Unsere hatte rabenschwarzes Haar und war manisch und unberechenbar. Sie hatte einen fürchterlichen Fahrstil, beschimpfte gern lautstark irgendwelche Verwandte und besaß zwei Hunde undefinierbarer Rasse, denen sie offenbar ihren ganzen Wahnsinn eingeimpft hatte, wie bei einem unethischen wissenschaftlichen Experiment, gegen das Tierschutzorganisationen Sturm laufen. Die Hunde hörten nie auf zu rennen. Sie rannten kreuz und quer durch den Garten, von der Auffahrt bis zum Zaun, gruben den Rasen um und jaulten und kläfften und winselten, bis Dolores – so hieß unsere Nachbarin – sie anbrüllte, endlich still zu sein. Dieses spontane, lautstarke Hunderennen, der Fluch unserer Straße, war die Aussicht von meiner Bettstätte. Wann immer ich nichts Besseres zu tun hatte, schaute ich mir wie ein Gefangener dieses Spektakel an. Es war regelrecht in meine körperlichen Sinne eingeschrieben und drang auch diesmal zu mir durch, als ich versuchte, mich zu beruhigen, einen klaren Kopf zu bekommen und nachzudenken.

Es war ein hoffnungsloses Unterfangen. Mein Kopf weigerte sich, zu kooperieren. Jedes Mal, wenn ich dachte, ich hätte sie gelöscht, kam sofort wieder dieselbe spöttische Erinnerung zurück. Es war eine Erinnerung, von der ich nicht einmal wusste, dass ich sie hatte, ein Überbleibsel von einer Fernsehsitcom, die ich damals gerne anschaute. Die Serie handelte von den Abenteuern eines sexbesessenen geschiedenen Mannes in Manhattan, und die Szene, die mir ständig durch den Kopf ging, war ein emotionsgeladener

Monolog des Protagonisten über den Verlust seiner Jungfräulichkeit. Er erzählt, wie er etwa in meinem Alter zum ersten Mal Sex hatte, und zwar mit einem Mädchen mit Engelsgesicht, im Keller ihres Vaters. Die Entjungferung war so, wie ein Mensch sie sich nur wünschen kann: süß, auf süße Weise erschreckend, intensiv, verwirrend, unschuldig. Es gab sogar irgendwelche Kätzchen. Im Ernst! Ein ganzer Korb mit Kätzchen, die überall herumsprangen und mit ihren scharfen Klauen seine Füße attackierten, während sie (die Füße) sich unter der Bettdecke wanden und schlängelten. Das Erlebnis war wunderbar. Die Erregung war wunderbar. Die Naivität war wunderbar. Die Unschuld war wunderbar. Tatsächlich drehte sich der Monolog darum, dass es von da an im Leben des Protagonisten nichts mehr gegeben hatte, was so wunderbar war. Der ganze Sex, der folgte – großartiger Sex, fantasievoller Sex, Sex unter Zuhilfenahme von Sportartikeln und Frischwaren: Nichts würde die Schönheit und Unverdorbenheit dieser ersten Begegnung je toppen können. Er war aus dem Paradies vertrieben worden, und es gab kein Zurück mehr.

Aber wenigstens war er im Paradies gewesen! Wenigstens wusste er, wie es aussieht! Die schreckliche Botschaft, die ich aus diesem Monolog mitnahm, der in Endlosschleife durch meinen Kopf lief, während ich Dolores' Kötern zuschaute, wie sie stumpfsinnig auf dem immer gleichen, abgenutzten Stück Erde hin- und hersprangen, die schreckliche Botschaft lautete, dass ich jene einmalige Chance verspielt hatte. Ein Junge bekommt schließlich nur ein einziges kostbares erstes Mal, und ich hatte mich zugedröhnt und meines weggeworfen. Ich hatte mein Geburtsrecht als privilegierter männlicher Amerikaner sinnlos verprasst. «Vergewaltigung!», hatte meine rachgierige Mutter geschrien. «Vergewaltigung!» Dass sie ein Verbrechen beschworen hatte, das wie kein anderes die Unschuld tötet, steigerte meine Angst nur noch; nicht weil ich tatsächlich das Gefühl hatte, vergewaltigt worden zu sein, sondern weil ich auf fatale Weise glaubte, mich selbst vergewaltigt zu haben. Wenn Vergewaltigung bedeutet, Sex mit jemandem zu haben, ohne dass derjenige es will, dann war ich ganz klar ein Opfer. Aber niemand hatte meinen Willen missachtet, außer ich selbst. Niemand hatte mich gezwungen, außer ich selbst. Ich wollte keinen Sex mit Esther oder der namenlosen Fremden haben. Ich hatte kein *Verlangen* danach. Und doch tat ich es. Ich funktionierte, und das nicht einmal so schlecht, so wurde mir zumindest gesagt.

Warum? Warum hatte ich es getan? Das war es, was mir zu schaffen machte, als ich im Bett lag. Ich konnte diese Frage förmlich durch die

Matratze spüren, so als ob ich die Prinzessin aus dem Märchen und die Frage die Erbse wäre. Schuldgefühle haben wenigstens einen Zweck; sie sagen uns, dass wir einen Moralkodex verletzt haben. Dasselbe gilt für Gewissensbisse. Solche Gefühle haben eine erzieherische Funktion. Sie erzeugen Weisheit. Aber Bereuen – Bereuen ist nutzlos.

Warum! Am liebsten hätte ich mich in die Vergangenheit zurückkatapultiert. Ich wollte ein Wurmloch finden, durch das ich zurück zu jenem Freitagabend gelangen und Esthers Angebot ablehnen konnte, um es mir stattdessen mit meinen Freunden im Bus gemütlich zu machen, der uns zurück ins College brachte, und sicher und tief im hellen, fluoreszierenden Licht meinen Rausch auszuschlafen. Oder besser: Weiter zurück, zu dem Moment, als Esther wieder im Buchladen auftauchte, um ihr Angebot, uns mitzunehmen, auszuschlagen. Oder noch weiter zurück, zu jenem Tag, als sie in meiner Stadt und in meinem Leben aufkreuzte, um von vornherein auf Distanz gehen zu können und eine Haltung einzunehmen, die sie abschreckte, eine, die mich tatsächlich so reif und meinem Alter voraus erscheinen ließ, wie sie immer behauptet hatte. Oder noch weiter zurück, zu den unbeschwerten Zeiten, als ich im Supermarkt arbeitete. Noch weiter, in die Grundschulzeit, als es noch keine Ängste gab, über die ich mir Gedanken machen musste, nur Familienausflüge und Stofftiere, Legosteine, Playmobil, *Sesamstraße*, einteilige Schlafanzüge mit Füßen, Bilderbücher, zurück in eine Zeit, als das Erwachsensein nur der beruhigende Klang tiefer Stimmen war, die aus der Küche die Treppe hinaufdrangen, den Flur entlang und durch den Türspalt meines Zimmers hindurch. Zurück in eine Zeit, als ich in den Armen meiner Mutter Trost fand.

Von wegen. Wenn ich noch irgendwelche Zweifel daran hatte, dass meine unbeschwerten Tage für immer vorbei waren, verflogen sie spätestens in dem Moment, als es leise klopfte, die Tür knarrend aufging und mein Vater ins Zimmer trat. Er sah besorgt und zugleich peinlich berührt aus, als stünde ihm eine unumgängliche elterliche Pflicht bevor. Er muss sich schrecklich gefühlt haben. Es ist Aufgabe der Väter, ihre Söhne auf das Liebesleben vorzubereiten, und in meinem Fall war ihm diese Gelegenheit ebenso unwiderruflich abhanden gekommen wie mir meine Unschuld. Es hatte diesbezüglich nur ein kurzes Gespräch gegeben, ein paar Jahre zuvor, aber das war so verdruckst und zaghaft gewesen, dass es bei mir keinen Eindruck hinterließ. Es war im Auto. Wir waren zum Laden gefahren, um noch etwas fürs Abendessen einzukaufen, und als mein Vater parkte, ließ er noch einen Moment lang die Zündung an, damit wir das Lied zu Ende hören konnten, das gerade im Radio lief: «Paradise by the Dashboard Light» von Meat Loaf.

You got to do what you can	Du musst tun, was du kannst
And let Mother Nature do the rest	Und lass Mutter Natur den Rest erledigen
Ain't no doubt about it	Kein Zweifel
We were doubly blessed,	Wir hatten's doppelt gut
'Cause we were barely seventeen	Denn wir waren kaum siebzehn
And we were barely dressed	Und hatten fast nichts an.

Als das Lied zu Ende war, machte mein Vater den Motor aus, drehte sich zu mir um und fragte: «Weißt du, worum es in diesem Lied geht?»

Ganz ehrlich, ich wusste es nicht. Wenn ich überhaupt etwas dachte, dann nur, dass es um Baseball ging, wegen der berühmten Radioübertragung in der Mitte des Songs, wo der flinke Schlagmann die Bases überrundet. Was das Gekeuche anging, so dachte ich, dass man eben sehr schnell rennen muss, um einen Home Run zu erzielen, ohne dass der Ball das Spielfeld verlässt. Mein Vater muss meine Verwirrung bemerkt haben, denn bevor ich antworten konnte, sagte er: «Es geht um Lust bei Teenagern.»

Das war unser «Gespräch» über Sex in voller Länge. Danach suchten wir nach einem Einkaufswagen, bei dem sich die Räder richtig drehten. Und hier war mein Vater aufs Neue, drei Jahre später, mein großherziger Vater, der bald tot sein würde, und blickte geknickt drein, obwohl er sich überhaupt nichts vorzuwerfen hatte.

«Mom hat mir erzählt, was passiert ist», sagte er.

Draußen waren noch immer die Hunde und Dolores zugange, rannten und schrien, schrien und rannten.

«Weißt du», sagte er. «Ich habe meine Unschuld auch unter Umständen verloren, die alles andere als erfreulich waren. Ich war in der Armee. Also, bei der Reserve. Wir hatten ein paar Tage Freigang, und meine Freunde haben mich dazu überredet, zu einer Prostituierten zu gehen. Zu einer Hure … Ich habe meine Jungfräulichkeit bei einer Hure verloren.»

Ungeachtet der kollektiven Abneigung in der Nachbarschaft hegte ich immer eine heimliche Bewunderung für Dolores' Hunde. Dass sie sich rundweg weigerten, zu kuschen oder einen Befehl auch nur zur Kenntnis zu nehmen, hatte in gewisser Weise etwas Ehrenvolles an sich. Manchmal, wenn Dolores sie an einen Zaunpfahl angebunden hatte, kauten sie einfach die Leine durch und fingen wieder an zu rennen. Aber jetzt ertappte ich mich dabei, wie ich ihr Frauchen bedauerte. Arme, unfähige Dolores. Sie besaß alle Mittel, aber keinerlei erzieherisches Talent. Gegen die Energie ihrer Hunde kam sie einfach nicht an. Alles, was sie tun konnte, war, sich die Kehle aus dem Leib zu schreien.

«Es war nicht großartig», sagte mein Vater. «Aber auch nicht schrecklich. Es war einfach … nun, es war einfach so.»

Sein Kopf war jetzt auf gleicher Höhe mit meinem. Ich versuchte, mich nicht zu rühren.

«Kumpel? Dan? Gibt es etwas, das ich tun kann?»

Nach einer Weile, als ich nichts darauf erwiderte, ging mein Vater aus dem Zimmer, schloss die Tür hinter sich und ließ mich allein mit den Hunden.

Natürlich musste ich zur Schule gehen. Ich war ja nicht krank – zumindest nicht in einer Weise, die man in der Verwaltung der John F. Kennedy High School akzeptiert hätte, ohne eine demütigende Besprechung mit hochrangigen Vertretern der Schulbehörde einzuberufen. Ich fühlte mich aber schlecht. Bei allen Ängsten, die ich im Laufe meiner Kindheit durchlebt hatte, hatte ich nie etwas Vergleichbares empfunden. Es fühlte sich genauso an, wie sich meiner Meinung nach eine Geisteskrankheit anfühlen muss. Nicht irgendeine Geisteskrankheit. Keine romantische Melancholie oder spezifische Phobie. Es war, als hätte mich plötzlich eine leichte Form von paranoider Psychose befallen, als wäre mein Kopf schutzlos ausgeliefert, sodass alles – sämtliche Reize, Wahrnehmungen, Informationen, Gedanken – wie eine ernste Bedrohung erschien, wie ein Angriff auf das Bewusstsein. In diesem überwältigenden neuen Zustand, in dem sich die Erinnerung und der Ekel zu einer neurologischen Todesschwadron zusammengeschlossen hatten, um meine Gelassenheit in Stücke zu reißen, gab es, wie in den schlimmsten Fällen von Schizophrenie, nichts in der Welt, das nicht in Bezug zu meiner Qual stand. Alles war eine bösartige Anspielung auf das, was ich am liebsten rückgängig gemacht hätte, und auf die Art und Weise, wie ich mich jetzt fühlte. Alles war blanker Hohn. Ich konnte nicht einmal einen Werbespot im Fernsehen anschauen, weil sogar der Anblick von Kindern, die auf einer Schaukel spielten, mich an die Unschuld erinnerte, die ich glaubte verloren zu haben.

Es war ein Zustand der absoluten Selbstbezogenheit, der dazu führte, dass ich mich vollständig zurückzog. In der Schule schlich ich durch die Korridore mit den Schließfächern rechts und links. Ich streifte mit glasigem Blick umher, ruhelos, übernächtigt, mit hochgezogenen Schultern und geduckter Körperhaltung, als wartete ich nur darauf, dass gleich ein Wagen neben mir auftauchen würde, aus dem auf mich geschossen wurde. Ich mied Gespräche. Ich ging meinen Freunden aus dem Weg, vor allem Justin. Ich mied Körperkontakt. Ich mied Blickkontakt. Ich war voll und ganz auf das fixiert, was in mir vorging.

Und was ging in mir vor? Eine ungeheure Fantasie, eine ungekannte Kreativität, ein masochistischer Karneval. Mein Gehirn schien sich einen Spaß daraus zu machen, Speerspitzen zu produzieren und mich damit aufzuspießen. An Material mangelte es ihm nicht. Vorher war ich immer gern zur Schule gegangen. Die Nähe zu den anderen – das tägliche Gedränge, all die unterschiedlichen Persönlichkeiten und Einstellungen – fand ich spannend. Zu meinem Entsetzen kam mir die Schule jetzt wie ein groteskes Schauspiel vor, in dem verpasste Gelegenheiten die Hauptrolle spielten – ein Ort, wo sich hunderte von attraktiven, unberührten Mädchen mit frischen Gesichtern tummelten, und an jedes von ihnen hätte ich jetzt liebend gern meine Jungfräulichkeit verloren, wenn sie es nur wollten.

Ebenso leidvoll wie der Anblick der Mädchen, wenn nicht noch quälender, war der Umstand, dass wir nach jenem famosen Wochenendtrip im Englischunterricht ausgerechnet *Macbeth* durchnahmen. Schlimmer ging es nicht. Es war, als habe Shakespeare das Stück nur geschrieben, um jedem meiner pochenden Nervenenden auf den Zahn zu fühlen. Dass es in *Macbeth* um Serienmord und nicht etwa um eine verfrühte Ménage à trois geht, blendete meine Angst der Bequemlichkeit halber kurzerhand aus. Meine feuchten Finger hinterließen gespenstische Abdrücke auf den Seiten des billigen Taschenbuchs. Ich las den Text und sah mein Spiegelbild: ein von Reue geplagter Protagonist, der sich verzweifelt nach innerem Frieden sehnt, nicht mehr schlafen kann, sich selbst zerfleischt, sich absondert, sich selbst bekriegt und dermaßen furchtsam ist, dass er beim leisesten Geräusch zusammenzuckt.

Ich las: «Oh, von Skorpionen voll ist mein Gemüt!»
Ich las: «Kannst du nichts ersinnen für ein krank Gemüt? / Tief wurzelnd Leid aus dem Gedächtnis reuten? / Die Qualen löschen, die ins

Hirn geschrieben? / Und mit Vergessens süßem Gegengift / Die Brust entled'gen jener gift'gen Last, / Die schwer das Herz bedrückt?»

Und ich las die Antwort des Arztes auf Macbeths Frage: «Hier muss der Kranke selbst das Mittel finden.» Diese Antwort schockierte mich, legte sie doch etwas nahe, das mir völlig unmöglich erschien. Selbst das Mittel finden? Wie denn? Ich konnte doch nicht einfach aus meiner Haut schlüpfen und von außen untersuchen, was ich empfand. Ich konnte es nicht therapieren. Ich konnte es nicht meinem Willen unterwerfen. Ich war mir nicht einmal sicher, ob ich überhaupt noch einen Willen hatte. Mein neuer Geisteszustand war mit solcher Wucht, solch urgewaltiger Geschwindigkeit und so plötzlich über mich gekommen, dass es mir schien, als wäre die Schnur meiner Handlungsfähigkeit mit einer Schere abgeschnitten worden. *Es,* was immer es war, hatte jetzt die Kontrolle über mich, nicht ich selbst. Wie sollte ich so irgendein Mittel finden? Wie soll man sein eigener Arzt sein, wenn man nur ein Patient ist? Vielleicht wäre es besser, wie Lady Macbeth einen netten Ort hinter den Kulissen zu finden und sich selbst um die Ecke zu bringen.

Dann war da auch noch der Dolch, der vor Macbeth erscheint, die tödliche Vision, erst sauber und dann blutbefleckt. Er sieht ihn, kann ihn aber nicht greifen. Wir lasen Macbeths berühmtes Zwiegespräch mit sich selbst im Unterricht, und ich dachte bei mir: *Er ist echt. Der Dolch ist echt!* Davon war ich überzeugt, denn während wir den Text lasen, spürte ich meinen eigenen Dolch in mir bohren. Ich sah ihn nicht, spürte ihn aber in meiner Brust. Dieses eisige Stechen im Brustbein. Kalt, scharf, trocken: mein Eiszapfen. Meine fünfundzwanzigste Rippe.

Superhelden haben fast immer übermenschliche Sinne. Spiderman spürt ein Kribbeln, wenn Gefahr droht. Der Schurke wirft einen Felsbrocken. Der Unschuldige wird von einem Wolkenkratzer gestoßen. Wellenlinien erscheinen über Spidermans Kopf: *Kribbel.* Ausweich. Schubs. Fang. Rette. Was aber, wenn der übermenschliche Sinn nur sich selbst signalisiert? Was, wenn die einzige Macht des Helden ein innerer Alarm ist, der klingelt, um ihm zu signalisieren, dass er einen inneren Alarm *hat*?

Das ist die Angst. Das Einzige, was sich verändert, ist die Stelle im Körper, an der der Alarm auftritt, und seine Intensität. Sitzt er im Bauch? In der Leiste? Im Hals? Im Rückgrat? Im Herz? In den Lungen? Und wie fühlt er sich an? Ist es ein Engegefühl? Eine Schlaffheit? Ein Zusammensacken? Eine Verflüssigung? Ein Flattern? Ein Kratzen? Ein Zucken? Ein Ziehen? Ist es heiß oder kalt? Ist es eine Anwesenheit oder eine Abwesenheit? Ist es ein Gewicht oder eine Leere? Wie nennen Sie Ihren Alarm?

Wie nennen Sie Ihren? Wahrscheinlich so, wie er sich anfühlt. Franz Kafka nannte seinen «das Gefühl, mitten im Leib einen Knäuel zu haben, der sich rasch aufwickelt, mit unendlich vielen Fäden, die er vom Rande meines Leibes zu sich spannt». Meiner fühlte sich an wie ein Eiszapfen, und heute, Jahre später, während ich hier allein an meinem Schreibtisch sitze, die Tür geschlossen, abgeschnitten von der Welt mit all ihren Bedrohungen, fühlt er sich immer noch wie ein Eiszapfen an. Er arbeitet vor sich hin, während ich schreibe, und bohrt in meiner Brust herum. Er ist immer noch da, er ist immer noch echt, und ich fürchte ihn immer noch. Ich hasse ihn immer noch, inzwischen jedoch mit nagendem Wohlwollen, ungefähr so, wie ein Kind gegenüber dem Vater empfindet, der die Familie verlassen hat. So, wie man gegenüber einer Sache empfindet, die zugleich Teil von einem ist und nicht zu einem gehört, zum Verrücktwerden. So, wie man gegenüber einer Sache empfindet, die einem eine unselige Wahrheit beigebracht hat, *die* unselige Wahrheit: Man selbst sitzt nicht am Steuer.

Wie vorsichtig die ängstliche Psyche doch ist! Sie lässt keinen Fehler zu, gestattet kein auch noch so vertretbares Risiko. Der Angstmensch ist wie Dick Cheney nach dem 11. September, der seine Ein-Prozent-Doktrin ausposaunt und damit die einprozentige Wahrscheinlichkeit, dass der Feind Nuklearwaffen besitzt, kurzerhand in eine hundertprozentige Gewissheit verwandelt. *Simsalabim!* Alle weiteren Analysen sind überflüssig. Streiche den Zähler aus dem Bruch heraus. Von jetzt an regiert der Nenner ...

Ich hatte AIDS. Da war ich mir sicher. Ich hatte mich mit HIV infiziert. Das Virus mit seinen grässlichen Sputnik-Auswüchsen war gerade dabei, sich in meinen Zellen zu replizieren. Es wickelte meine DNA auf, schleuste sich in sie ein und fraß langsam meine Lebenskraft auf. Es war eine banale Angst, eine sehr verbreitete Angst. Wenn man in der Nähe eines Vulkans wohnt, fürchtet man die Lava. Wenn man im Regenwald lebt, fürchtet man die Malaria. Aber diese Befürchtungen sind rational. Man ist nicht verrückt. Man ist sogar überrational. Man gebraucht seinen gesunden Menschenverstand, die Fähigkeit, zu urteilen, logisch zu denken und Gefahren zu erkennen. Das ist der Unterschied zwischen einer Psychose und der Angst, vielleicht sogar der einzige Unterschied. Der Psychotiker fürchtet sich vor Risiken, die es gar nicht gibt: Entführungen durch Außerirdische; Mikrophone in den Backenzähnen; Dämonen in den Bäumen; Teufel im Himmel. Der Angstmensch fürchtet sich vor Risiken, die es tatsächlich gibt: Krankheiten, Verstümmelung, Überfälle, Demütigung, Verluste, Versagen, Erfolg, Wahnsinn, Tod. All die Fallstricke, die in der Zukunft auf einen lauern, all die Risiken, die stabilere Gemüter gar nicht erst bemerken, sind in der ängstlichen Psyche allgegenwärtig und knurren vor sich hin. Deswegen sind Therapeuten auch so sehr darum bemüht, den Angstpatienten davon abzubringen, die Dinge zu intellektualisieren. Der erste Schritt hin zum Frieden ist die Abrüstung.

Ich hatte AIDS. Es lag im Bereich des Möglichen, also war es so. An jenem Freitagabend wurden lauter Substanzen herumgereicht, die einem die Sinne trübten. Wer wusste schon, was in diesem Wohnzimmer wirklich passiert war? Wie verlässlich war meine Erinnerung an die Ereignisse? Vielleicht war ich ja kurz ohne Kondom in sie eingedrungen? Oder was, wenn das Latextuch einen Materialfehler, ein winziges Loch, einen haarfeinen Riss hatte? Vielleicht hatte ich mich bei der Fellatio oder beim Cunnilingus infiziert? Vielleicht war ich ja auch noch in eine andere, noch viel heiklere Körperöffnung vorgedrungen und erinnerte mich nicht mehr daran? Ein kleiner Ausrutscher genügte, und der Scheißkerl von einem Virus konnte ungehindert in mich reinschwimmen und sich vermehren. Gleich danach hätte ich mich noch retten können, überlegte ich. Ich hätte in die Küche gehen, ein Beil nehmen und den infizierten Körperteil einfach abhacken können. Jetzt war es zu spät dazu. Nach so vielen Tagen hatte sich das Virus bestimmt schon bis zu meinem Herz vorgearbeitet, und von dort war es überallhin gepumpt worden, durch jede Ader, jede Vene, jedes noch so winzige Blutgefäß.

Der Gedanke ließ mich nicht los. Ich würde sterben. Ich war sechzehn, hatte 7500 Dollar auf dem Bankkonto (das Geld, das ich zu meiner Bar-Mizwa geschenkt bekommen hatte) und musste sterben. Eine monströse Ungerechtigkeit, die meine Reue ins Unermessliche steigerte. Während ich die Mädchen in der Schule zuvor als eine Zurschaustellung sexueller Gelegenheiten betrachtet hatte, empfand ich sie nun als eine Zurschaustellung verpasster Gelegenheiten. Punkt. Alle, die an mir vorbeiliefen, verblassten förmlich vor meinen Augen, als würde ich mich bereits von ihnen entfernen. *Da ist Laura*, dachte ich, *in die ich jahrelang verknallt war. Laura mit ihren Sommersprossen und ihrem süßen Duft nach Wiesenblumen. Laura, deren Liebe ich jetzt niemals mehr gewinnen werde ... Da ist Judy, mit ihrem hellblonden, seidigen Haar, ihrer schneeweißen Haut und ihren vielen goldenen Armkettchen. Judy, ich bin jetzt auf immer für dich verloren! ... Da ist*

Bradley, die enge Freundin meiner frühen Jugend, die intelligente, talentierte, quirlige Bradley. Lebe zwei Leben, Bradley, eins für dich und eins für mich! Ich werde nicht mehr lange bei dir sein!

Falls sich das alles irgendwie melodramatisch anhört, nun, so ist auch das keine schlechte Metapher für die Angst. Schließlich ist sie eine Art Drama-Queen der Psyche, theatralisch, überzogen, hysterisch. Wenn Sie je mit einer Drama-Queen befreundet waren, wissen Sie, wie anstrengend das sein kann. Eine von der Sorte im Kopf zu haben genügt, um einen ins Koma zu versetzen. Genau das passierte mit mir. Eine Nebenwirkung meines AIDS-Wahns war eine erdrückende Müdigkeit. Meine Lehrer kannten mich als redseligen Schüler, der im Unterricht mitmachte und gerne diskutierte. Wenn sie eine Frage stellten, schnellte mein Arm sofort in die Höhe. Jetzt saß ich stumm an meinem Platz und machte nur den Mund auf, wenn ich angesprochen wurde. Jede Beteiligung war mir zu viel. Früh am Tag, wenn meine Angst noch von meinem Anstandsgefühl in Schach gehalten wurde, konnte ich das gut verbergen. Aber je weiter der Tag voranschritt, desto erschöpfter fühlte ich mich. Meine körperliche Leitempfindung wechselte vom stechenden Eiszapfen in meiner Brust hin zu meinen schweren Augenlidern.

Ich möchte meiner Angst gegenüber nicht ungerecht sein – schließlich führen wir eine Art Beziehung. Sie war nicht die Einzige, die mich in die Bewusstlosigkeit trieb. Meine Mutter war ebenfalls daran beteiligt. Kurz nachdem ich wieder zur Schule ging, fing sie an, mir ein Medikament zu verabreichen, damit ich mich beruhigte. Genauer gesagt, schickte sie mich jeden Morgen mit einem kleinen orangefarbenen Röhrchen los, in dem meine Tagesdosis Xanax rasselte – damals wie heute das beliebteste Präparat aus der Gruppe der Benzodiazepine, der meistverordneten Stoffklasse unter den Psychopharmaka und, bei allem gebotenen Respekt für Freunde und Familie, der verlässlichste und am meisten geschätzte Begleiter des zeitgenössischen Angstmenschen.

Wie dankbar ich für diese kreidigen kleinen Tabletten war! Ich himmelte sie an. Ich liebte es, mir den winzigen eingravierten Markennamen auf den Pillen anzuschauen. Ich liebte es, mit dem Finger die kleine Bruchkerbe in der Mitte entlangzufahren. Wenn ich mit einem Schluck lauwarmem Wasser aus dem Trinkbrunnen im Schulflur eine Pille runterschluckte, fühlte sich das an, als würde ich einen Wollpullover über mein Hirn ziehen. Es machte die Realität behaglicher, hüllte ihre scharfen Ecken und Kanten in Watte ein. Im Ernst, ich brauchte nur fünf oder zehn Minuten zu warten, und schon spürte ich, wie die Substanz die Herrschaft über meine Frontallappen übernahm und dabei sagte: «Hooooo, Junge! Immer mit der Ruhe. Nimm's locker.» Und dann wurde alles besser.

Muss ich meine Mutter jetzt vor den Angriffen all jener in Schutz nehmen, die es unverantwortlich finden, einem Kind ein Beruhigungsmittel in die Schultasche zu packen? Ich hoffe nicht. Es muss für meine Mutter furchtbar verwirrend gewesen sein, zusehen zu müssen, wie sich ihr jüngstes Kind anscheinend über Nacht in einen Patienten verwandelte. Unten, in dem umgebauten Hobbyraum, war sie tagaus, tagein mit Leidenden zusammen, die sie behandelte, aber aus ethischen Gründen nicht lieben konnte. Oben war sie jeden Abend mit einem Leidenden zusammen, den sie liebte, aber aus ethischen Gründen nicht behandeln konnte. Es war ein Konflikt zwischen verschiedenen Impulsen – dem beruflichen und dem mütterlichen –, der ihr in den kommenden Jahren noch öfters zu schaffen machen würde. All die panischen Anrufe ihres Sohnes, bei denen sie versuchen würde, seine Qual aufzufangen, während er dort draußen in der Welt mental Amok lief. Nicht immer gelang es ihr, den Konflikt weise zu handhaben. Zum Beispiel war es vermutlich keine gute Idee von ihr, mich – kurz nachdem meine Angst ausgebrochen war – dazu zu animieren, eine Entspannungskassette anzuhören, die sie für ihre Patienten angefertigt hatte. Wenn man drei Jahre alt ist, gibt es wahrscheinlich nichts Schöneres als die Augen zu schließen und dem Klang der mütterlichen Stimme zu lauschen, während sie einen sanft im Arm wiegt. Wenn man sechzehn ist und versucht, eine prägende sexuelle Erfahrung zu verarbeiten, ist es schlichtweg gruselig.

Die Xanax-Tabletten waren da schon besser. Abgesehen davon, dass es illegal war, Medikamente, die man selbst verschrieben bekommen hat, mit anderen zu teilen, stellten sie kein ethisches Problem dar. Sie waren ein beschwichtigender Mama-Ersatz, den ich überallhin mitnehmen konnte. Das einzige Problem war die Müdigkeit. Während mein Körper die Substanz verstoffwechselte, klang die Erregung ab, die mich bei Bewusstsein hielt, und ich fing an, vor mich hin zu trielen und im Unterricht einzuschlafen. Das war verdächtig. Es zeigte aber auch, dass die Pillen lediglich eine Überbrückungsmaßnahme sein konnten. Wenn mein Zustand das war, was es schien, nämlich keine vorübergehende Episode, sondern ein psychischer Knackpunkt, dann musste ich lernen, mich auf meine eigene mentale Stärke zu verlassen, um darüber hinwegzukommen. Wie schon meine Mutter – und wahrscheinlich ganze Generationen von Blutsverwandten vor ihr, dutzende von dürren Neurotikern, die angsterfüllt durch die Schtetl Osteuropas streiften – musste ich an meinen Verteidigungsfertigkeiten arbeiten. Ich brauchte also eine Therapeutin, die mich nicht gestillt hatte.

Meine Mutter fragte unter ihren Kollegen herum und entschied sich schließlich für eine freundliche Sozialarbeiterin mittleren Alters namens Sandra.

Sandra. Der Name missfiel mir gleich. Ich hatte genug alte Spielfilme gesehen, um zu wissen, dass ein Psychotherapeut nur dann etwas taugte, wenn er beim Nachnamen genannt wurde und – wie das in den Filmen meistens der Fall war – einen Doktortitel hatte. Außerdem musste sein Name möglichst teutonisch klingen. Am liebsten wäre ich von jemandem behandelt worden, der, sagen wir, Dr. Niedelhöffer oder Dr. Schlicht hieß, oder besser noch, Dr. Niedelhöffer-Schlicht (ein Umlaut im Namen wäre sehr beruhigend gewesen). Ich bezweifelte allerdings, dass es in unserer Gegend irgendwelche Niedelhöffer-Schlichts gab, noch dazu solche, die als Therapeuten arbeiteten. Es gab einen Haufen Friedmans, das ja. Silverblatts. Goldsteins. Ganze Heerscharen von Goldsteins. Aber keine Niedelhöffer-Schlichts.

Ich hätte mich auch mit einem Goldstein abgefunden. Das Problem mit dem Namen Sandra war, dass er irgendwie lüstern klang. «Sandra» – das schrie förmlich danach, mit einer schnurrenden, verrauchten Stimme geraunt zu werden. Es war der Name von einer, die sich in Hotelbars an Männer heranmachte.

Nicht, dass Sandras Verhalten solche Assoziationen in irgendeiner Weise gerechtfertigt hätte. Aber selbst das stellte ein psychisches Problem für mich dar, denn auch Esther hatte sich mir gegenüber – zumindest anfangs – nicht lüstern verhalten, und wie es der Zufall wollte, sah Sandra Esther verblüffend ähnlich. Sie hatte dieselbe dickliche Statur, dasselbe zerknüllte Gesicht mit der niedrigen Stirn, dieselbe bleiche Haut. Mein Dämon, meine Beichtmutter. Es war, als wäre Esther zurückgekehrt, um mir dabei zu helfen, das Chaos zu bewältigen, das sie angerichtet hatte, nur dass sie jetzt lange Röcke mit Blumenmuster trug und Kassenpatienten behandelte.

Zumindest behauptete sie das, als sie auf der Bildfläche erschien. Meine Komplexe waren nicht das Einzige, was meiner Genesung im Weg stand. Ein weiteres Problem war, dass meine designierte Heilerin große Schwierigkeiten mit dem Zeitmanagement hatte. Wenn meine Mutter spät dran war, rief sie kurz nach unten, damit ich oder einer meiner Brüder die Tür zum Wartezimmer aufschloss, sodass der Klient sich hineinsetzen und im *National Geographic* blättern konnte, während meine Mutter sich rasch umzog oder ihr Therapeutengesicht aufsetzte. Wenn Sandra sich verspätete, geschah das immer unterwegs und ohne Vorwarnung.

Sie empfing ihre Klienten bei sich zu Hause, in einem holzvertäfelten Haus, das in einer von Platanen gesäumten Straße lag. Zur verabredeten Stunde setzte mich mein Vater an der Kurve ab und fuhr weiter, um irgendwo fünfzig Minuten totzuschlagen. Ich lief am Haus entlang zum Praxiseingang, aber oft fand ich die Tür verschlossen. Fünf oder zehn Minuten später kam Sandra angefahren, stürmte aus dem Auto und entschuldigte sich für die Verspätung. Einmal tauchte sie überhaupt nicht auf. Ich saß auf den Treppenstufen vorm Eingang und wartete. Als mein Vater wieder an der Kurve erschien, um mich abzuholen, saß ich immer noch dort, bestellt und nicht abgeholt. Man kann nicht behaupten, dass die Therapie Wunder bewirkte.

Ich frage mich bis heute, ob es überhaupt etwas gab, das Wunder bewirken konnte. In den sechzehn Jahren, die ich an Angst leide, habe ich sechs Therapeuten gehabt – so viele Seelenklempner wie Heinrich VIII. Frauen hatte –, und fünf davon waren vollkommen nutzlos; ihre therapeutischen Bemühungen waren so unwirksam, als würde man einen Leprakranken mit Aspirin behandeln. Alle diese Therapeuten habe ich in höchster Not aufgesucht, und als ich wieder ging – manchmal Monate, manchmal Jahre später, in einem besonders unglücklichen Fall sogar noch am selben Tag –, war mein Zustand mehr oder weniger unverändert.

Inzwischen glaube ich zu wissen, warum das so war. Weil sie falsch lagen. Sie waren nicht etwa inkompetent, abgesehen von einem jungen Mann. Sie waren gut ausgebildet, hoch qualifiziert, wohlmeinend. Sie alle hatten Erfahrung mit der Behandlung von Angststörungen, und sie waren mit den verschiedenen Denkschulen zu diesem Thema vertraut. Jeder von ihnen setzte sein theoretisches Wissen etwas anders in die Praxis um. Jeder hatte eine etwas andere Herangehensweise. Im Endeffekt verfolgten sie aber alle denselben Ansatz. Sie ermunterten mich dazu, über die Dinge zu sprechen, die mich bedrückten – das war alles. Sie ließen sich nicht groß darauf ein. Sie vermieden es krampfhaft, mich zu belehren, selbst wenn ich sie darum bat. Worauf sie eigentlich hinauswollten, war immer schwammig und vage. Sie alle schienen einfach dem alten therapeutischen Motto zu folgen: Lass die Neurosen sich selbst enthüllen. Finde ein Ventil, durch das du Dampf ablassen kannst. Lass alles raus.

Da ist schon etwas dran, aber als Therapie greift dieser Ansatz zu kurz. Reden beruhigt. Ein offenes Ohr ist hilfreich. Aber es verändert die Dinge nicht.

Ein Beispiel: Zurzeit bin ich nicht in Therapie (miese Krankenversicherung, zu wenig Zeit), daher greife ich jedes Mal, wenn die Angst in mir hochsteigt, zum Hörer und rufe meine Freundin Kate an, mit der ich offenbar das genetische Material gemein habe, das für Hysterie kodiert ist. Ich könnte auch jedes Mal meine Frau anrufen, aber dann würde meine Ehe wahrscheinlich nicht lange halten. Also rufe ich Kate an. Erst gestern habe ich sie angerufen. Ich habe gesagt «Kate! Gott sei Dank bist du zu Hause. Ich bin völlig am Ende! Ich muss mit jemandem reden!»

«Oh nein!», erwiderte Kate. «Ich auch!»

«Echt!», sagte ich. «Was ist los?»

Kate sagte: «Es sind die Formulare für meine Krankenversicherung. Ich weiß einfach nicht, was ich da reinschreiben soll! Und niemand hilft mir! Ich bin allein hier!» Kate und ich haben offenbar auch das genetische Material gemein, das für eine Allergie gegen alles Praktische kodiert, wie zum Beispiel die Post öffnen oder Bücher in die Bibliothek zurückbringen, bevor die Leihfrist abgelaufen ist, aber im Unterschied zu mir hat Kate keinen Ehepartner, der in solchen Fällen für sie einspringt. Daher hat sie sich ein eigentümliches Ritual ausgedacht, das ihr über die Schmach ihrer Unfähigkeit hinweghilft. Wie das abläuft, hat sie mir folgendermaßen beschrieben:

Zuerst laufe ich heulend durch meine Wohnung, die Tränen laufen mir nur so übers Gesicht, und dann, weil es sich echt krank anfühlt, einfach heulend im Kreis rumzulaufen, und weil ich es auch nicht mehr schaffe, aufrecht zu stehen, setze ich mich auf den Boden, den Hintern auf den Fersen, und beuge mich nach vorn, bis meine Stirn den Boden berührt, die Arme nach hinten ausgestreckt. Nach einer Weile kommt mir das noch erbärmlicher und lächerlicher vor. Manchmal frage ich mich, ob ich das nur mache, um mir zu *beweisen*, wie lächerlich ich bin. Dann stehe ich auf, höre auf zu heulen und wasche mir das Gesicht. Und das alles wegen ein paar Krankenversicherungsformularen.

«Also, das ist mein Problem», sagte Kate. «Wie sieht's bei dir aus?»

«Ich habe vergessen, wie man schreibt!», sagte ich. «Gestern habe ich etwas Bescheuertes zu so einem Typ in der Post gesagt, etwas total Unfreundliches und Bescheuertes, und seitdem beschäftigt mich das dauernd, ich steigere mich da total rein. Und heute weiß ich plötzlich nicht mehr, wie man schreibt. Ich bekomme keinen einzigen Satz hin! Es ist, als ob ich einen Schlaganfall gehabt hätte. Meinst du, ich hatte einen Schlaganfall?»

«Ich glaube nicht, dass du einen Schlaganfall gehabt hast.»

«Woher willst du das wissen? Wie kannst du sicher sein, dass ich keinen hatte?»

«Welche Symptome hat man bei einem Schlaganfall?»

«Weiß ich nicht. Sieh nach! Sieh im Internet nach.»

«O.k. Warte ... O.k. Hier steht's. Hast du Probleme mit dem Sprechen?»

«Ich habe Probleme damit, etwas Intelligentes zu sagen.»

«Hast du Probleme mit dem Sehen?»

«Hm ... ja. Aber ich glaube, das liegt daran, dass meine Kontaktlinsen ausgetrocknet sind.»

«Hast du Kopfschmerzen?»

«Ja!»

«Sind die ganz plötzlich aufgetreten, so, als habe dir jemand eine Bratpfanne über den Kopf gezogen?»

«Nein, ich habe sie schon seit Februar.»

Und so machten wir weiter, bis es uns beiden besser ging. Danach machten wir uns wieder an die Arbeit, jeder für sich.

Und es hilft. Es tut gut, daran erinnert zu werden, dass man nicht der einzige hyperängstliche Mensch an der ganzen Ostküste der Vereinigten Staaten ist. Aber der Effekt hält nicht lange an. Mit einer Freundin zu reden, die kein Problem damit hat, dass man nicht richtig tickt, ist wie ein starker Drink, der dafür sorgt, dass einem kurzfristig warm ums Herz wird. Aber sobald die Wirkung verfliegt, ist alles wieder wie vorher.

Meiner Erfahrung nach passiert genau das bei den meisten konventionellen Angsttherapien, und so war es auch mit Sandra. Woche für Woche saß ich zwischen den dicken Dekokissen auf ihrer Couch, reagierte auf ihre Einwürfe und versuchte, meinen Gedanken und Gefühlen so gut es ging Luft zu machen. Auf dem Nachhauseweg erfüllte mich das gleiche Gefühl, das ich immer habe, wenn ich bei Goodwill einen Altkleidersack abliefere: Selbstgefälligkeit. Ich hatte einen Schritt in Richtung Selbstverbesserung gemacht. Mein Körper fühlte sich zum ersten Mal seit sechs Tagen wieder stark und unbelastet an. Dann, langsam aber unaufhörlich, nahm die Angst wieder zu. In meiner Brust spürte ich einen Nadelstich, der sich ausbreitete, bis der Eiszapfen wieder festsaß. Mein Kopf schüttelte das bisschen Training ab, das er bekommen hatte, und ich wusste, ich wusste einfach: Ich war der, der ich geworden war.

Episode zwei

7 Das Unbehagen an der Freiheit

Das ging sechs Monate so weiter. Sechs Monate lang fühlte ich mich einmal pro Woche vorübergehend besser, bevor es wieder abwärts ging. Sechs Monate lang – für einen Teenager fühlt sich das ungefähr so an wie vier Jahre – war alles, was mir sonst so leicht gefallen war, so anstrengend, als würde ich es zum allerersten Mal machen. Ich konnte nicht lernen, ich konnte nicht denken, ich konnte mich nicht mit anderen unterhalten. Am meisten beunruhigte mich, dass ich nicht lachen konnte. Selbst der komischste, bissigste Witz kam mir jämmerlich und hohl vor. Es war, als habe die Welt einige der Stützen verloren, die sie aufrecht hielten, und als würde sie gleich wie ein Zirkuszelt in sich zusammensacken.

Dann, zu Beginn meines letzten High-School-Jahres, passierte etwas Seltsames: Ich wurde wieder normal. Dabei hatte ich keine neuen Maßnahmen ergriffen und auch kein neues Medikament ausprobiert. Und ich hatte auch nichts erlebt, was man als emotionale Synthese oder Katharsis bezeichnen konnte. Die Therapie ging mehr oder weniger an mir vorbei. Wenn ich dort war, saß ich meist mit gefalteten Händen da und schlug höflich die Zeit tot. Äußerlich hatte sich nichts verändert. Und doch fing ich an, mich besser zu fühlen – sogar sehr schnell. Alles, was ich tun musste, um mein früheres Ich zurückzugewinnen, war, wie sich herausstellte – nichts. Die Zeit hatte für mich gearbeitet.

Das soll nicht heißen, dass mich die Geschehnisse plötzlich kalt ließen. Es war mir weiterhin schmerzlich bewusst, dass alle anderen, die ich kannte, ihre Anstrengungen verstärkten, einander die Kleider vom Leib zu reißen, während ich überhaupt nichts mehr in dieser Richtung unternahm. Aber da mein Entschluss, mich nicht von irgendwem flachlegen zu lassen, eben nur eine Rückkehr zur Normalität war, störte mich das nicht besonders. Hin und wieder dachte ich noch daran, dass ich mich mit HIV infiziert haben könnte, aber je mehr Zeit verging, ohne dass sich auf meiner Haut Sarkome bildeten, umso mehr schrumpfte auch meine Paranoia, und ich begann mich allmählich zu entspannen. Jeden Morgen, wenn ich in meinem Hochbett erwachte, zitterte ich ein bisschen weniger bei dem Gedanken an das, was ich in der Nacht geträumt hatte: Katastrophen, die wie in einem wilden Horrorfilm eine nach der anderen auf mich einstürzten. Der Eiszapfen in meiner Brust taute auf, schmolz und verschwand schließlich.

Menschen mit chronischer Angst kennen wahrscheinlich solche Episoden, in denen der Friede wie eine trügerische Détente wiederhergestellt scheint – ein Waffenstillstand der Psyche, der rückblickend jedoch dieselbe Aura von zunehmender Gewalt ausstrahlt wie die Zeit zwischen den beiden Weltkriegen. Jeder, der an chronischer Angst leidet, begreift irgendwann, dass Zeit an sich überhaupt nichts bedeutet. Zeit ist lediglich eine Ablenkung von der Angst. Ihre trostspendende Macht kommt daher, dass sie für Beständigkeit sorgt. Solange jeder Tag gleich ist und reibungslos abläuft, stehen die Chancen einigermaßen gut, dass man angstfrei bleibt. Wenn Sie als Eremit in der Wüste oder als Nonne in einem Kloster leben, können Sie die Angst durch dieses alltägliche Gleichmaß ein Leben lang im Schach halten. Wenn Sie dagegen ein normaler Mensch mit normalen menschlichen Beziehungen sind und im Fluss der irdischen Realität leben, schlafwandeln Sie auf den Rand eines Abgrunds zu.

Ich weiß noch genau, wann ich in diesen Abgrund fiel. Es war der Tag, als meine Eltern mich beim College absetzten. Die Brandeis University war die einzige nicht sektiererische, von der jüdischen Gemeinde gesponserte Hochschule auf dem Land und daher wahrscheinlich ein wahres Epizentrum der Angst. In der schwülen Spätsommerhitze Neuenglands stand ich an der Bordsteinkante vor dem massiven Backsteingebäude, in dem das Studentenwohnheim – mein neues Zuhause – untergebracht war, und sah zu, wie meine Eltern ins Auto stiegen und davonfuhren. Als sie hinter der Kurve verschwanden, spürte ich mit einem Mal wieder die Kälte in meiner Brust. Mein Bewusstsein vernebelte sich, mein Blick verschwamm, meine Gliedmaßen begannen zu zittern, und plötzlich überkam mich der Impuls (und ich musste meine ganze Selbstachtung zusammennehmen, um ihm nicht nachzugeben), hinter ihnen herzurennen, wie ein ausgesetzter Hund, der dem Auto seines Besitzers nachläuft.

Der Campus war ein einziges Tollhaus. Wohin ich auch schaute, überall wimmelte es nur so von Achtzehnjährigen, die aussahen, als hätten sie gerade die Ketten einer grausamen Leibeigenschaft gesprengt. In ihren Gesichtern standen unbegrenzte Möglichkeiten geschrieben, null Einschränkungen, ein kompletter Neustart, minimale Überwachung. Sie waren fröhlich und unbeschwert, energiegeladen, zuversichtlich. Sie stolzierten umher und spielten mit den Muskeln und posierten in der knisternden Spätsommerluft. Meine Eltern dachten, sie hätten mich in einem angesehenen College mit humanistischer Ausrichtung abgesetzt, aber in Wirklichkeit war ich bei einer jüdischen Karnevalsveranstaltung gelandet.

Ich schlurfte die gepflasterten Wege entlang und kam mir vor wie ein Gesundheitsinspektor bei einer Orgie. Während ich verirrten Frisbeescheiben und drohenden Bekanntschaften auswich, gingen mir die unzähligen Informationen über das Collegeleben durch den Kopf, die ich im Laufe der Jahre aufgeschnappt hatte, jeder Campusfilm und Campusroman, jede schlüpfrige Anekdote, die meine älteren Brüder oder Cousins zum Besten gaben, jede peinliche Enthüllung über das Studentenleben eines Politikers, und zu meinem Leidwesen verkündeten alle lautstark dasselbe: dass das College ein Ort war, wo man sich gehen lassen musste. Alle wollten, dass ich mich gehen ließ. Meine Eltern wollten, dass ich mich gehen ließ, meine Freunde wollten, dass ich mich gehen ließ, Sandra wollte, dass ich mich gehen ließ. Hätte man Mahatma Gandhi gefragt, hätte der ebenfalls gewollt, dass ich mich gehen ließ. Mehr als alle anderen wollten die Leute von der Schulverwaltung, dass ich mich gehen ließ. Warum hätten sie sich sonst so sehr darum bemüht, eine entspannte Atmosphäre herzustellen – all diese Orientierungsspiele und Vertrauensübungen und Kennenlernpartys, all diese gepflegten Grünflächen, die aussahen, als seien sie mit einer Nagelschere getrimmt worden –, wenn nicht dazu, dass ich mich zu Hause fühlte und meine Hemmungen ablegte? Und warum hatte ich trotz ihrer Bemühungen das Gefühl, dass man mich in einen Gulag verfrachtet hatte?

Vielleicht musste ich mich einfach so fühlen. Vielleicht war es unumgänglich, um nicht zu sagen: normal, und ich deutete lediglich die Signale falsch. Meine Mutter sagt, sie habe im Laufe der Jahre Dutzende von Erstsemestern behandelt, die ihren ersten richtigen, bewusstseinsentfesselnden Angstschock erlitten, als sie von zu Hause weggingen. Wie es aussieht, sind frisch immatrikulierte Achtzehnjährige eine lukrative Ertragsquelle für Therapeuten. Wenn meine Mutter mir das gesagt hätte, als ich achtzehn war (was sie nicht tat), hätte ich ihr nicht geglaubt. Dazu gab es einfach viel zu viele überzeugende Hinweise auf meine pathologische Einzigartigkeit. Im Nachhinein betrachtet erscheinen mir die zahllosen Aktivitäten, mit denen die Collegeleitung die ersten Tage vollstopfte, jedoch als Beweis dafür, dass ich nicht der Einzige auf dem Campus war, der sich durch diese manische, gnadenlose Fröhlichkeit hindurchquälte, sondern dass ich in

Wirklichkeit zur Mehrheit gehörte. Um mich herum grassierte die Angst – ich begriff es nur nicht.

Für die meisten jungen Amerikaner ist das College die erste Dosis Freiheit, die sie vor wichtige, erwachsene Entscheidungen stellt und ihnen plötzlich viel mehr Möglichkeiten eröffnet. Sie bekommen die Gelegenheit, so zu denken, zu lieben und zu leben, wie es ihnen gerade gefällt. Die Freiheit, die das College mit sich bringt, ist aufregend und heiß ersehnt. Sie bringt das Blut in Wallung. Was aber bei den Grillfesten und Kennenlernevents nicht zur Sprache kommt, ist die andere Wahrheit, nämlich dass diese Freiheit unweigerlich auch beunruhigend, verwirrend und zutiefst angstbesetzt ist (tatsächlich sind diese Veranstaltungen in erster Linie dazu da, diese andere Wahrheit wie einen schlechten Geruch zu vertreiben). Freiheit ist die Petrischale der Angst. Routine macht die Angst stumpf, Freiheit brütet sie aus. Die Freiheit sagt, *Hier sind die verschiedenen Leben, zwischen denen du wählen kannst, die unterschiedlichen, gegensätzlichen Leben, die sich gegenseitig ausschließen.* Die Freiheit sagt, *Auch wenn es dir nicht gefällt, du musst dich entscheiden, und du kannst niemals sicher sein, dass du die richtige Entscheidung getroffen hast.* Die Freiheit sagt, *Keine Entscheidung zu treffen ist auch eine Entscheidung.* Die Freiheit sagt, *So lange du dir deiner Freiheit bewusst bist, spürst du das Unbehagen, das sie mit sich bringt.*

Die Freiheit sagt, *Du bist ganz auf dich allein gestellt. Komm damit klar.*

Anders als früher pflegen wir Angst nicht mehr mit Freiheit in Verbindung zu bringen. Dass viele Wahlmöglichkeiten eine beunruhigende Wirkung auf den menschlichen Organismus haben können, wird hauptsächlich im Zusammenhang mit unseren ausufernden Lebensstiloptionen thematisiert – zu viele Fernsehkanäle oder Zahnpastamarken oder Erziehungsstile –, aber viel seltener im Hinblick auf die persönliche, private Angst. Dabei war die Vorstellung, dass Angst und Freiheit miteinander zusammenhängen, lange Zeit weit verbreitet und überaus einflussreich.

Diese Vorstellung geht ursprünglich auf ein Buch zurück, das zufällig auch das erste Buch überhaupt war, das sich direkt mit dem Thema «Angst» befasste: Kierkegaards Traktat *Der Begriff Angst* aus dem Jahr 1844. Darin beklagt er die mangelnde Bereitschaft des Menschen, die Angst zuzulassen – eine Beschwerde, die auch an die Organisatoren von Orientierungswochen für Erstsemester gerichtet sein könnte. Seine Zeit, so Kierkegaard, sei eine feige Zeit, in der man «alles Mögliche tut, um mit Zerstreuungen und der Janitscharenmusik lärmender Unternehmungen einsame Gedanken fernzuhalten, so wie man in den Wäldern Amerikas mit Feuerschein, Heulen und Beckenschlagen die wilden Tiere fernhält». Für Kierkegaard ist Angst eine universelle Erfahrung, eine «unabänderliche Grundbestimmung des menschlichen Daseins», die direkt mit unserem spirituellen Selbst zusammenhängt. Der Untertitel zu *Der Begriff Angst* lautet: «Eine schlichte psychologisch-hinweisende Erörterung in Richtung des dogmatischen Problems der Erbsünde».

Wenn Sie das ein paarmal gelesen haben, um dahinterzukommen, was es bedeutet, versuchen Sie mal, das Buch zu lesen. Selbst Kierkegaard-Experten haben Schwierigkeiten, da durchzusteigen. Manche Wissenschaftler behaupten, der ganze Text sei so verwirrend und undurchsichtig und abgefahren, dass es sich um einen Scherz handeln muss. Ich habe es auch nicht geschafft, das Buch bis zum Ende zu lesen. Es hat mir Angst gemacht. Und doch steht fest, dass Kierkegaard aus ureigenster Erfahrung schrieb. Seine Schilderungen von Angst gehören zu den treffendsten, die es gibt:

> *«Kein Großinquisitor hat so entsetzliche Foltern in Bereitschaft wie die Angst; kein Spion weiß so geschickt den Verdächtigen gerade in dem Augenblick anzugehen, in dem er am schwächsten ist, oder weiß die Schlinge, in der er gefangen werden soll, so bestrickend zu legen wie die Angst es weiß; und kein scharfsinniger Richter versteht den Angeklagten so zu examinieren, ja, zu examinieren, wie die Angst, die ihn niemals losläßt, nicht bei der Zerstreuung, nicht im Lärm, nicht bei der Arbeit, nicht am Tage, nicht in der Nacht.»*

Das konnte nur jemand schreiben, der die Angst von innen heraus verstand. Es ist der Bericht eines Leidenden. So abstrakt sie auch sein mögen, Kierkegaards Beschreibungen vermitteln ein Gefühl von gelebter Wirklichkeit. Er erkannte, dass die Angst, obwohl sie als ein unbestimmtes Unwohlsein erlebt wird – er verglich sie mit dem Schwindel, der einen befällt, wenn man in einen Abgrund blickt –, doch immer durch etwas Bestimmtes hervorgerufen wird. Und dieses Bestimmte ist das Auftauchen einer Option, einer Wegkreuzung. Vor der Angst kommt die Möglichkeit. «Die Möglichkeit besteht im *Können*. In einem logischen System ist es leicht gesagt, die Möglichkeit gehe in Wirklichkeit über. In der Wirklichkeit ist es nicht so leicht, dort bedarf es einer Zwischenbestimmung. Diese Zwischenbestimmung ist die Angst […].» Wann immer sich der Mensch in seinem Leben zwischen zwei Möglichkeiten entscheiden muss, steht er vor einem Dilemma, das sein ganzes Selbst erschüttert. Weil er in seiner Eigenschaft als Mensch beide Möglichkeiten möchte, aber nur eine davon haben kann. Weil eine Entscheidung immer mit einer Veränderung einhergeht. Und weil eine Veränderung, so erwünscht sie auch sein mag, immer etwas Gewaltvolles an sich hat. Angst ist das Stadium, das der Mensch durchlaufen muss, um sich selbst zu erschaffen.

Daraus geht vermutlich hervor, warum *Der Begriff Angst* als Schlüsselwerk der existenziellen Psychologie gilt. Dass wir alle die Freiheit haben, uns selbst zu bestimmen, und dass Freiheit Unbehagen bereitet, klingt nach einem Einführungskurs in Existenzialismus. Wahrscheinlich wird daraus auch deutlich, warum Kierkegaard bei jemandem Anklang findet, dessen Angst mit einer unklugen Entscheidung begann. Dennoch gibt es da etwas in Kierkegaards Vorstellung von Angst als Joch der Freiheit, das nur schwer zu akzeptieren, wenn nicht sogar beleidigend ist. Es ist eine logische Folge seiner These. Es ergibt sich unmittelbar aus der Definition von Angst als eine Art Übergang zwischen Möglichkeit und Wirklichkeit, ein notwendiges Übel, das man ertragen muss, um zu wachsen, um sich weiterzuentwickeln oder um ein besserer Mensch zu werden. Denn wenn das stimmt, gibt es im Wesentlichen zwei Sorten von Menschen, diejenigen, die sich durch die Angst hindurchboxen, und diejenigen, die sich von ihr bezwingen lassen. Nach Kierkegaard hat jeder Mensch Angst. Die Angst ist Teil des Menschseins, der *conditio humana*. Was den Mann vom Jungen unterscheidet, ist die Art und Weise, wie er mit der Angst umgeht. Der Junge macht die Augen zu und weigert sich, in den Abgrund zu schauen. Der Mann sieht hin. Er gesteht sich Mehrdeutigkeit und Konflikt ein. Er gesteht sich die Wirklichkeit ein. Er sieht das Leben, wie es wirklich ist. Ein Freund von mir, der vieles von Sartre gelesen hat, sagt immer: «Wir alle treffen Entscheidungen. Manche von uns mehr als andere.» Kierkegaard sagt: «Je tiefer die Angst, umso größer der Mensch.»

Hier geht mir Kierkegaard zu weit. Die Vorstellung, dass es einen Zusammenhang zwischen Leiden und menschlicher Größe geben könnte, ist zwar schmeichelhaft, widerspricht aber meiner Erfahrung mit der Angst und ihrer tagtäglichen Wirkweise. Sie blendet eine Facette der Angst aus, die ich für absolut wesentlich halte und die ich im Folgenden anhand eines Dilemmas beschreiben werde, das ich das «Roy-Rogers-Problem» nenne.

Das Roy-Rogers-Problem bezieht sich auf eine Mahlzeit, die ich vor sieben Jahren in einem Roy-Rogers-Schnellrestaurant an der Vince-Lombardi-Autobahnraststätte zwischen der Ausfahrt 16 und 17 der New Jersey

Turnpike zu mir genommen habe. Ich war auf dem Weg von Chicopee, Massachusetts, nach Trenton (lange Geschichte) und hatte angehalten, um zu pinkeln und Scheibenwaschflüssigkeit zu kaufen, als ich mit einem Mal das dringende Bedürfnis verspürte, ein Roastbeef-Sandwich zu essen. Das Problem – gewissermaßen die philosophische Krux des Ganzen – war, welche Soße ich auf das Sandwich tun sollte.

Die Rede ist hier von diesen dickflüssigen Würzsoßen. Manche Entscheidungen triggern Angstgefühle, andere nicht. Nachdem ich mein folienverpacktes Sandwich am Tresen ausgesucht und bezahlt hatte, ging ich weiter zu der Theke mit den Beilagen, wo ich beschloss, dass mein Sandwich lediglich eine blassrosa Tomatenscheibe und absolut kein Salatblatt brauchte. Diese Entscheidung bereitete mir keine Schwierigkeiten. Ich musste nicht einmal darüber nachdenken. Dafür brachten mich die Soßen in die Bredouille. Den Senf konnte ich gleich ausschließen; ich mag Senf nicht zu Roastbeef. Die Mayonnaise kam aus ethno-kulturellen Gründen nicht in Frage (sie ist in Kombination mit Fleisch nicht koscher). Ich stand also vor der mit Fingertapsern übersäten, verschmierten Hustenschutz-Plexiglasscheibe und starrte auf die dunklen Soßen, die noch zur Wahl standen: Grillsauce und Ketchup.

Grillsauce oder Ketchup. Das ist in allen Lebenslagen eine schwierige Entscheidung. Ketchup ist die konservative Option – unprätentiös, verlässlich. Die altbewährte Methode, um den salzigen Geschmack des Fleisches auszugleichen. Bei Ketchup denkt man unwillkürlich an Eisenhower und die 1950er Jahre. Während ich so dastand, überlegte ich, ob mein Leben in jenem Moment nicht vielleicht nach etwas Schärferem verlangte, etwas, das so süßlich schmeckte und die Geschmacksknospen so sehr anregte wie Ketchup, aber auch eine scharfe Note hatte. Eine sexy Soße, eine wagemutige Soße. Eine, die nicht an Eisenhower, sondern an Kennedy erinnerte.

Ich dachte lange darüber nach. Ich musterte die Soßenkübel mit ihren weißen Plastiktüllen, als würde ich das Orakel von Delphi befragen. Hinter mir bildete sich eine lange Schlange von hungrigen Autofahrern mit glasigem Blick. Es war geradezu gespenstisch, dass sich keiner beschwerte. Eigentlich sollte man annehmen, dass die Betreiber einer Autobahnraststätte in New Jersey kein allzu großes Verständnis für ausgedehnte Soßen-Erwägungen haben. Aber das zeigt nur, wie realitätsfern unsere Klischees sein können. Es war, als würden sie die Zwickmühle, in der ich mich befand, verstehen und respektieren. Als wären sie selbst schon mal in so einer Situation gewesen. Und doch kam ich nicht umhin, ihre Gegenwart zu registrieren. Sie standen vor mir und atmeten. Ich spürte, wie der Druck auf mich wuchs, eine Entscheidung zu treffen, egal welche. Grillsauce oder Ketchup? Ketchup oder Grillsauce? Im Grunde ist der Unterschied gar nicht so groß. Beide Soßen stammen ursprünglich von der Tomate ab. Beide enthalten beträchtliche Mengen an Maissirup. Selbst die Farbe ist fast identisch. Die Grillsauce ist lediglich eine Nuance dunkler. Und so kam mir der Gedanke – ein wahrer Geistesblitz, um genau zu sein –, dass es das Beste war, wenn ich mich dazu entschied, mich nicht zu entscheiden. Stattdessen würde ich auf die eine Hälfte des Sandwichs Ketchup geben und auf die andere Hälfte Grillsauce. Sollten sich die beiden Soßen vermischen, wenn ich die Sandwichhälften wieder aufeinanderlegte – nun, dieses Risiko musste ich eingehen.

In dem Moment, als ich gerade im Begriff war, meinen Plan in die Tat umzusetzen, räusperte sich jemand neben mir und setzte damit einen Mechanismus in Gang, der meine Überlegungen außer Kraft setzte: Ich griff wahllos nach einem der beiden Kübel und goss eine schnörkelförmige Portion Ketchup auf mein Sandwich. Dann machte ich mich so flink aus dem Staub wie ein Taschenkrebs. Dass ich das gemacht hatte, dass ich gegen meinen eigenen, rational durchdachten Willen gehandelt hatte, empfand ich in dem Moment, als ich endlich mit meinem Tablett an einem der Tische saß, als derart schrecklich und beängstigend, dass Sie es mir kaum glauben werden. Es stimmt aber. In jenem Moment der Inkonsequenz, als ich vor meinem Vier-Dollar-Mittagessen saß, hatte ich fast so viel Angst wie in den schlimmsten Momenten meines Lebens.

Was mich daran so stört, ist, dass die Ursache meiner Angst genau das war, was Kierkegaard als die Quelle von Angst schlechthin bezeichnet und was er in ein direktes Verhältnis zu dem setzt, wovon jeder Mensch eine mehr oder weniger große Menge besitzt: Wahlmöglichkeiten. Die Erkenntnis, dass das Leben aus einer Reihe von Entscheidungen besteht, von denen jede einzelne entweder lebensverbessernd oder verhängnisvoll sein kann. Dem stimme ich voll und ganz zu. Jeder, der älter als zehn ist, weiß, dass jede noch so lächerliche Handlung enorme Folgen haben kann und dass man – selbst wenn man sich seines Verhaltens absolut bewusst ist – nie weiß, wie sich die Dinge über kurz oder lang entwickeln werden. Das ist das Drama an dem Ganzen. Auf der einen Seite bedeutet allein die Tatsache, dass man existiert, dass man das eigene Leben und das anderer Personen verändern kann und wird. Auf der anderen Seite ist man nicht Gott, das heißt, alles wird immer von Unsicherheit und Zweifeln geprägt sein.

Das Vertrackte an dem Roy-Rogers-Problem – oder dem Vinaigrette/Blauschimmelkäse-Sauce-Dilemma oder dem Häagen-Dazs/Ben-&-Jerry's-Konflikt, je nachdem – ist der Teil, der das Zweifeln mit Wahrheit und folglich mit Größe gleichsetzt. Wenn Sie zu jenen Menschen gehören, denen jedes Mal, wenn sie vor der Beilagentheke stehen, das Drama menschlichen Handelns bewusst wird, werden Sie irgendwann an einen Punkt kommen, an dem Ihre bewundernswerte Aufgeschlossenheit gegenüber der Angst in eine Ichbezogenheit der übelsten, radikalsten Sorte umschlägt. Sie werden an einen Punkt kommen, an dem Sie so sehr auf Ihre Freiheit und die damit verbundene Verantwortung achten, dass Sie nicht länger unterscheiden können, welche Entscheidungen weltbewegend sind und bei welchen die Wahrscheinlichkeit, dass sie irgendwem irgendwas bedeuten, statistisch gesehen so gering ist, dass es reine Zeitverschwendung ist, sich überhaupt darüber Gedanken zu machen. Und spätestens dann wird die Größe, die Sie vielleicht für sich beanspruchen können, weil Sie solch ein gesteigertes Bewusstsein haben, sich selbst auffressen. Denn Größe ist – bei allem Respekt für Kierkegaard – nicht nur eine Frage von gesteigertem Bewusstsein. Vielmehr geht es darum, das Bewusstsein selbstwirksam zu gebrauchen. Es geht darum, mithilfe des Bewusstseins jene Teile desselben zu schwächen, die zu nichts führen und schädlich sind, und jene Teile zu stärken, die zu etwas führen und mutig sind.

Kierkegaard hatte recht: Mensch zu sein bedeutet, Angst zu haben. Aber das ist nur der Anfang. Der nächste und wichtigste Schritt besteht darin, zu lernen, wie man seine Angst bändigt, ohne sie zu unterdrücken, das heißt, ohne sie ersticken zu wollen.

Es gibt zwei Arten von Angstmenschen: Vermeider und Chaoten.

Die Vermeider sind diejenigen, die nach dem Erstickungsprinzip verfahren. Sie verhalten sich so ruhig wie möglich und beißen die Zähne zusammen, in der Hoffnung, der Angst auf diese Weise ihre Energiequelle zu entziehen – ungefähr so, als würde man bei einer Heizung kurzerhand das Ventil zudrehen. Die Vermeider kann man leicht erkennen. Für gewöhnlich sehen sie gequält und übernächtigt aus, wie Kriegsveteranen. Meistens sind sie Kettenraucher, und sobald sie von der Arbeit nach Hause kommen, gießen sie sich innerhalb von fünf Minuten einen Drink ein.

Die Chaoten verfolgen hingegen kein bestimmtes Prinzip. Ironischerweise führt aber eben dieser Mangel zu etwas, das so aussieht wie ein Grundprinzip. Chaoten sind manchmal Vermeider, wenn sie allein sind, aber in Gegenwart anderer Menschen – vor allem in angespannten zwischenmenschlichen Situationen – stehen sie so sehr unter psychischem Druck, dass sämtliche Ventile platzen. Alles entlädt sich in einem Geysir von Körperlichkeit und Wortergüssen, und was dabei herauskommt, ist eine Art flimmerndes, nicht besonders stabiles Gleichgewicht zwischen innerem und äußerem Zustand, wie in einem dieser rudimentären Cartoons, in denen die Umrisse der Figuren flackern und einfach nicht stillhalten wollen. Das Verhalten der Chaoten wird von Laien mitunter als emotionale Aufrichtigkeit missdeutet, ist aber fast immer unwillkürlich. Chaoten sind lediglich Vermeider mit laschem Händedruck.

Als ich aufs College kam, wollte ich unbedingt ein Vermeider sein. Das hatte etwas mit meinem Stolz zu tun. Wenn man sich gleich nach dem ersten Sex bei seiner Mutter ausheult, ist das so demütigend, dass man nur noch eins will: zukünftig in ähnlichen Situationen die Fassung bewahren. Es lag aber auch daran, dass das College nicht nur eine furchteinflößende Freiheit mit sich bringt, sondern auch eine plötzliche, schmerzliche Einschränkung der Privatsphäre, also das Gegenteil von Freiheit. Deshalb ist das College auch solch ein empfindlicher Einschnitt für Typen, die nicht so robust sind. Die Angst schlägt also doppelt zu. Im existenziellen Sinn bedeutet das College eine radikale Erweiterung der Lebensmöglichkeiten; de facto heißt es aber nur, dass man mit wildfremden Menschen auf engstem Raum zusammengepfercht wird. Obwohl man zu diesen Menschen in keinem Verwandtschaftsverhältnis steht, ist man gezwungen, mit ihnen zusammen zu duschen, sich Seite an Seite mit ihnen die Zähne zu putzen und einen Meter von ihnen entfernt den Darm zu entleeren. Nachdem man fast zwei Jahrzehnte lang mit Eltern und Geschwistern zusammengelebt hat, kann diese Umstellung eine erhebliche psychische Spannung herbeiführen. Das liegt vor allem daran, dass es unter Erstsemestern gewissermaßen Pflicht ist, sich selbstsicher und ausgeglichen zu geben, auch wenn man in Wirklichkeit gereizt und angstbeherrscht ist und aktiv dekompensiert. Die Wohnheime erinnern an Kasernen, bis hin zu den Stockbetten, den dünnen Matratzen und den jungen Männern, die leise in ihre Kissen weinen.

Angesichts dieser Umstände wurde mir rasch klar, dass ich nicht das Zeug zum Vermeider hatte. Ich versuchte es. Ich gab mir wirklich große Mühe! In den ersten Wochen auf dem College unterzog ich meine perioralen Muskeln einem intensiven Training, das heißt, ich grinste jeden an, der auch nur in meine Richtung atmete. Das Grinsen war ein Reflex, wie bei einer aufgeschreckten Katze, die ihre Krallen ausfährt. Mir war nicht klar, wie gruselig das auf meine neuen Mitschüler wirken musste, bis ich es eines Abends vor dem Spiegel ausprobierte. Ich sah aus wie Charles Manson bei einer Bewährungsanhörung. Meine anderen Bemühungen fielen wahrscheinlich auch nicht besser aus. Zum Beispiel meine Stimme. Ich tat mein Bestes, damit sie nicht wie ein hysterisches Quieken klang, aber es gelang mir nicht. Das Problem war, dass der Muskelstrang, der den Kopf mit den Schultern verbindet, bei mir andauernd verkrampft war. Hätte ich damals mehr als vierundfünfzig Kilogramm gewogen, hätte ich wohl wie ein Profi-Catcher ausgesehen, der vor ausverkauftem Haus einen Ringkampf absolviert. Stattdessen sah ich aus und hörte mich an wie ein besonders hässliches Mädchen bei einem Justin-Bieber-Konzert.

Und dann war da noch das Husten. Ich hustete viel. Es war ein mittelstarkes Husten, das von der Lautstärke her irgendwo zwischen einem Räuspern und einem tiefen, Schleim freisetzenden Auswurf angesiedelt war. Dieses Husten ließ ich großzügig in meine Gespräche einfließen. Ich tat das, um gegen das Gefühl anzukämpfen, dass ich gleich explosionsartig in Tränen ausbrechen würde. Dieses Gefühl überkam mich vor allem dann, wenn ich mit Professoren sprach, und es war zutiefst beunruhigend, weil ich annahm, dass es die Professoren bei ihrer Notenvergabe negativ beeinflussen würde, wenn jemand vor ihnen anfing zu heulen. Das Husten half.

Aber nicht lange. Am Ende meiner vierten Woche auf dem College hatten die ununterbrochene Angst und die damit einhergehenden Schlafstörungen meine Abwehrkräfte so weit aufgezehrt, dass nur noch die allerheftigsten Hustenanfälle die Tränen in Schach halten konnten. Es gab einfach keinen Ort, an den ich mich hätte zurückziehen können. Zu Hause standen mir zwei Räume zur Verfügung, wo ich hinkonnte, wenn mich die Angst überkam, und wo ich so extravagant ausflippen konnte, wie ich wollte: mein Schlafzimmer und die Toilette. Sogar an der High School stand einem im Falle eines kurzen Nervenzusammenbruchs die Toilette zur Verfügung, denn die Raucher waren aus Sicherheitsgründen vom Schulgelände verbannt worden. Im Klo des Studentenwohnheims war es hingegen so gut wie unmöglich, die Abgeschiedenheit zu finden, die man bei einer echten Angstattacke braucht.

Meinem neurotischen Muskelgedächtnis zufolge stürzte ich in der ersten Zeit dreimal aus meinem Zimmer über den Gang zu den Toiletten, um eine leere Kabine zu finden, wo ich ungestört meinen Kopf in die Hände stützen und mit lautstarkem Ächzen oder Stöhnen alles von mir geben konnte. Wenn der Anfall vorbei war, hatte ich dann ein bis zwei Stunden

Ruhe. Beim ersten Mal fand ich einen breitbrüstigen Studenten aus dem zweiten Semester vor, der Lacrosse-Shorts trug und schwungvoll in das mittlere aus einer langen Reihe von Waschbecken kotzte, wobei er nicht besonders treffsicher war. Als er mich beziehungsweise mein Husten bemerkte, starrte er mich kurz mit seinen feuchten Rehaugen an und stöhnte, als schulde er mir eine Erklärung für seinen Zustand: «Tequila!» Beim zweiten Mal war der Waschraum aus demselben Grund besetzt, diesmal von einem langhaarigen Erstsemester, der bis auf eine knappe, türkisfarbene Unterhose völlig nackt war. Beim dritten Mal war der Lacrosse-Typ wieder da, aber dieses Mal nahm er keine Notiz von mir, weil er nicht bei Bewusstsein war. Wie es aussah, war er beim Kotzen ohnmächtig geworden und in einer Haltung zusammengesackt, von der man eigentlich meinen sollte, dass sie in bewusstlosem Zustand unmöglich beibehalten werden konnte, egal, wie hoch der Blutalkoholpegel war: Seine Knie lehnten gegen den Sockel des Waschbeckens, die Arme hingen schlaff herunter, und sein Kinn ruhte auf dem Waschbeckenrand. Ich warf nur einen kurzen Blick auf ihn und rannte zurück ins Bett.

Meine Waschraum-Eskapaden fanden stets in den frühen Morgenstunden statt, wenn die Angst am schlimmsten war. Der Anblick meiner ausschweifenden Kommilitonen führte mir allerdings nicht die simple, offenkundige Tatsache vor Augen, dass Collegestudenten mitunter übermäßig viel trinken und dass übermäßiges Trinken nicht besonders gut für den Körper ist. Vielmehr brachten sie mich auf die Idee, dass übermäßiges Trinken der vergleichsweise schlauere Weg war. Wir hatten etwas gemein, Lacrosse-Shorts, Türkisfarbene-Unterhose und ich. Wir alle waren in die Waschräume geeilt, mit dem dringenden Bedürfnis, das Gift in uns loszuwerden. Wir unterschieden uns nur durch das, was diesem Bedürfnis vorausgegangen war. Lacrosse-Shorts und Türkisfarbene-Unterhose hatten wahrscheinlich Spaß gehabt, bevor sie zusammenbrachen. Ihre Übelkeit war das Ergebnis von ausgelassenem Feiern, das heißt, sie wurde durch die vorangehende Fröhlichkeit wiedergutgemacht. Meine Übelkeit hingegen war das Ergebnis meiner Übelkeit, das heißt, sie wurde durch nichts wiedergutgemacht. Ich hatte eine falsche Gleichung aufgestellt. Sie hätte lauten sollen: VERGNÜGEN → ÜBELKEIT → ENTLADUNG. Stattdessen lautete sie: ÜBELKEIT → ENTLADUNG → ÜBELKEIT. Wenn ich Lacrosse-Shorts und Türkisfarbene-Unterhose betrachtete, sah ich nicht nur zwei Studienanfänger, deren Kleidung mit Erbrochenem befleckt war, sondern zwei junge Männer, die ausdrücklich dazu da waren, mir klarzumachen, dass mein Gefühlsleben unhaltbar und selbstzerstörerisch war. Auch wenn sie wie zwei Trottel aussahen, wie sie da sterbenselend über dem Waschbecken kauerten, war ihre Botschaft eindeutig: Der eigentliche Trottel war ich, denn ich hatte vor der schmerzvollen Entladung kein bisschen Spaß gehabt. Das war allen klar.

Meine Zimmergenossen gaben in dieser Hinsicht ein ähnliches Bild ab wie ich. Tom und Sanjoy – der eine aus Massachusetts, der andere aus Neu Delhi – gehörten beide nicht zu der Sorte Erstsemester, die der Fleischeslust oder irgendwelchen Ausschweifungen nachgingen. Jene erste Welle der Freiheit trug die meisten Studienanfänger in einen Dunst aus Fassbier, Cannabis und zerkleinerten Ritalin-Tabletten. Nicht so Tom und Sanjoy. Wären sie nur öfter mal ausgegangen, dann hätte ich es mir mit meiner Angst gemütlich machen können, anstatt pausenlos ihre nervtötende Gelassenheit ertragen zu müssen. Sie waren Meister der Gelassenheit, diese zwei. Was den flachsblonden, hoch aufgeschossenen Tom betraf, so gab es wenigstens eine vernünftige Begründung für seinen Gleichmut: Er hatte Übung darin. Er war aufs Internat gegangen und hatte die typische Lässigkeit der Internatsschüler angenommen. Am Tag des Einzugs schlenderte er mit einem riesigen Toblerone-Riegel bewaffnet in unser Zimmer, warf einen Blick auf die triste Ausstattung und die spartanischen Stockbetten und nickte kurz mit unbewegter Miene, als wollte er sagen: «Ich hab schon Besseres gesehen, aber was soll's.» Mich musterte er dagegen mit einem eher zweifelnden Blick. Wahrscheinlich hatte er meinen Ausdruck – der Schreck des ersten Tages – bereits in den Augen vieler Mitschüler gesehen, aber seine Haltung in jenen ersten Wochen ließ dennoch erkennen, dass er es als sein persönliches Schicksal betrachtete, neun Monate lang auf engstem Raum mit Woody Allen leben zu müssen.

Sanjoy brachte mir die gleiche Skepsis entgegen. Das tat richtig weh, denn gerade er hätte eigentlich mein heimwehgeplagter Leidensgenosse sein müssen. Er war tausende von Meilen von zu Hause weg und mit den merkwürdigen Gepflogenheiten amerikanischer Teenager nicht vertraut. Seine Familie hatte ihm damit gedroht, ihn zu enterben, sollte er es nicht an eine amerikanische Eliteuniversität schaffen und Medizin studieren. Eigentlich hätte Sanjoy vor Angst gelähmt sein müssen. Wir hatten oben auf unseren Betten Pillen austauschen können, wie andere Jungs Baseball-Sammelbilder. Stattdessen beäugte mich Sanjoy misstrauisch, als hätte er Angst davor, ich könnte das Zimmer durchqueren und mich ihm in die

Arme werfen. Sanjoys Gegenwart verströmte die schlimmste aller Botschaften. Seine Gelassenheit vermittelte mir: «Ich bin viel schlimmer dran als du und komme trotzdem gut zurecht.»

Vielleicht hatte er auch gar nicht durchschaut, was mit mir los war, denn eines Abends, als er vom Zähneputzen zurückkam, bückte er sich und hob ein kleines weißes Etwas vom Teppich auf. «Was ist das?», fragte er, ohne einen von uns direkt anzusprechen.

Es war eine meiner Xanax-Tabletten. Meine Mutter hatte mich mit einem kleinen Vorrat aufs College geschickt. Die Tablette musste aus dem Röhrchen gefallen sein, als ich in irgendeiner schrecklichen Nacht im Dunkeln an dem Verschluss herummachte.

«Keine Ahnung», sagte ich.
«Es ist irgendeine Pille, glaube ich.»
«Ja», sagte ich, «es ist irgendeine Pille.»

Er hielt kurz inne, um nachzudenken. «Ist das deine Pille, Dan?»

«Nein», sagte ich. «Die gehört mir nicht. Ich nehme keine Pillen.»

Er untersuchte die Tablette und drehte sie in seiner Handfläche hin und her. Offenbar sah er nicht besonders gut, denn den winzigen eingravierten Schriftzug entdeckte er nicht. «Ich frage mich, wie die hierhergekommen ist.» Dann: «Bist du sicher, dass es nicht deine ist?»

«Lass mal sehen.»

Er gab sie mir, und ich tat so, als würde ich sie auf Hinweise untersuchen, die Aufschluss über den Besitzer gaben.

«Oh», sagte ich. «Stimmt, es ist meine. Das hab ich ganz vergessen. Ja, sie gehört mir.»
«Aber du hast doch gesagt –»
«Ich hab das total vergessen. Es ist meine. Danke.»
«Was ist das denn?»
«Es ist … ein Vitamin.»
«Ein Vitamin? Wofür?»
«Mein Herz», sagte ich und kroch ins Bett.

8 Die Diagnose

Vor nicht allzu langer Zeit galt Heimweh noch als echte psychische Krankheit. Die Franzosen nannten es *mal du pays*, die Spanier *mal de corazón*, die Angelsachsen *homesickness*. Die Briten sprachen übrigens auch von der «Schweizer Krankheit» («Swiss disease»), weil sie die Schweizer für Weicheier hielten. Heimweh war ein ernsthaftes Problem, vor allem beim Militär. Es gab tatsächlich Menschen, die daran starben. Im Jahr 1770 berichtete Joseph Banks, der James Cook auf seiner ersten Weltumseglung begleitete, die Seeleute hätten nun «eine solche Sehnsucht nach der Heimat, dass die Ärzte sogar eine Krankheit dahinter vermuten, die sie ‹Nostalgia› nennen.» In einem Beitrag mit dem Titel «Geschichte eines bemerkenswerten Falles von Heimweh («Nostalgia»), das einen gebürtigen Waliser in England befallen hat» schrieb der Arzt Robert Hamilton 1788:

> *«Wie weit zuweilen die Zerrüttungen der Gesundheit gehen können, welche dieses Leiden der Seele nach sich zieht, kann folgender Fall beweisen, welchen ich zu Tinmouth im nördlichen England im Jahr 1781 beobachtet habe. Ein kürzlich erst zum Regiment gekommner Rekrut, Namens Edwards, wurde auf die Krankenliste geschrieben, und sein Hauptmann ließ mir sagen, ich möchte ihn ins Lazareth nehmen. Dieser Mensch war jung, wohl gemacht, mit einem Worte, mit allen körperlichen Eigenschaften eines tüchtigen Soldaten ausgerüstet. Aber auf seiner Stirn saß finstre Melancholie, seine Wangen waren bleich und eingefallen; er klagte über Schwäche und Kraftlosigkeit im ganzen Körper, ohne doch Schmerzen irgendwo zu empfinden. Dabey hatte er Ohrensausen, Schwindel, einen langsamen, kleinen weichen Puls, und Mangel an Durst und Eßlust. [...] Sein Schlaf war unruhig und von fürchterlichen Träumen unterbrochen. Da fast gar nichts fieberhaftes an ihn zu bemerken war, so wußte ich nicht, was ich von seinem Zustande denken sollte. [...] Es verstrichen einige Wochen, ohne merkliche Änderung, außer, daß er zusehends magrer wurde. Er nahm fast gar keine Nahrung zu sich [...]. Er bekam stärkende Mittel und Wein; aber dieses alles half*

nichts. [...] Er war beinahe schon ein Vierteljahr im Lazareth gewesen, und sahe so abgezehrt aus wie ein Mensch, der den höchsten Grad der Lungensucht hat. [...] Einmal, da ich des Morgens die Wärterin fragte, wie er geschlafen hätte, erzählte sie mir, daß er sich im Traume immer mit seiner Heimath und mit seinen Freunden beschäftige, und auch wachend fast von nichts anderem spräche. Hievon hatte ich zuvor noch nichts gehört, und die Wärterin hatte nichts davon erwähnt, weil sie glaubte, daß es ein gewöhnliches Irrereden wäre. – Ich ging sogleich zu dem Kranken hin, und fing an mit ihm von seinem Geburtsort zu reden. Die Hastigkeit, womit er sich ins Gespräch einließ, und ein tiefer Seufzer, womit er es beklagte, daß er seine Freunde wohl nie wieder sehen würde, ließen mich nun auf den Grund seiner Krankheit sehen. Er fragte mich mit vielem Nachdruck, ob ich ihm nicht erlauben wolle nach Hause zu reisen. Ich stellte ihm vor, daß er bey seiner gegenwärtigen Schwäche nicht vermögend seyn würde, einen so weiten Weg, (er war aus Wales gebürtig) zu machen, versprach ihm aber zugleich, daß er, sobald es seine Kräfte gestatten würden, sechs Wochen Urlaub haben sollte. Er schien bey dem bloßen Gedanken wieder aufzuleben. [...] Sein Appetit wurde in kurzer Zeit besser, und in weniger als acht Tagen sahe ich deutliche Merkmale der Genesung bey ihm.»

Die Russen gingen mit ihren heimwehkranken Soldaten nicht so zimperlich um wie die Engländer. Als russische Truppen 1733 gen Polen zogen und unter den Soldaten die «Nostalgie» grassierte, drohte der Oberbefehlshaber damit, «den Ersten, der krank wird, lebendig zu begraben». Im amerikanischen Bürgerkrieg verzeichnete die Grand Army of the Republic, die Veteranenvereinigung der Unionsarmee, 5 547 Fälle von Heimweh, von denen 74 tödlich endeten. Das war fast zweihundert Jahre, nachdem der Schweizer Arzt Johannes Hofer den Begriff «Nostalgia oder Heimwehe» erstmals zur Bezeichnung eines bestimmten Krankheitsbilds verwendet hatte. Der erste Fall von Heimweh, über den Hofer berichtete, war der eines zartbesaiteten jungen Mannes, der sechzig Meilen von zu Hause entfernt weilte. Der Patient hatte gerade sein Elternhaus verlassen und in einer anderen Stadt sein Studium aufgenommen.

Etwa einen Monat nach Beginn meiner Collegelaufbahn fing ich an, von einem Münztelefon aus, das an der Backsteinfassade des Studentenwerks angebracht war, meine Mutter mit hysterischen Anrufen zu überhäufen. Dass man an Heimweh sterben kann, erschien mir zu jenem Zeitpunkt völlig plausibel. Ich war ein wandelnder Toter, und das College war mein Exil. Ich war aus meiner Kindheit verbannt worden, und diese Verbannung konnte nicht mehr rückgängig gemacht werden. Von jetzt an würde es nur noch Besuche zu Hause geben, in den Ferien und an den Feiertagen. Das war's dann, zumindest, wenn alles nach Plan lief. Das war das Erwachsensein, Monat eins.

«Ich will nicht hierbleiben», jammerte ich ins Telefon. «Ich hasse es. Es ist schrecklich. Ich kann nirgends hin. Ich kann mich nicht konzentrieren. Ich kann nicht klar denken. Ich kann nirgendwo hin, ich kann nirgendwo allein sein. Ich weiß nicht, was ich tun soll.»

Es war die alte Angstlitanei: *Ich ich ich ich ich ich ich.* Der Münzfernsprecher, von dem aus ich jeden Tag – manchmal auch zwei-, dreimal am Tag – anrief, war in einer Nische des Gebäudes versteckt, allerdings nicht so versteckt, dass ich außerhalb der Hörweite der Studierenden gewesen wäre, die mit fröhlichen Gesichtern vorbeiflanierten, um drinnen ihre E-Mails abzurufen oder Pommes zu kaufen. Aber das war mir inzwischen egal. Der psychische Druck war jetzt so groß, dass ich eine Bloßstellung in Kauf nahm, wenn ich nur die Gelegenheit bekam, mich ein wenig zu erleichtern. Vor allem nach dem Unterricht war mir danach zumute. Das ist der zweite Teil der Angstlitanei: *Sag mir, was ich tun soll! Sag mir, was ich tun soll! Was soll ich tun?*

Meine Mutter gehört zu den bedauernswerten Frauen, die nach der Maxime leben: «Eine Mutter ist nur so glücklich wie ihr unglücklichstes Kind». Allerdings muss man ihr zugutehalten, dass sie deswegen nie den geringsten Missmut gezeigt hat. Zum ersten Mal in meinem Leben wurde ich zum Nutznießer ihrer therapeutischen Maßnahmen, die sonst ihren Klienten vorbehalten sind.

«Atme», sagte sie, immer und immer wieder. Es war ihr unermüdliches Mantra. «Atme, Daniel. Du musst atmen. Wenn du atmest, wenn du so atmest, wie ich es dir sage, wirst du dich besser fühlen. Das verspreche ich dir.»

Das mit dem Atmen kannte ich schon. Meine Mutter ist der Billy Graham des therapeutischen Atmens. Vor vielen Jahren ließ sie kleine rechteckige Schilder mit der verschnörkelten Aufschrift ATME anfertigen und hängte sie in ihrem Arbeitszimmer auf. Sie hat dutzende Bögen mit neonorangefarbenen ATME-Aufklebern herumliegen, die sie an alle verteilt, die sie brauchen. Als ich klein war, klebte einer davon am Kühlschrank und ein anderer auf Augenhöhe an der Wand, direkt unter dem Telefon in der Küche. Die Aufkleber sollten meine Mutter daran erinnern, dass, wann immer sie sich unsicher fühlte und das alte Angstgefühl zurückkehrte, sie sich hinsetzen sollte, ihre Augen schließen und –

Ja, und was? Was war das für ein Prozess, der die Bestie unschädlich machen sollte? Welche alternierenden Bewusstseinszustände und Körperverrenkungen erforderte er? Ich hatte sie nie danach gefragt, und als meine Mutter es mir einmal erklären wollte, hatte ich nicht zugehört. Jetzt hörte ich zu, wenngleich mit einer gewissen Skepsis. Denn die Veränderung der Atmung, die meine Mutter predigte, war im Grunde genommen klitzeklein.

«Geh», sagte sie am Telefon. «Such dir einen ruhigen Ort, wo du dich hinsetzen kannst.»

«Aber ich kann mich *nirgends* hinsetzen. Es gibt hier keinen Ort, wo das geht.»

«Natürlich gibt es den. Ich war doch dort. Es ist ein Collegecampus. Es gibt haufenweise Möglichkeiten, um sich hinzusetzen.»

«Nein, gibt es nicht. Hier ist alles überfüllt. Überall sind Leute. Es ist wie eine Plage!»

«Die Bücherei», sagte sie. «Geh in die Bücherei.»

«Aber in der Bücherei sind massenhaft Menschen. Die Computer stehen dort.»

«Versuch's auf einem anderen Stockwerk. Geh in den Keller.»

Ich tat, was sie sagte. In dem Raum mit den Zeitschriftenbänden fand ich einen mit Wollstoff bezogenen Polstersessel mit schwerem Holzrahmen und schleppte ihn vor ein Fenster, von dem aus man auf einen Hain am Fuße eines steilen Hügels blickte.

«Das Geheimnis besteht darin, viel weiter unten zu atmen, als du es jetzt tust», sagte meine Mutter. «Wenn du Angst hast, atmest du oben in der Brust. Du musst weiter unten atmen, im Bauch. Du musst spüren, wie sich dein Bauch hebt und senkt. Wenn du sitzt, lege eine Hand auf deinen Bauch und fühle, wie er sich beim Atmen hebt und senkt. Atme langsam. Atme durch die Nase ein und zähle dabei bis vier; atme durch den Mund aus und zähle dabei bis sechs. Schließe deine Augen. Atme. Lass deine Hand auf dem Bauch. Ein durch die Nase, vier; aus durch den

Mund, sechs. Ein durch die Nase, vier; aus durch den Mund, sechs. Ein durch die Nase, vier; aus durch den Mund, sechs ...»

Ich tat, was sie sagte. Ich legte meine rechte Hand auf den Bauch, schloss die Augen und atmete. Ich spürte, wie mein Bauch sich hob und senkte. Ein durch die Nase, eins, zwei, drei, vier; aus durch den Mund, eins, zwei, drei, vier, fünf, sechs ... Zuerst passierte überhaupt nichts. Es fiel mir schon schwer, still zu sitzen, geschweige denn, mich auf das Zählen zu konzentrieren. Am liebsten wäre ich aufgesprungen und zur Treppe gestürzt. Doch dann spürte ich allmählich, dass es wirkte. Irgendwo in mir drin ging eine Veränderung vor sich. Meine Blutchemie fand langsam zur Norm zurück. Die Ionen kehrten ihre Ladung um. Die Moleküle richteten sich neu aus. Der Organismus kam wieder ins Lot. Die Dunkelheit hinter meinen geschlossenen Augenlidern war jetzt nicht mehr angsterregend, sondern beruhigend. Als ich meine Augen öffnete und auf die Bäume und den Hügel blickte, fühlte ich mich so, wie ich mir das vorgestellt hatte. Ich fühlte mich wach und klar.

Meine Mutter ist natürlich nicht die einzige Therapeutin, die diese wirkmächtigen Atemtechniken empfiehlt. Bei Angstzuständen atmen die Betroffenen viel zu schnell, zu flach und aus den oberen Lungenabschnitten heraus, wodurch die Herzfrequenz steigt und der Säure-Basen-Haushalt aus dem Gleichgewicht gerät. All das hat unerfreuliche körperliche Veränderungen zur Folge. Zu lernen, wie man langsam, tief und bewusst atmet, ist daher ein sinnvoller Ratschlag. «Wenn ein Klient erst einmal gelernt hat, in unterschiedlichen Situationen sein Atemmuster zu kontrollieren», schreibt ein Angstexperte, «hat er meines Erachtens schon den halben Weg zum Erfolg zurückgelegt. Bei manchen Menschen, die lernen, ihr Atemmuster zu identifizieren und zu beherrschen, verschwinden die Symptome und die damit einhergehenden Probleme vollständig.»

Bei mir war das leider nicht der Fall. Die Atemtechniken haben mir zwar geholfen, aber sie haben meine Probleme nicht gelöst. Das liegt wahrscheinlich daran, dass meine Angst so kopflastig ist. Um eine grundlegende Veränderung herbeizuführen, brauche ich Instruktionen höherer Ordnung. So richtig half mir das Atmen erst nach Jahren, als ich bereit war, die nötige Zeit aufzubringen, um meine Angewohnheiten zu ändern. An jenem Tag in der Bibliothek war ich zu verzweifelt, um mir eine neue Denkweise zuzulegen, und zu leicht zur Verzweiflung zu bringen. Solange ich saß, war alles gut. Ich fühlte mich gestärkt. Aber sobald ich aufstand, stellte ich bestürzt fest, dass alles wieder so war wie zuvor: die Angst, die Enge, die Verwirrung, der Eiszapfen. Mehr noch, nach der kurzen Besserung war es schlimmer als vorher, als würde ich aus einem Alptraum erwachen und feststellen, dass das Aufwachen Teil des Alptraums war.

Später an jenem Tag, als ich zusammengekauert auf meinem Stockbett lag, kam mir ein anderes Bild in den Sinn. Es war ein Comicstrip aus einem alten *Peanuts*-Band, den ich besaß. Darin beschließt Pig Pen, der immer in eine Wolke aus Staub und Schmutz gehüllt ist, dass es endlich an der Zeit ist, nach Hause zu gehen und zu duschen. Im ersten Bild danach erscheint er also frisch gewaschen, gekämmt und strahlend sauber (*Blink!*). Dann macht er einen Schritt aus dem Haus, und – *zack!* – fällt er wieder in seinen üblichen dreckigen, zerzausten Zustand zurück. Was hätte auch sonst passieren sollen? Pig Pen *war* nun mal dreckig und zerzaust, und er wusste es. «Ich habe gelernt, keine hohen Erwartungen an eine Dusche zu stellen», sagt er mit bewundernswertem Gleichmut zu Linus. «Ich muss zufrieden sein, wenn sich der Staub dadurch legt.»

Nachdem meine Anrufe zu Hause trotz Atemübungen nicht aufhörten und auch nicht seltener wurden, fanden meine Eltern, dass es Zeit war, mir einen Besuch abzustatten. An einem kühlen Samstagmorgen lasen sie mich an derselben Stelle vor dem Studentenwohnheim auf, an der sie mich erst ein paar Wochen zuvor abgesetzt hatten. Wir fuhren ins Zentrum von Boston, um dort die ungemütlichste Stadttour zu unternehmen, seit Mussolinis Leichnam zusammen mit dem seiner Geliebten Clara Petacci über die Piazzale Loreto in Mailand gezogen und beide dort kopfüber an Fleischerhaken aufgehängt wurden.

Mein Vater stellte den Wagen in einer Tiefgarage ab, und wir gingen zu Fuß. Unsere Tour begann in der Newbury Street, mit ihren Schuhboutiquen und den perlenbehangenen Damen auf Schaufensterbummel. Weiter ging es zu McCloskeys friedlichen Bronze-Stockenten im Public Garden, vorbei an Leuten, die im Boston Common in der Sonne lagen und faulenzten, über das State House mit seiner goldglänzenden Kuppel und die brutalistische City Hall, bis wir schließlich die langen Stufen beim Government Center hinunterstiegen und uns auf eine schattige Bank setzten, um zu reden.

Im Nachhinein betrachtet war das nicht der beste Ort, den wir uns da ausgesucht hatten. Der Schatten, in dem wir saßen, stammte nicht etwa von Bäumen oder einem Gebäude, sondern vom New England Holocaust

Memorial. Ich hatte immer den Verdacht, dass dieses Monument nicht zum Gedenken an die schlimmsten Gräuel der Menschheitsgeschichte errichtet wurde, sondern – als handle es sich um einen perversen Scherz der Stadtverwaltung oder um ein skrupelloses psychologisches Experiment –, um die Passanten in Furcht und Schrecken zu versetzen. Das Mahnmal besteht aus sechs aneinandergereihten, sechzehn Meter hohen Glastürmen, von denen jeder fünf Kammern besitzt. Im Innern der begehbaren Türme, die an Schornsteine erinnern und die sechs großen Vernichtungslager der Nazis symbolisieren, sind sechs Millionen Nummern zum Gedenken an die Holocaustopfer sowie zahlreiche Inschriften eingraviert. Aus den unteren Kammern steigt pausenlos künstlicher Rauch auf, als wolle er die Besucher darauf hinweisen, dass hier und jetzt, viele Jahrzehnte später und tausende Meilen von den Orten des Schreckens entfernt, noch immer das Feuer der «Endlösung» brennt.

Es ist jedoch nicht nur die grausame Direktheit der Konstruktion, die das Mahnmal so verstörend wirken lässt; es ist auch der Ort. Aus irgendwelchen skurrilen, unerfindlichen Gründen haben die zuständigen Behörden beschlossen, das Mahnmal auf einer Betoninsel entlang einer der meistbefahrenen Straßen der Innenstadt zu errichten, in unmittelbarer Nähe zu Bostons Shoppingmekka um die Faneuil Hall, und direkt gegenüber von vier – zählen Sie sie ruhig, es sind vier – Irish Pubs. Wenn man mitten am Tag dazu gezwungen wird, über die massenhafte Verbrennung seiner europäischen Brüder nachzudenken, ist das an sich schon destabilisierend; dazu gezwungen zu werden, während ein Paul-Revere-Imitator neben einem in die Büsche kotzt, ist unmenschlich.

Es ist unmenschlich, weil es aller Wahrscheinlichkeit nach verheerende Folgen hat. Wenn Ihre Gemütsverfassung bereits labil ist, könnten der Anblick und die Umgebung des Mahnmals Ihrer Psyche einen furchtbaren Schlag versetzen – wie das plötzliche, fast offenbarende Aufflammen einer heimtückisch anmutenden Macht, die Ihr biochemisches Gleichgewicht (oder was immer noch davon übrig ist) aus dem Lot bringt und Sie schwitzen, nach Luft schnappen, zusammensinken, zittern und erschauern lässt; eine Macht, die von jetzt auf gleich alle Ihre bewährten geistigen Funktionen und Deutungsfertigkeiten einfach ausradiert, sodass Ihnen am Ende nur noch eine rudimentäre Kognition bleibt, die lediglich darauf ausgerichtet ist, körperliche Gefahren zu entdecken – und sie findet immer welche, und fast immer zu Unrecht.

Kurzum, man könnte einen Panikanfall bekommen.

Menschen, die nicht an krankhafter Angst leiden, stellen sich unter Panik einfach die reinste Form von Angst vor. Nach allgemeiner Auffassung tritt eine Panikattacke dann auf, wenn die Angst einen Punkt erreicht hat, an dem sie nicht mehr steigerungsfähig ist. Die Panik ist demnach die höchste Markierung auf dem Angstthermometer. Diese Vorstellung ist nicht falsch, aber unvollständig. Angst und Panik hängen miteinander zusammen, und ihre Beziehung ist eine Frage des Ausmaßes. Zugleich handelt es sich aber um zwei völlig unterschiedliche Erfahrungen.

Lassen Sie mich das anhand eines Beispiels aus meinem Alltag veranschaulichen. Es ist ein unspektakuläres Beispiel, banal und möglicherweise langweilig. Das tut mir aufrichtig leid. Zu meiner Verteidigung könnte ich anführen, dass Angst und Panik nun mal banale Phänomene sind, das heißt, selbst wenn sie durch außergewöhnliche Erlebnisse wie Krieg oder Vergewaltigung *verursacht* werden, machen sie sich für gewöhnlich dann *bemerkbar*, wenn das Leben ruhig, vorhersehbar und relativ stabil ist, also vor dem Hintergrund des normalen Alltagsgeschehen. Diese Unberechenbarkeit ist einer der Gründe, warum Angst und Panik so verdammt unangenehm sind.

Das Beispiel, das ich hier anführen möchte, bezieht sich also auf meinen Arbeitsalltag, genauer auf das Schreiben. Es passierte, als ich an einem der vorigen Abschnitte arbeitete, der so beginnt: «Es ist jedoch nicht nur die grausame Direktheit der Konstruktion, die das Mahnmal so verstörend wirken lässt».

Ein Dementi vorweg: Schriftsteller glauben, dass ihr Job nervenaufreibender ist als jeder andere. Es gefällt ihnen, diesbezüglich coole, markige Sprüche zu klopfen, wie zum Beispiel der des Drehbuchautors Gene Fowler: «Schreiben ist einfach. Alles, was Sie dazu tun müssen, ist, so lange auf ein weißes Blatt Papier zu starren, bis Sie Blut schwitzen.» Oder dieser verdächtig ähnliche Spruch des Sportjournalisten Red Smith: «Schreiben ist kein Kunststück. Man muss sich nur an eine Schreibmaschine setzen und Herzblut vergießen.» Oder dieser hier, von der Dichterin Graycie Harmon: «Ein Schriftsteller zu sein ist, als würde man sein eigenes, persönliches Irrenhaus leiten.» Ich schließe mich der Auffassung nicht an, dass Schreiben etwas Einzigartiges ist. Es stimmt zwar, dass diese Tätigkeit psychologisch gesehen ihre Tücken hat – der ständige Druck durch knapp bemessene Abgabefristen, die schlechte Bezahlung, der Seelenstriptease vor einer gleichgültigen Öffentlichkeit –, aber im Grunde genommen gilt das für alle Jobs. Selbst die Notwendigkeit, ständig Entscheidungen zu treffen und dabei ganz auf sich allein gestellt zu sein – angeblich der härteste Teil dieses Berufs –, betrifft nicht nur die schreibende Zunft. Was wahrscheinlich zutrifft, ist, dass das Schreiben eine besondere Anziehungskraft auf Angstmenschen ausübt und dass ihr Anteil unter den Autoren höher ist als in anderen Berufen. Das hat vermutlich mit der Einsamkeit dieser Tätigkeit zu tun und damit, dass sie ein hohes Maß an Ichbesessenheit gestattet. Fest steht, dass Schriftsteller ihre Neurosen besser in Worte fassen können als die meisten anderen Menschen und dass sie es mit mehr Hingabe tun.

Zurück zu dem Abschnitt, den ich am Vortag begonnen hatte. Mein Ziel war, ihn abzuschließen und am selben Tag noch mindestens fünfhundert weitere Wörter zu schreiben. Ich hatte genau viereinhalb Stunden zur Verfügung, nicht mehr und nicht weniger. Seit ich dieses Buch schreibe, sind meine Arbeitstage meist auf die Stunden beschränkt, in denen meine Tochter im Kindergarten ist – von neun Uhr morgens bis drei Uhr nachmittags –, wobei ich jeweils etwa fünfundvierzig Minuten für das Hinbringen und Abholen einkalkulieren muss, ganz zu schweigen von der Zeit, die für häusliche Pflichten, die Zubereitung diverser koffeinhaltiger Getränke, elektronische Kommunikation sowie Handlungen, die der Ausscheidung dienen, draufgeht. Folglich bin ich gezwungen, die mir verbleibenden Stunden sinnvoll zu nutzen und kreativ zu sein, immer in dem Bewusstsein, dass ich kaum Spielraum für professionelle Irrtümer habe.

Der Tag fing gut an. Um 9.35 Uhr saß ich am Schreibtisch, schlürfte Earl Grey aus einem großen Tante-Sallys-Original-Kreolische-Pralinen-Becher und starrte auf meinen Notizblock, auf den ich die provisorischen Zeilen geschrieben hatte: «Aber es ist nicht nur die Konstruktion, so grausam, entsetzlich direkt, wie sie ist, welche das Holocaust Memorial so verdammt verstörend macht. Es ist auch eine Frage der schrecklichen Umgebung, in der es steht.» Das war ermutigend. Diese Zeilen waren furchtbar, aber es war leicht zu erkennen, warum sie furchtbar waren. Um 9.50 Uhr, nachdem ich zunächst ein bisschen herumgetrödelt hatte, war es mir gelungen, die schlimmsten Textteile zu amputieren, und die beiden Sätze lasen sich jetzt so: «Aber es ist nicht nur seine Konstruktion, so grausam direkt, wie sie ist, welche das Mahnmal so verdammt verstörend macht. Es ist auch eine Frage der schrecklichen Umgebung, in der es steht.» Gegen 9.55 Uhr hatte ich im ersten Satz «seine» gegen «die» ausgetauscht und das Wort «schrecklich» aus dem zweiten Satz entfernt. Um 9.57 strich ich die Konjunktion «aber» am Satzbeginn und quetschte dafür weiter hinten ein «jedoch» hinein. Um 9.59 Uhr strich ich «verdammt». Um 10.02 Uhr entfernte ich die Einfügung «so grausam direkt, wie sie ist» (zu viele Kommas), ersetzte sie durch «grausame Direktheit» und strich schließlich «eine Frage der» aus dem zweiten Satz heraus. Das war ein gelungener redaktioneller Durchlauf. Nach siebenundzwanzig Minuten war ich bereit, mit dem eigentlichen Schreiben zu beginnen.

Der leere Bildschirm vor mir fühlte sich keineswegs so an wie ein Fowler'sches Nichts. Ich wusste, wie es weiterging. Die Inkongruenz zwischen dem Mahnmal und seiner Umgebung war mir im Gedächtnis geblieben. Ich erinnerte mich an die Pubs und an den Geruch von schalem Guinness, der herauswaberte, sobald jemand die Tür öffnete. Ich erinnerte mich an die Faneuil Hall gleich um die Ecke, weil ich noch das Bild vor Augen habe, wie Touristen die Muschelsuppe löffelten, die sie dort gekauft hatten, und dabei das berühmte Niemöller-Gedicht lasen, das auf einer Tafel des Holocaust Memorial steht und folgendermaßen beginnt: «Als die Nazis die Kommunisten holten, habe ich geschwiegen, ich war ja kein Kommunist».[1] Und ich habe tatsächlich einmal gesehen, wie ein Mann in historischem Kostüm neben das Mahnmal kotzte, und aus irgendeinem Grund war ich mir ziemlich sicher, dass er Paul Revere, den Freiheitskämpfer im amerikanischen Unabhängigkeitskrieg, darstellen sollte. Was mir jedoch durch den Kopf ging, als ich auf den leeren Bildschirm starrte, war, dass meine Erinnerungen nicht präzise genug waren. Das alles war fünfzehn Jahre her. Wie viele Pubs gab es dort? Wo genau befand sich die Faneuil Hall, vom Mahnmal aus gesehen? Gab es tatsächlich Büsche neben dem Mahnmal, in die Paul Revere hineinkotzen konnte?

Um diese Fragen zu beantworten, konsultierte ich das Internet. Was taten Memoirenschreiber, bevor es Google Maps gab? Ich zog den süßen gelben Homunculus über die Congress Street und klickte auf diese fließenden weißen Caret-Zeichen, die einen digital die Straße entlanggleiten lassen. Ich klickte auf «Satellit» und betrachtete Boston von oben, wie Gott oder ein Kennedy. Ich gab den Begriff «Bar» in das Feld «In der Nähe suchen» ein und zählte die roten Ballons, die auf der Karte erschienen. Die

---

1 Das vollständige Gedicht lautet: «Als die Nazis die Kommunisten holten, / habe ich geschwiegen, / ich war ja kein Kommunist. // Als sie die Sozialdemokraten einsperrten, / habe ich geschwiegen, / ich war ja kein Sozialdemokrat. // Als sie die Gewerkschafter holten, / habe ich geschwiegen, / ich war ja kein Gewerkschafter. // Als sie mich holten, / gab es keinen mehr, / der protestieren konnte.» (Anm. d. Übers.)

Sache machte Spaß. Und während ich gemütlich durch den Cyberspace schlenderte, merkte ich, wie mein Geist den Anker lichtete und langsam von dannen segelte. Es war ein kognitives Wegdriften. Meine Gedanken lösten sich vom Bildschirm und richteten sich auf andere Dinge, nebensächliche Dinge: was ich heute Abend kochen sollte; was meine Tochter gemeint hatte, als sie an dem Morgen auf dem Weg zum Kindergarten sagte: «Kacka ist lustig!» (was genau war daran lustig? Sie zu machen? Sie runterzuspülen? Damit zu *spielen?* Vielleicht sollte ich da noch mal nachhaken); ob ich etwas gegen den Wuchs meiner Haare unternehmen sollte, die bereits über meine Schultern hingen und nun drohten, weiter südwärts zu wandern; ob es regnen würde; warum ich in den drei Jahrzehnten meines Lebens noch nie in Montana gewesen war …

Das alles war noch völlig normal. Jeder lässt sich mal von der Arbeit ablenken. Weniger normal war das, was dann folgte, nämlich das Einschleichen und Erblühen der Angst. Es begann mit dem simplen Versuch, mich wieder auf meine Arbeit zu konzentrieren. Zunächst gelang es mir, einen Großteil der störenden Gedanken zu verscheuchen, wie Stechmücken. Aber genau wie Stechmücken kamen die Gedanken immer wieder zurück, und zwar noch penetranter als vorher, sodass mein Versuch, sie zu loszuwerden, bald nicht mehr nur dazu diente, zu meiner ursprünglichen Aufgabe zurückzukehren, sondern selbst zur Hauptaufgabe wurde. Während ich am Computer saß, verwandelte ich mich vom Schriftsteller in eine Gedankenklatsche.

Das war Phase eins: der Gedankenschwarm. Phase zwei war eine ausgeprägte Ratlosigkeit, was ich als Nächstes tun sollte, verbunden mit dem Verlangen, wieder zu einer konzentrierten Produktivität zurückzufinden. Diese Phase hielt nicht lange an. Das tut sie nie, denn das Problem mit den Gedankenschwärmen ist nicht nur, dass sie rationales, zielgerichtetes Denken erschweren, sondern auch, dass sie allein den *Versuch*, rational zu denken, zu einem derart frustrierenden Unterfangen machen, dass man nur noch die Flucht ergreifen will. Und so ließ Phase drei nicht lange auf sich warten. Das war die Phase des Selbsthasses, in der ich meine ganze Energie nur noch darauf verwendete, mich dafür zu verachten, dass ich zu jener Sorte von Autoren gehörte, die sich schon nach einer Stunde Arbeit ablenken und durcheinanderbringen lassen, das heißt, ich gehörte zu den wirklich schlechten Autoren, die zum Scheitern verurteilt sind. An diesem Punkt machte ich den Fehler, auf die Uhr zu schauen: Es war 12.30 Uhr. Die Hälfte meines Arbeitstags war also vorbei, oder besser gesagt, die

Hälfte meines Arbeitstages hatte ich vergeudet – mit meiner Unfähigkeit und mit meiner mangelnden psychischen Stärke. Diese Überlegung beschwor das Bild meiner Verlegerin herauf – eine wirklich nette Frau, die mir zugetan ist und will, dass ich Erfolg habe –, wie sie meinen Namen aus ihrer elektronischen Rolodex-Datei löscht und dabei den Kopf schüttelt, weil sie nicht glauben kann, dass sie so dumm gewesen ist, einen Autor zu verpflichten, der von vornherein zum Scheitern verurteilt war, und zwar durch ebenjene Schwäche, von der das Buch handelt, das er hätte schreiben sollen, was alles nur noch trauriger macht. Und so begann ich gegen 12.40 Uhr zu hyperventilieren, zu schwitzen, nervös um mich zu schauen und kleine vogelartige Fiepslaute von mir zu geben. Ich fuhr mir mit den Fingern durch mein vorzeitig ergrauendes Haar, mit dem ich aussah wie einer dieser künstlich auf reif getrimmten Männer mittleren Alters in Werbespots für Lebensversicherungen. Das war der Moment, als ich zu zittern und ein bisschen zu weinen begann. Das war der Moment, in dem ich am liebsten aus meinem Arbeitszimmer gerannt wäre, hinaus auf die Straße und den Block hinunter, nur um das schreckliche Gefühl loszuwerden, dass ich dem Untergang geweiht war, weil ich es nicht geschafft hatte, ein paar Stunden lang hart zu arbeiten. Das war der Moment, in dem ich, anstatt um den Block zu rennen, Kate anrief und nur ihren Anrufbeantworter vorfand. Das war der Moment, als ich meinen Kopf auf den Schreibtisch sinken ließ, meine Augen schloss und Gott – oder wer auch immer gerade zuhörte – um eine halbe Stunde wohlige Bewusstlosigkeit anflehte. Nur eine halbe Stunde, um mein Gehirn wieder zurückzusetzen.

Das war eine unerfreuliche Erfahrung, die mir mehr oder weniger den Rest des Tages ruinierte. Aber es war keine Panikattacke. Es war das, was ich einen Angstanfall nennen würde, einen der Stärke 8,3 auf meiner persönlichen Angstskala. Die Skala geht von null bis zehn: Bei null ist man katatonisch und bei zehn ist man der Typ aus Edvard Munchs *Der Schrei*: Psychologisch gesehen befindet man sich also auf einer Brücke und ist von gesichtslosen Fremden umgeben, die einem nicht helfen können oder wollen, und der Himmel ist blutorangerot und wirbelnd und hektisch, und alles ist so trostlos und furchtbar, dass man lieber sterben möchte, als noch eine weitere Sekunde dort zu bleiben, wo man ist.

Eine Panikattacke ist schlimmer als das. Eine Panikattacke ist jenseits aller Skalen. Eine Panikattacke bedeutet, dass man jedes Stadium der Angstskala bereits durchlaufen hat und nun, da man am oberen Ende angelangt ist, wo es nicht weitergeht, einfach über den Rand purzelt, über den

Rand der Welt hinausfällt, in eine Art neurotische *Satori*, wo Angst überhaupt keine Rolle mehr spielt, denn Angst hängt mit Denken zusammen, und bei der Panik gibt es kein Denken. Panik ist reiner Reflex. Man verfällt in einen Zustand, in dem man wie eine Marionette äußeren, höheren Kräften ausgesetzt ist, die nur dazu da sind, einen erst in Panik zu versetzen und dann die Panik zu überwinden. Wenn man inmitten einer Panikattacke steckt, ist man kein Mensch mehr. Man ist kein logisch denkendes Wesen mehr. Man ist ein Tier, das angegriffen wird, genau wie die panischen Tiere, die Charles Darwin, der selbst an lähmenden Panikattacken litt, 1872 in *Der Ausdruck der Gemütsbewegungen bei dem Menschen und den Tieren* beschrieben hat:

> «*Bei allen oder beinahe allen Thieren, selbst bei Vögeln, verursacht äußerste Angst ein Erzittern des Körpers. Die Haut wird blaß, es bricht Schweiß aus und die Haare sträuben sich. Die Absonderungen des Nahrungscanals und der Nieren werden vermehrt, und sie werden unwillkürlich entleert in Folge der Erschlaffung der Schließmuskeln, wie es ja bekanntlich bei dem Menschen der Fall ist und wie ich es bei Rindern, Hunden, Katzen und Affen gesehen habe. Das Athmen ist beschleunigt. Das Herz schlägt schnell, wild und heftig. Ob es aber das Blut auch wirksamer durch den Körper pumpt, dürfte bezweifelt werden; denn die Oberfläche des Körpers scheint blutlos und die Kraft der Muskeln schlägt sehr bald fehl. Bei einem erschreckten Pferde habe ich das Schlagen des Herzens durch den Sattel hindurch so deutlich gefühlt, daß ich die Schläge hätte zählen können. Die Geistesthätigkeiten werden bedeutend gestört. Äußerste Erschöpfung folgt bald, und selbst Ohnmacht. Man hat gesehen, daß ein erschrockener Canarienvogel nicht bloß erzitterte und um die Basis seines Schnabels herum weiß wurde, sondern in Ohnmacht fiel, und einmal habe ich in einem Zimmer ein Rothkehlchen gefangen, welches so vollständig in Ohnmacht lag, dass ich eine Zeit lang glaubte, es sei todt.*»

Während unseres gesamten Fußmarsches durch Boston lag meine Angst etwa bei 5,5 auf meiner Angstskala. Wahrscheinlich hätte die trostende Gegenwart meiner Eltern die Angst sogar noch unter den Mittelwert gedrückt (was kein geringer Erfolg gewesen wäre), hätte ich mich nicht dafür geschämt, dass sie nur wegen mir den weiten Weg zurückgelegt hatten, und wäre da nicht das ungute Gefühl gewesen, dass sie in weniger als sechsunddreißig Stunden wieder abreisen würden, entweder mit mir, was unsagbar beschämend sein würde, oder ohne mich, was unsagbar schrecklich sein würde. Der Moment, in dem die mentale Nadel anfing, die Skala hinaufzuklettern, war, als das Holocaust Memorial in Sichtweite kam und *Genozid! Genozid!* schrie, und dann noch mal, als wir uns auf der Bank niederließen und mein Vater das Wort ergriff. Wir saßen vor der Bronzestatue eines Mannes aus einem anderen Zeitalter, der die unbequeme Kleidung jenes Zeitalters trug. Dahinter waren die Schornsteine und der künstliche Rauch und die Touristen, die dazwischen umherschlenderten, und, noch weiter dahinter, die einladenden Lokale des Nord End, wo wir zu Mittag essen wollten. Ich hatte kurz das Gefühl, dass mein Vater sehnsüchtig in diese Richtung blickte, bevor er mir den Arm um die Schulter legte und sagte: «Na, Kumpel. Wie geht's dir denn so?»

Ich räusperte mich.

«Wir machen uns ganz schön Sorgen um dich. All diese Anrufe. Wir wissen, dass es hart ist.»

Es ist bemerkenswert, wie rasch das mentale Wetter von einem Extrem ins andere fallen kann. Die Unterhaltung hatte kaum begonnen – es waren gerade mal zwanzig Worte eines einzelnen Teilnehmers gefallen –, und schon spürte ich die Hysterie in mir aufsteigen, wie kochendes Wasser in einem Topf ohne Deckel. Ich durfte nicht zulassen, dass es überkochte. Nicht vor meinem Vater, der wenigstens den Anschein männlicher Tapferkeit bei mir sehen sollte, und nicht vor meiner Mutter – nicht schon wieder. Nicht jetzt, wo ich meine Sachen gepackt und mich von allen verabschiedet hatte. Nicht jetzt, wo ich das gesetzliche Erwachsenenalter erreicht hatte, das, so glaubte ich irrsinnigerweise, auch eine geistige Selbstgenügsamkeit mit sich brachte. Mein Anstand und meine Selbstachtung schienen auf dem Spiel zu stehen, und so senkte ich den Kopf und blickte starr auf das kleine, abgewetzte Stück Pflasterstein zu meinen Füßen. Ich wusste, dass ein kurzer Blick auf das Mahnmal oder auf die besorgten Gesichter meiner Eltern, oder auch nur auf einen beliebigen Passanten, genügt hätte, und ich wäre geliefert gewesen. Und so verkrampfte ich mich – ein herkulisches, vollkommenes Verkrampfen von Körper und Geist. Nie zuvor in meinem Leben hatte ich mich so entschlossen darauf konzentriert, jeden Muskel, jedes Organ, jede Membran und jeden Gedanken unter Kontrolle zu halten. Das einzig Vergleichbare, was mir dazu einfällt, ist der Zustand, in dem einem speiübel ist und man alles tut, um sich nicht zu übergeben. Ich hatte das flimmernde Gleichgewicht der Chaoten gefunden.

Dann übernahm meine Mutter.

«Ich weiß, wie du dich fühlst», sagte sie. «Ich kenne das aus eigener Erfahrung. Und ich sehe es jeden Tag bei meinen Patienten. Du bist durcheinander und verängstigt.» Ich spürte, wie ich mich bei dem Wort «ich» noch stärker verkrampfte. Die Pflastersteine zu meinen Füßen schienen nachzugeben. «Ich kann die Angst in deinen Augen sehen. Du starrst alles an, als würde es gleich vorspringen und dich am Kragen packen. Ich weiß, wie es sich anfühlt, so wachsam zu sein. Es ist fürchterlich. Es ist entsetzlich. Man hat das Gefühl, gleich verrückt zu werden.» Vor mir spuckte der künstliche Buchenwald-Schornstein gerade eine Gruppe von Touristen aus, und ich hörte jemanden laut kichern. Die Dinge begannen zu verschwimmen. «Du hast das Gefühl, dass gleich etwas Furchtbares passieren wird. Es ist schrecklich. *Schrecklich.*» Etwas, Neugier oder Angst, veranlasste mich, kurz aufzublicken, und ich sah eine Gruppe von Mädchen im Teenageralter, die das Mahnmal besichtigten und dabei Lollis lutschten. *Lollis!* Sofort senkte ich wieder den Kopf. «Aber dir wird nichts Schlimmes passieren, Daniel. Das verspreche ich dir. Es wird nichts Schlimmes passieren. Du wirst nicht sterben. Du wirst nicht verrückt werden. Es fühlt sich nur so an, als würdest du verrückt. Mehr nicht. Das musst du dir klarmachen. Es ist nur ein Gefühl. Es ist nicht echt. Es ist nur ein Gefühl.»

Ein kleiner Teil von mir, ein intellektueller Splitter, der irgendwo in meinem Vorderhirn sitzt, war einen Moment lang versucht, mit meiner Mutter über den Unterschied zwischen Gefühl und Realität zu diskutieren. Gab es da einen Unterschied? Wirklich? Das kam mir nicht so vor. Aber die Frage wurde gleich wieder von der aufsteigenden Angst verschluckt, die nun einen Punkt erreicht hatte, an dem Tränen unvermeidbar waren. Meine Mutter sah, wie sie flossen.

«Oh, Daniel», sagte sie und streichelte meinen Rücken zwischen den Schulterblättern. «Du bist nicht verrückt. Alles wird gut, Schatz. Du hast lediglich Angstzustände. Du hast schwere Angstzustände ... wie ich. Es ist eine psychische Störung, mehr nicht. Du brauchst nur etwas Unterstützung, um das zu überwinden. Therapie. Medikamente. Du hast eine Krankheit, die man behandeln kann.»

Und damit – mit der ersten Diagnose meines Lebens – überschritt meine Angst schließlich die Grenzen. *Wie ich.* Auf einer Betoninsel, zweihundert Meilen von zu Hause entfernt, wohnte ich meiner eigenen Krönung bei und wusste gleich, dass kaum Hoffnung auf Abdankung bestand. Darwin hatte recht mit seiner Beschreibung von Panik: Die Haare sträuben sich, die Atmung ist beschleunigt, die Muskeln versagen, die Geistestätigkeiten sind bedeutend gestört. Vollständige Erschöpfung folgte bald.

9 Ein Schauspieler vor seinem Auftritt

Meine Eltern boten mir an, mit ihnen zurück nach Hause zu fahren, wenn ich wollte. Es war die einfachste Sache der Welt. Ich musste nur meine Sachen packen, und schon wären wir auf der Autobahn. Das Studiensekretariat würden wir von unterwegs anrufen. Ich beschloss jedoch, es durchzustehen, und meine Eltern waren sichtlich erfreut darüber. Was sollte ich zu Hause auch anfangen? Was würde es mir bringen, ziellos dort herumzuhängen? Ich würde zwölf Stunden am Tag schlafen und vielleicht drei Stunden lesen. Was sollte ich mit dem Rest der Zeit anfangen?

Allerdings war mein Verbleib am College an eine Bedingung geknüpft. Meine Mutter bestand darauf, dass ich mir professionelle Hilfe suchte. «Bis zu den Weihnachtsferien sind es noch zweieinhalb Monate», sagte sie. «Es gibt keinen Grund, warum du diese Zeit ganz allein durchstehen musst. Ein ausgebildeter Therapeut, jemand, mit dem du reden und von dem du lernen kannst, könnte enorm hilfreich sein. Anders geht es nicht, Schatz.»

Und so kam es, dass ich mich am Dienstag nach meiner Panikattacke an der Stelle wiederfand, wo die Straße, die um den Campus herumführt, in den geteerten Fußweg mündet, der zum psychologischen Beratungszentrum der Universität führt.

Es war früh am Morgen. Niemand war auf der Straße hinter mir und auf dem Fußweg vor mir unterwegs. Ich stand unentschlossen da, während mich langsam ein paranoides Gefühl beschlich. An sämtlichen Fenstern des Beratungszentrums waren die Jalousien zum Schutz vor der Morgensonne heruntergelassen. Ich war allein. Und doch fühlte ich mich, als müsste ich gleich auf die Bühne der Carnegie Hall hinaustanzen. Ich war fast angekommen – zwischen mir und dem Eingang des Zentrums lagen nur noch zweihundert Meter –, und plötzlich war ich felsenfest davon überzeugt, dass in dem Moment, da ich loslaufen würde, sich aus allen Richtungen die Augen zahlloser Personen auf mich richten würden, begierig darauf, sich am Anblick eines Studenten zu ergötzen – der offenbar so verrückt war, dass er den campuseigenen Seelenklempner aufsuchen musste –, wie die Londoner des 18. Jahrhunderts, die an ereignislosen Sonntagnachmittagen zum Irrenhaus spazierten, um Psychotiker zu begaffen.

Ich beschloss, mir eine solche Demütigung zu ersparen. Ich hatte schon genug Demütigungen ertragen und Zugeständnisse gemacht. Das Problem war, dass mein Entschluss mir nur zwei Handlungsoptionen ließ, um mich aus meiner misslichen Lage zu befreien. Ich konnte mein Vorhaben aufgeben und weiter die kreisförmige Straße entlanglaufen, bis ich wieder beim Studentenwohnheim landete, und danach die Abmachung mit meinen Eltern einhalten und nach Hause fahren. Oder ich konnte gegen sämtliche Impulse ankämpfen und eine Haltung annehmen, die nicht auf meinen tatsächlichen Zustand schließen ließ, sodass keiner, der mir dabei zusah, wie ich den Fußweg zum Beratungszentrum einschlug, je auf die Idee kommen würde, dass ich zu therapeutischen Zwecken dorthin ging. Kurzum, ich konnte aufgeben oder versuchen, zu schauspielern.

Ich entschied mich für Letzteres.

Als ich acht Jahre alt war, nahm ich an einem Casting teil und bekam eine Rolle in einer Wanderproduktion des Musicals *Oliver!* von Lionel Bart. Ich spielte einen der Jungs aus Fagins Bande, einen kohleverschmierten kleinen Dieb in einem viel zu großen Tweedumhang. Es war keine Sprechrolle, ab es gab einen Moment auf der Bühne, in dem ich im Rampenlicht stand. Im ersten Akt, gleich nachdem die Jungs eine Ode an die Freuden des Taschendiebstahls gesungen haben, machen sie sich über Fagin lustig und lachen über ihn. Plötzlich betritt Fagin den Raum, die Jungs bekommen einen Riesenschreck und hören nacheinander auf zu lachen, bis auf einen, der von all dem nichts mitbekommen hat und unbekümmert weiterlacht. Das war ich.

Ich bereitete mich auf diesen Auftritt vor wie Robert DeNiro auf seine Rolle als Boxer in *Wie ein wilder Stier*. Ich studierte die Schauspieler in meinen Lieblingsfernsehsendungen, um zu sehen, wie sie lachten. Ich übte jeden Abend vor dem Badezimmerspiegel und stellte mir dabei lustige Dinge vor. Während ich lachte, drehte ich den Wasserhahn voll auf, damit meine Brüder mich nicht hören konnten. Ich durchforstete die *Encyclopædia Britannica* nach Informationen über Waisenkinder, in der Hoffnung, Hinweise darauf zu finden, wie sie Heiterkeit zum Ausdruck brachten. Aber so sehr ich mich auch bemühte, mein Lachen wollte einfach nicht natürlich klingen. Bei einer unserer letzten Vorstellungen bei einem Freiluftfestival ertappte mich mein Vater kurz vor meinem Auftritt hinter dem Anhänger, in dem unsere Kostüme transportiert wurden, wie ich immer noch herumprobierte.

«Ha ha ha!» Nein, so nicht. «Hi hi hi!» Nein, zu mädchenhaft. «Ho ho ho!» Verdammt! «Heh heh heh! Höh hö hö!»
«Lach doch einfach so, wie du selbst», sagte er.

Nach dem Ende der Spielzeit hängte ich meine Theaterkarriere für immer an den Nagel.

Ich erwähne diese Episode nur, weil die schauspielerische Herausforderung, die ich ein Jahrzehnt später bewältigen musste, um ein Vielfaches größer war als die, ein authentisches Lachen hervorzubringen. So zu tun, als wäre ich locker und lässig, erschien mir angesichts meiner Paranoia und Panik unmöglich.

Aus heutiger Sicht war die erste Hürde körperlicher Art. Professionelle Schauspieler sind gezwungen, ihre körperlichen Grenzen zu akzeptieren. Wallace Shawn zum Beispiel, der unter anderem in *Die Braut des Prinzen* mitgespielt hat, ist ein talentierter und erfahrener Schauspieler, aber mit seiner schmächtigen, zwergenhaften Statur und seiner Piepsstimme könnte er niemals einen hartgesottenen Gangster oder einen furchteinflößenden Heeresführer spielen, außer zu komischen Zwecken. Manche Dinge lassen sich einfach nicht ändern. Bei einem Angstmenschen, der versucht, normal zu erscheinen, wird die Sache mit den körperlichen Grenzen noch dadurch verkompliziert, dass sein Körper nicht mehr der ist, den er kennt. Sein Körper *ist* bereits verändert, und der, in dem er jetzt lebt, ist fremd und ungemütlich. Er versucht also nicht, sich in jemand anderen zu verwandeln; er versucht, sich in sich selbst zurückzuverwandeln.

An jenem Oktobermorgen, als ich an der Schwelle zur Therapie stand und mich nicht rühren konnte, hatte die Angst meine Erscheinung schon so tiefgreifend verändert, als hätte ich einen Schluck von Dr. Jekylls Zaubertrank genommen. Mein Rücken war verkrampft und gekrümmt, meine Schultern waren bis zu den Ohren hochgezogen, meine Haut war bleich und klamm, meine Pupillen waren weit wie die eines Rehs, meine Wangen waren eingefallen und meine Fingernägel waren eingerissen, weil ich Tag und Nacht daran herumkaute. Jahre später stieß ich in einer Biografie von William James auf ein Selbstportrait, das er im Jugendalter gezeichnet hatte, als er selbst mit der Angst kämpfte:

Hier sitze ich zusammen
mit meinem Kummer

Ich sah aus wie eine stehende Version davon.
Dabei hätte ich viel lieber so ausgesehen:

Es gibt einen guten psychologischen Grund, warum es so schwierig ist, nach außen hin anders zu wirken, wenn die Angst einen fest im Griff hat. Bevor ich zu diesem Grund komme, möchte ich aber erst noch ausführlicher auf die abgekauten Fingernägel eingehen, denn die Angewohnheit, die sie in solch einen schlechten Zustand gebracht hat, ist einer der bekanntesten und zugleich am meisten missdeuteten Aspekte der Angst. Nägelkauen – jenes untrügliche Zeichen für schlechte Nerven – ist mehr als nur eine unattraktive Marotte oder ein kosmetisches Vergehen. Es ist auch ein schlimmes Übel.

Ein Beispiel: In diesem Moment, während ich schreibe, schaue ich mir den Ringfinger meiner linken Hand an. Wenn ich mit der Hand schreibe, schreibe ich mit der rechten, das heißt, ich kann beim Arbeiten problemlos an den Nägeln der linken Hand kauen, wenn ich gerade Angstsymptome habe. Das hilft zwar nicht beim Schreiben, weil es das Denken nicht verbessert, aber es vermittelt einem die *Illusion*, dass es beim Schreiben hilft, und das genügt schon – vielleicht ist es im Endeffekt sogar dasselbe. An diesem einen Nagel meines linken Ringfingers kaue ich nun schon seit drei Tagen herum; ich nage ihn Stückchen für Stückchen ab, wobei ich immer nur so viel abbeiße, dass mein Zwang jedes Mal befriedigt wird, wenn ich den Finger in den Mund stecke, aber nicht so viel, dass ich dadurch in meiner Arbeit beeinträchtigt werde.

Heute Morgen kam es jedoch zu einem Unfall. Ich hatte gerade ein zufriedenstellendes Nagelfetzchen zwischen den Zähnen, als ich durch einen misslungenen Satz abgelenkt wurde und zu schwungvoll zubiss, mit dem Ergebnis, dass ich mir ein circa ein Quadratmillimeter großes Stück Nagel abriss. Darunter kam das weiche, schwammige, rosa Fleisch zum Vorschein, das hervorquillt wie Eiscreme aus einem Eis-Sandwich, wenn das Eis zu viel Zeit hatte, um zu schmelzen, und man das Sandwich zu stark zusammengedrückt hat.

Wie soll ich den Schmerz beschreiben, der durch ein freiliegendes Nagelbett hervorgerufen wird? Bis die Stelle wieder zuwächst, fühlt es sich ungefähr so an wie eine Salve mikroskopisch kleiner Stricknadeln, die von einer Batterie winziger Haubitzen abgefeuert werden, welche ungefähr auf der Höhe des ersten Fingerknöchels positioniert sind. Durch einen neuroelektrischen Mechanismus oder dergleichen strahlt dieser Schmerz nach innen, obwohl die betreffende Stelle von außen beschossen wird. Das bedeutet, dass die Gelenke anfangen wehzutun. Das Ganze hat also auch einen entzündlichen Aspekt. Dann wird das Herz mit einbezogen. Nachdem es von der Verletzung Wind bekommen hat, schickt es besonders viel Blut in den Bereich, um die Heilung zu beschleunigen. Aber es fühlt sich so an, als wäre das Herz selbst in den Finger gerutscht, um ihn zu inspizieren, und als hätte es beschlossen, die Zelte an der ihm zugedachten Stelle abzubrechen und genau in der Fingerkuppe zu biwakieren, bis die Situation sich beruhigt hat. Das Ergebnis ist eine neue, noch stärkere, rhythmische Art von Schmerz, ein *Looney-Tunes*-Pulsieren, das jedoch, im Gegensatz zu den Cartoons, nicht rasch vorbeigeht, denn das Nagelbett liegt nun mal frei, und daran wird sich vorerst auch nichts ändern, weil menschliche Nägel erstaunlich langsam nachwachsen.

Ich habe in meinem Leben schon so manchen Schmerz erlebt: gebrochene Zehen, Platzwunden, Verrenkungen und Verstauchungen, Gehirnerschütterung, Hornhautabschürfung, Darminfektionen. Dieser hier ist schlimmer. Zum einen, weil ich ihn mir selbst zugefügt habe und ihn daher als besonders beschämend empfinde; zum anderen kann ich, eben weil ich ihn mir selbst zugefügt habe, nicht umhin, Rechtfertigungen dafür zu finden. Das würde als eine Art rückwirkender Selbstschutz Sinn machen, wenn das Angstdenken völlig trügerisch wäre. Aber da es nur zur Hälfte trügerisch ist, brandmarkt die andere, nichttrügerische Hälfte die Rechtfertigung sofort als solche (zum Beispiel «Nägelkauen ist eine normale Form von Körperpflege, die so alt ist wie die Menschheit selbst, das heißt, im Grunde genommen geht es mir nur darum, zu verhindern, dass meine Nägel zu lang werden»), ohne die trügerische, Rechtfertigungen bildende Hälfte irgendwie zu beeinflussen, und dieser intrapsychische Konflikt (haben Sie Nachsicht mit mir!) wird unterm Strich als ein demütigendes Gefühl von Lächerlichkeit verbucht. Und dieses Gefühl verstärkt dann wiederum das Schmerzsignal.

Das alles ist schon bei einem einzelnen angenagten Finger sehr pervers und rekursiv und schwer zu verarbeiten; man stelle sich vor, wie das erst bei mehreren Fingern sein muss, denn kaum ein Nagelkauer ist so kontrolliert, dass er es bei einem belässt. Ich fing mit Nägelkauen an, nachdem ich mich mit Esther eingelassen hatte, dann hörte ich damit auf und fing erst wieder an, als ich aufs College kam. Zu dem Zeitpunkt, als ich mich dafür wappnete, das Niemandsland zwischen Campus und Beratungszentrum zu durchqueren, hatte ich die Nägel aller zehn Finger vollständig abgenagt und wies außerdem allerlei Bisswunden, Risse, Furchen und Knabberspuren weiter oben auf. Meine Hände sahen aus, als wären sie mit einem Küchenquirl maniküert worden. In den ersten Wochen im College klebte ich Pflaster auf die betroffenen Stellen, aber mit der Zeit wurden die Schäden so ausgedehnt, dass ich auf jedem Finger mehrere Pflaster hätte anbringen müssen, womit ich sicherlich die Aufmerksamkeit meiner Dozenten und Kommilitonen erregt hätte. Und so achtete ich, wenn ich auf dem Campus unterwegs war, darauf, dass ich meine Hände stets in den Taschen meiner Jeans vergrub, wo die scharfkantigen Nagelränder und Hautzipfel Fusseln, Krümel und andere Überreste aufspießten oder sich in losen Fäden verfingen, wodurch die Wunden wieder aufrissen und bluteten und der Schmerz noch verstärkt wurde.

Ich sah auf die Uhr. Ich hatte noch genau vier Minuten Zeit, bis meine Therapiesitzung begann. In diesem Teil des Campus gab es viele Bäume, Hecken und Steinmauern. Es war also durchaus möglich, dass mich jemand gerade beobachtete und beurteilte. Ich ließ den Blick über das Gelände schweifen und glaubte, hinten bei den Sportanlagen Bewegungen zu sehen. Wenn ich potenzielle Beobachter an der Nase herumführen wollte, musste ich rasch handeln.

Ich begann mit meiner Körperhaltung. Von all den augenscheinlichen Aspekten, die meinen Zustand verrieten, schien dieser am einfachsten zu korrigieren: Ich musste mich nur aufrichten. Zu meiner Überraschung stellte ich jedoch fest, dass ich ebenso wenig aufrecht stehen konnte, wie ich mir Flügel wachsen lassen konnte, um zur Therapie zu fliegen. Merkwürdigerweise lag das nicht daran, dass meine Wirbelsäule nicht mitspielte; vielmehr war es mein Kopf, der sich weigerte, meiner Wirbelsäule den entsprechenden Befehl zu erteilen. Mein Gehirn, dieses verwirrte, mitgenommene Gehirn, rührte sich nicht. Wollte an jenem Morgen einfach nicht in die Gänge kommen. Hatte sich krank gemeldet. Sorry, Boss, du musst heute ohne mich auskommen und gekrümmt bleiben.

In den Jahren, die seither vergangen sind, habe ich festgestellt, dass diese Bockigkeit des Gehirns das zweite Problem ist, das einen bei Angstzuständen daran hindert, ruhig und überlegt zu handeln. Das Problem wird immer schlimmer, je tiefer man in den Angststrudel gerät. Ähnlich wie beim Stockholm-Syndrom kommt es zu einer völligen Verzerrung der Wahrnehmung: Je länger das Gehirn den endlosen Botschaften von Hoffnungslosigkeit und Verzweiflung ausgesetzt ist, die die Angst ihm sendet, umso mehr ist es davon überzeugt, dass diese Botschaften wahr sind. Das ist nicht weiter verwunderlich, wenn man bedenkt, dass das Gehirn in erster Linie dazu da ist, den Organismus vor Verletzung und Tod zu schützen.

Das Gehirn ist gut, wenn es um vergnügliche Dinge geht: Es sorgt dafür, dass wir Orgasmen, Glukose und die Gesellschaft anderer Menschen mögen. Aber wenn es um Angst geht, ist es *unschlagbar*. Wäre das Gehirn kein begnadeter Angstmacher, wäre es nicht ständig bereit, die Alarmglocken zu läuten, könnte alles vorbei sein, noch bevor der Organismus überhaupt Gelegenheit hatte, die vergnüglichen Dinge auszuprobieren. Aus evolutionärer Sicht übertrumpft die Angst alles andere.

Angst ist jedoch etwas anderes als Furcht, und um zu verstehen, warum es so schwierig ist, so zu tun, als hätte man keine Angst, muss man wissen, worin sie sich von der Furcht unterscheidet. Freud war der Auffassung, dass Furcht eine Reaktion auf eine bestimmte, unmittelbare Bedrohung der körperlichen Sicherheit ist, während Angst eine Reaktion auf eine objekt- und richtungslose Bedrohung ist, die irgendwo in der fernen Zukunft lauert – zum Beispiel Ruin, Demütigung oder körperlicher Verfall. Diese Unterscheidung von Angst und Furcht ist bis heute gültig, und zwar aus gutem Grund. Sie macht deutlich, dass Angst etwas frei Flotierendes ist, etwas, das Freuds Kollege Kurt Goldstein als «sinnlose Raserei» bezeichnet hat. Ein Experte aus unserer Zeit, der Psychologe David Barlow, definiert Furcht als eine «primitive Schreckreaktion auf eine vorhandene Gefahr, die durch starke Erregung und Handlungstendenzen gekennzeichnet ist». Angst ist dagegen «eine auf die Zukunft bezogene Emotion, bei der potenziell aversive Ereignisse als unkontrollierbar und unvorhersehbar wahrgenommen werden. Die Aufmerksamkeit verlagert sich auf potenziell gefährliche Ereignisse beziehungsweise auf die eigene affektive Reaktion auf diese Ereignisse.» Dieser letzte Ausdruck – «die eigene affektive Reaktion auf diese Ereignisse» – ist nichts weiter als eine etwas umständliche Umschreibung der Tatsache, dass Angstmenschen ihrer eigenen Angst sehr viel Aufmerksamkeit schenken.

Aber wenn man Angst als etwas Richtungs- und Formloses bezeichnet und Furcht als etwas Objektbezogenes und Bestimmtes, so sagt das lediglich etwas darüber aus, wie sich die beiden Erfahrungen voneinander unterscheiden, und nichts darüber, wie sie miteinander zusammenhängen. Indirekt wird damit außerdem impliziert, dass Furcht etwas Normales ist, eine biologisch verankerte, Darwin'sche Reaktion, während Angst etwas Anormales ist, eine Art postindustrielles, urbanes Leiden.

Wenn Sie zum Beispiel in einem afrikanischen Tierreservat Ihr Zelt aufschlagen und nicht schlafen können, weil Sie fürchten, bei lebendigem Leib gefressen zu werden, ist das normal. Wenn Sie dagegen in einer Bar in Fort Lauderdale ein Bier trinken und aufs Höchste beunruhigt sind, weil Sie vielleicht irgendwann einmal einen Campingurlaub machen werden, bei dem ein Tier in Ihr Zelt spazieren und Sie bei lebendigem Leib fressen könnte, brauchen Sie einen Psychiater. Da diese traditionelle Differenzierung von Furcht und Angst jedoch nichts über die Verbindung der beiden aussagt, haftet der Angst eine unverkennbar pathologische Reputation an.

Aus diesem Grund ziehe ich eine neuere Sichtweise von Furcht und Angst vor. Diese stammt von dem Psychiater Aaron Beck. Für ihn ist Furcht ebenfalls fokussierter und grundlegender als Angst, aber er verändert die Gleichung, indem er die psychische Grundlage von Furcht gegenüber der körperlichen stärker betont. Dadurch bringt er Furcht und Angst unter ein Dach, nämlich die Schädeldecke, und stellt eine logische Verbindung zwischen den beiden her. Furcht, schreibt Beck,

> *«ist ein primitiver, automatischer, neurophysiologischer Alarmzustand, der die kognitive Bewertung einer unmittelbaren Bedrohung oder Gefahr für die Sicherheit und Unversehrtheit eines Individuums beinhaltet. Angst ist ein komplexes kognitives, affektives, physiologisches und verhaltensbezogenes Reaktionssystem (das heißt, ein Alarmmodus), das aktiviert wird, wenn antizipierte Ereignisse oder Umstände als hoch aversiv empfunden werden, weil sie als unvorhersehbar, unkontrollierbare Ereignisse wahrgenommen werden, die möglicherweise eine Bedrohung der lebenswichtigen Interessen eines Individuums darstellen.»*

Einfacher ausgedrückt: «Furcht ist das Registrieren einer Gefahr; Angst ist der unangenehme Gefühlszustand, der durch die Stimulation von Furcht hervorgerufen wird.»

Diese Version erklärt, warum es mir so schwerfiel, meinen Rücken gerade zu biegen, als ich an jenem Morgen an dem Fußweg zum Beratungszentrum stand. Beck beschreibt zwei wesentliche Stadien bei der Entwicklung von klinischer Angst. Im ersten Stadium wird die Furcht stimuliert – das heißt, es wird eine Bedrohung registriert – und ein «unangenehmer Gefühlszustand hervorgerufen». Das ist noch relativ harmlos, denn der unangenehme Gefühlszustand ist zwar in der Tat sehr unangenehm, aber zugleich vertretbar. Jeder hat schon mal in einer Situation Angst gehabt, in der diese Angst tatsächlich gerechtfertigt war, zum Beispiel wenn man auf die Ergebnisse einer medizinischen Untersuchung wartet. Aber wenn man zum ersten Mal eine Angst erlebt, die in keinem offensichtlichen Zusammenhang mit einer logischen Bedrohung steht und in einer Situation auftritt, in der die allermeisten Menschen nicht mit Angst reagieren würden, weiß man sofort, dass etwas nicht stimmt. Es fühlt sich schräg an. Es fühlt sich *verrückt* an. Und das ist gut so. Es bedeutet, dass man noch eine Chance hat. Das ist der optimale Zeitpunkt, um sich zu einem Therapeuten, in den Wald oder in einen Aschram zu flüchten. Das ist der richtige Moment – bevor die mächtige, rachgierige Hand Jehovas das Tor zuschlägt –, um zurück ins Paradies zu hechten und sich fest an einen gut verwurzelten Baum zu klammern. Denn eins ist sicher: Das Tor *wird* sich schließen. So funktioniert das Gehirn. Es bildet beängstigend schnell Gewohnheiten. Und Becks unangenehmer Gefühlszustand ist ein sich selbst erhaltender kleiner Mistkerl. Furcht – ganz gleich, wovor – beschwört ihn herauf, und da er von Natur aus zapplig und nervös ist, sucht er sogleich nach anderen Dingen, vor denen man Angst haben könnte. Er reagiert auf Furcht, indem er nach Furcht Ausschau hält, und da die Welt nun mal so ist, wie sie ist, wird er auch fündig. Und so dreht sich das Karussell der Angst ohne Unterlass, von der Furcht zur Angst zur Furcht zur Angst zur Furcht zur Angst, in einer Endlosschleife. Das ist das zweite Stadium, und es ist wirklich schwierig, da wieder herauszukommen.

Unmöglich ist es aber nicht. Es gibt durchaus Mittel und Wege, um den Teufelskreis zu durchbrechen. Die meisten davon sind natürlich mühsam. Sie verlangen von einem, dass man in monate- oder jahrelanger Arbeit die Denkgewohnheiten ändert, die man sich im Laufe des Lebens angeeignet hat. Kurzum, sie verlangen nach irgendeiner Form von Therapie. Was aber, wenn ebenjene Denkgewohnheiten einen davon abhalten, einen Therapeuten aufzusuchen? Was, wenn man, wie in meinem Fall, so ängstlich ist, dass man sich nicht einmal bewegen, geschweige denn rational denken kann? Wie überwindet man diese Lähmung?

Die merkwürdige Antwort, die ich an jenem Morgen für mich entdeckte, lautete: Man tut es einfach. Selbst in schlimmen Situationen, in denen Pflicht oder Verzweiflung einem scheinbar keine Wahl lassen, kann man seinem Willen folgen. So wie der Lorax aus dem Kinderbuch von Dr. Seuss, der sich am Ende selbst am Hosenboden packt und in den Himmel hievt. Genauso besitzt jeder von uns die Fähigkeit, sich dem Angstzustand zu entwinden und zu handeln, und sei es auch nur für einen Moment.

Fast hätte ich aufgegeben. Fast wäre ich zum Studentenwohnheim und nach Long Island zurückgekehrt. Aber während ich dastand und mit besonders zwanghaftem Eifer an meinen Nägeln kaute, hörte ich plötzlich das Geräusch eines Autos, das in meine Richtung fuhr, und dieselbe Angst vor Bloßstellung, die mich zuvor gelähmt hatte, motivierte mich nun dazu, den ersten Schritt zu tun. Das bedeutete, dass ich eine beinahe athletische Denkart annehmen musste: Ich stellte mir meinen bewussten Willen als eine träge, vor sich hin dösende Figur in meinem Kopf vor und tat so, als wäre es meine Aufgabe, sie wachzurütteln, damit sie diesen Job für mich erledigen konnte. Es war, als wäre mein Wille einer dieser ehemaligen Cops in Actionfilmen, die vor Jahren den Dienst quittiert haben, der Welt überdrüssig sind und von der Polizei um Hilfe gebeten werden, weil die Stadt von ungeheuer einfallsreichen Terroristen bedroht wird und dringend ein Retter her muss, einer mit kaputtem Knie und Fünftagebart, der sich einen Dreck um die Befehlsgewalt der zuständigen Instanzen schert.

Zunächst lief es nicht gut. Während ich einen Schritt nach vorn machte, und dann noch einen, war ich alles andere als ruhig. Das vorherrschende Gefühl glich eher dem von akuten Beschwerden im unteren Magen-Darm-Trakt. Jeder Muskel meines Körpers fühlte sich bleiern an, wie bei der Leichenstarre.

Dann bekam ich irgendwie den Dreh raus. Das heißt, ich fand einen Bewegungsablauf, mit dem ich klarkam und den ich beibehalten konnte. Meine Arme fingen an, leichter zu schwingen, meine Hüften wippten hin und her, mein Kopf saß gerade auf den Schultern. Zum ersten Mal kostete ich von der Erkenntnis, dass dies möglich war. Die Mechanik meines Daseins ließ es zu, dass das, was ich empfand, nicht mit dem übereinstimmte, was ich tat, und das sagt, glaube ich, etwas darüber aus, wie merkwürdig der bewusste Wille ist, der ohne fein bemessene pharmazeutische Interventionen nur von sich selbst aktiviert werden kann – wie Gott, der sich selbst erschafft. Nicht, dass ich mich, während ich den Fußweg entlanglief, mit Metaphysik beschäftigte. Eines der Dinge, die einen die Angst unmissverständlich lehrt, ist, wie zutiefst *körperlich* das Denken sein kann, wie konkret. Ein Angstzustand ist kein geeigneter Moment, um in Abstraktionen zu schwelgen. Es gibt nur dich und dein Denken, das Fäuste hat und sie benutzt. Es mag dualistisch und unlogisch sein zu behaupten, die Angst sei ein Kampf mit dem eigenen Kopf. Philosophisch gesehen mag das keinen Sinn ergeben. Aber wenn man mitten in der Angst steckt? Inmitten der kognitiven Scheiße? Dann kann man das wirklich nur so sehen.

Der Therapeut war wahrscheinlich der einzige Mensch außerhalb eines Stummfilms, der sich mit der Hand über den Bart strich, um deutlich zu machen, dass er überlegte. Er war klein und dünn und höchstens dreißig. Sein Sprechzimmer, das er offenbar mit anderen jungen Klapsdoktoren teilte, erinnerte an das Büro einer wissenschaftlichen Hilfskraft, die an einer zweitrangigen Fakultät ihr Dasein fristet. Es war kaum größer als ein Geräteschuppen, und auch nicht viel aufgeräumter. In den billigen Aluminiumregalen türmten sich Aktenmappen – Fallbeschreibungen, nahm ich an; die Lebensgeschichten und wöchentlichen Offenbarungen der heimlich Betrübten. Der Raum bot kaum genug Platz für die Stühle, auf denen wir uns gegenübersaßen. Als der Therapeut seine Hosenbeine zurechtzog, küssten sich unsere Knie.

«Also, was führt dich heute zu mir?», fragte er.

Mir sank das Herz. *Was führt dich heute zu mir?* Es war eine so abgedroschene Frage wie aus einem schlechten Drehbuch. Hätte er sich nicht etwas Besseres einfallen lassen können? Das war kein gutes Zeichen. Da er erst mein zweiter Therapeut war, wusste ich noch nicht, dass der einleitende Satz bei allen Therapeuten irgendwie abgedroschen klingt. Es gibt keine besonders originelle Formulierung, um jemanden zu fragen, warum er sich so schlecht fühlt, dass er Hilfe braucht. Im Grunde tut mir der Therapeut am Anfang immer leid, weil er vor der schwierigen Aufgabe steht, dem Patienten seine Vorgeschichte und seine Probleme zu entlocken und zugleich Respekt einflößend und mitfühlend zu wirken. «Wie kann ich Ihnen helfen?» «Erzählen Sie mir etwas über sich.» «Was macht Ihnen zu schaffen?» Im Vergleich zu den Alternativen war «Was führt dich heute zu mir?» gar nicht so schlecht. Es war eine offene Frage, im Präsens formuliert und auf den Hilfesuchenden, nicht auf sein Hilfsgesuch gerichtet.

«Ich leide unter Angst», sagte ich, und sofort durchfuhr mich die Erkenntnis, dass ich das noch nie so gesagt hatte. Nie zuvor hatte ich das Wort «Angst» in dieser Form gebraucht. Normalerweise verwendete ich das Adjektiv: «Ich fühle mich ängstlich.» Im Beipackzettel meiner Xanax-Tabletten hatte ich gelesen, dass das Mittel ein «Anxiolytikum» war, was wörtlich so viel bedeutete wie «Angstlöser», von lateinisch *anxietas*, Ängstlichkeit. Ich wusste, dass all die Wörter, die zur Beschreibung meines Zustands verwendet wurden – Traurigkeit, Depression, Nervosität, Verzweiflung, Dissoziation, Zwang, Zerstreutheit, Selbstbezogenheit, Hysterie,

Unruhe, Niedergeschlagenheit – wie Satelliten um das eigentliche Wort kreisten, das eigentliche Geschehen: die Angst. Aber hier ging es nicht nur um sprachliche Genauigkeit. Die therapeutische Umgebung machte die Dinge komplizierter. Wenn man zu einem Therapeuten sagt: «Ich leide unter Angst», hat das Wort nicht mehr nur eine beschreibende Funktion; es signalisiert auch eine gewisse Ergebenheit, eine Verneigung vor der Autorität der Pathologie.

Was der Therapeut dann tat, überraschte mich erneut. Der Arme war wahrscheinlich genauso nervös wie ich, denn nachdem er ein paar Sekunden lang verständnisvoll genickt hatte, griff er hinter sich in eines der Regale, zog ein dickes psychologisches Handbuch heraus und begann, darin zu blättern. Als er die Seite gefunden hatte, die er suchte, strich er sich ein paarmal müde über den Bart und las.

«Angst», las er vor, «Angst ist ein anhaltender Zustand von Besorgnis und Unruhe, der bei unterschiedlichen psychischen Störungen auftritt und für gewöhnlich mit Zwangsverhalten oder Panikattacken einhergeht.» Er blickte auf. «Trifft das auf dich zu?», fragte er. «Würdest du sagen, dass das dein Befinden richtig beschreibt?»
Ich nickte. «Ja, ich denke schon. Das trifft ungefähr zu.»

Er blätterte die Seite um. Sein Bart erhielt weitere Streicheleinheiten.

«Hier in dem Buch gibt es eine Tabelle», sagte er. «Eine Liste mit Kriterien, die uns dabei helfen, festzustellen, ob das, was du empfindest ... also, ob das ein Problem ist oder nicht. Ich lese dir diese Liste vor. In Ordnung?»
«Ja. O.k.»
«Also gut», sagte er. «Nummer eins. Würdest du sagen, dass du in den letzten sechs Monaten häufiger ängstlich warst als nicht?»
«Äh, nein. Nicht wirklich. Es ist ziemlich neu. Diesmal zumindest. Es ist nicht das erste Mal. Ich hatte das schon mal. Aber dieses Mal ist es erst seit ungefähr einem Monat so, seit das College angefangen hat. Aber es ist schlimm, wirklich schlimm. Eben ständig.»
«Das wäre also ein ‹Nein›.» Er lehnte sich über seinen Schreibtisch und notierte etwas. «Das ist gut. Das ist ein gutes Zeichen. Machen wir mit Nummer zwei weiter. Würdest du sagen, dass es dir schwerfällt, deine Besorgnis zu kontrollieren?»
«Oh ja, unbedingt. Ja.»

Er kritzelte wieder etwas. «Nummer drei. Antworte bitte mit ‹Ja› oder ‹Nein›, wenn ich dir die folgenden Symptome vorlese. Fühlst du dich ruhelos, angespannt oder nervös?»

«Ja.»
«Bist du schnell erschöpft?»
«Ja.»
«Fällt es dir schwer, dich zu konzentrieren?»
«Ja.»
«Bist du gereizt?»
«Ja.»
«Hast du Muskelverspannungen?»
«Ja.»
«Und Schlafstörungen? Schwierigkeiten, einzuschlafen oder durchzuschlafen? Kein erholsamer Schlaf?»
«Ja.»
«O. k. Sechs von sechs mit ‹Ja› beantwortet.»
«Ist das schlecht?»

Er schlug einen neutralen Ton an. «Es gibt hier kein gut oder schlecht. Wir versuchen nur, herauszufinden, was dich belastet. Also, Frage Nummer vier ... Nein, diese Frage kann ich dir nicht stellen. Sie ist ziemlich fachspezifisch. Machen wir mit fünf weiter. Würdest du sagen, dass deine Angst zu Beeinträchtigungen in sozialen, beruflichen oder anderen wichtigen Funktionsbereichen führt?»

Ich hatte das Gefühl, dass ich losheulen würde, wenn ich etwas sagte, also nickte ich nur.

«Heißt das ‹Ja›?»

Ich nickte noch heftiger. Er machte ein mitfühlendes Gesicht. «Ich weiß, dass das schwer ist. Wir haben's gleich geschafft.»

Ich nickte.

«Nummer sechs. Sind deine Angstsymptome die direkte körperliche Folge eines Medikaments, einer Droge oder eines allgemeinen Krankheitsfaktors, wie zum Beispiel einer Schilddrüsenüberfunktion? Kann eine affektive Störung oder eine psychotische Störung als Ursache ausgeschlossen werden? ... Nein, warte. Vielleicht ist diese Frage auch zu schwierig für dich.

Ich fing an zu husten, um gegen die Tränen anzukämpfen.

«Vielleicht sollten wir einfach –» Er blätterte wieder in dem Buch, während mein Husten immer lauter wurde. «Vielleicht wäre es gut, wenn wir –» Jetzt schlug er den Index auf und fuhr mit der einen Hand über die Einträge, während er sich mit der anderen über den Bart strich. «Vielleicht sollten wir uns einfach ein bisschen unterhalten.»
«Aber glauben Sie –»
«Mal schauen, was dabei herauskommt. Erzähl doch einfach mal, was du so empfindest.»
«Glauben Sie –»
«Versuche einfach, es ganz genau zu beschreiben.»
«Glauben Sie, dass etwas mit mir nicht stimmt?»

Er lehnte sich weit in seinem Stuhl zurück. Unsere Knie berührten sich wieder.

«Ich kann das nicht mit letzter Sicherheit sagen», meinte er. «Aber auf jeden Fall ist hier etwas aus dem Lot geraten.»

10 Leute aus dem Buch

Irgendwie schaffte ich es, über den Fußweg zurück auf den eigentlichen Campus zu gelangen. Nach der Therapiesitzung wirkte das College noch fremder und abweisender als zuvor. Als ich in den Schatten des Gebäudes trat, in dem die Naturwissenschaften untergebracht waren, kam mir eine Statistik in den Sinn, die unsere Tutorin bei der Erstsemesterführung über den Campus beiläufig erwähnt hatte. Zu Beginn eines jeden Studienjahres verkündete sie den Neuankömmlingen und ihren versammelten Familien, dass mehr Mäuse zu experimentellen Zwecken geköpft werden, als Studierende einen Hochschulabschluss machen. Ich beeilte mich, wieder ans Sonnenlicht zu kommen.

Ich befand mich jetzt am Fuße eines Hügels, auf dem der imposante Nachbau einer mittelalterlichen Burg – mitsamt Gefechtstürmen, Kragbögen, Strebepfeilern und Zinnen – thronte. Dort erblickte ich durch vereinzelte Eichen hindurch den Eingang zur Bibliothek, und meine Stimmung besserte sich schlagartig. Ich war nicht mehr in der Bibliothek gewesen, seit ich dort vergebens meine therapeutischen Atemübungen gemacht hatte. Wie so viele Orte in meinem Leben hatte die Bibliothek die mulmige Aura meines Unbehagens angenommen.

Das kam mir auf einmal ungeheuer dumm vor. Die Bibliothek – natürlich! Die Bibliothek war die Lösung für mein Dilemma, der einzige Ort auf dem Campus, wo ich mir vorstellen konnte, die Abgeschiedenheit zu finden, die ich jetzt brauchte, und die Erleuchtung, nach der ich strebte. Ich würde die Therapie im Beratungszentrum nicht fortsetzen (meinen Eltern erzählte ich das Gegenteil). Ich fand, dass ich selbst mehr erreichen konnte als irgendein frischgebackener Seelenklempner, indem ich die Buchregale durchforstete und auf eigene Faust Anregungen und Ratschläge suchte. Bei einem Therapeuten ist man gezwungen, dazusitzen und in seinem Innern herumzustochern, egal, wie ängstlich man gerade ist. Mit Büchern war das anders: Man konnte jederzeit aufhören, indem man das Buch einfach zuklappte. Wenn ein Buch nicht das Richtige war, wenn man es zu abgehoben oder banal fand oder wenn dort nicht das stand, wonach man suchte, konnte man einfach ein anderes aufschlagen. Die Bibliothek war das perfekte Sanatorium für mich. Wieso war ich bloß nicht früher darauf gekommen?

Nun, jetzt wusste ich es, und diese Erkenntnis führte mich durch die Eingangstür, vorbei an den Computern und dem Geklapper der Tastaturen, ins untere Stockwerk. Die nächsten acht Wochen bis zu den Winterferien verbrachte ich fast ausschließlich in dem gruftartigen Untergeschoss der Bibliothek.

Vor ein paar Monaten schickte mein Bruder Scott mir eine E-Mail mit Anhang. «Ich dachte, es interessiert dich vielleicht, was dabei herausgekommen ist», schrieb er. Der Titel des angehängten Dokuments lautete *dasbuchscott.doc*. Es bestand aus fünf Kapiteln – «Disziplin», «Erkenntnis», «Angst», «Kreativität» und «Zur allgemeinen Stärkung» –, die insgesamt etwa vierzig Zitate enthielten. Scott hatte diese Zitate mehrere Monate lang gesammelt, seit seine Frau ein Kind bekommen und er zur selben Zeit eine neue Stelle angetreten hatte. Die Hypochondrie machte ihm wieder mal zu schaffen. Sein Ziel war es, Lebensweisheiten in einem kompakten Band – einer Art Ratgeber – zusammenzustellen, die ihm halfen, sich aufzurappeln, wenn er das Gefühl hatte, mit den Nerven am Ende zu sein.

Einer der Gründe, warum Scott sich die Mühe gemacht hatte, war Neid. Meine Brüder und ich sind in einem jüdischen, aber weitgehend säkularen Elternhaus aufgewachsen. Wir haben zwar alle unsere Bar-Mizwa gefeiert, wissen aber wenig über die religiösen Schriften und glauben noch weniger daran. Scott ist der Auffassung, dass die mangelnde Religiosität uns psychisch gehandicapt hat. «Wenn man mal darüber nachdenkt, ist es nicht fair», erklärte er mir, als er mit dem Projekt begann. «Um uns herum gibt es lauter Menschen, die mit diesen tragbaren kleinen Bündeln von Gewissheit in die Welt gesetzt wurden, mit diesen fantastischen Grundlagentexten. Man hat sie ihnen gleich nach der Geburt überreicht – fertig redigiert, legitimiert, autorisiert. Sie mussten sie nicht erst selbst zusammenstellen. Es gibt sieben Milliarden Menschen auf der Erde, und neunzig Prozent davon haben solche Schriften. Und was haben wir? Was haben wir bekommen? Nichts. Ein paar Filme und ein paar von Dads Witzen. Wir sind auf See. Wir sind immer auf See gewesen.»

Es bleibt abzuwarten, ob *Das Buch Scott* die Kluft zwischen meinem Bruder und der frommen Welt schließen wird. Aber als ich es kürzlich überflog (Milton: «Wer über seine Leidenschaften, Begierden und Ängste herrscht, ist mehr als ein König.» Santayana: «Wenn der Mensch erst einmal seine selbstsüchtige Angst vor der Endlichkeit überwunden hat, überwindet er gewissermaßen auch seine Endlichkeit.» Flaubert: «Schweig und fahr fort!»), bedauerte ich, während der langen Monate, die ich in den Eingeweiden der Collegebibliothek verbrachte, nicht etwas Ähnliches gehabt zu haben, etwas, an dem ich mich hätte orientieren können. Die Eigenschaften, die Scotts Sammlung umfasste – Einfachheit, Achtsamkeit, Pragmatismus, Gleichmut –, waren genau das, was eine ängstliche Person braucht, um eine echte und nachhaltige Änderung ihres Zustands herbeizuführen. Jede therapeutische Lektüre, die irgendwann für irgendwen irgendwie nützlich gewesen ist, dreht sich um diese Eigenschaften. Mit meinen achtzehn Jahren wusste ich nicht, dass sie es waren, wonach ich hätte suchen sollen.

In einer Bibliothek gibt es viele Abteilungen, wo ein Angstmensch Trost und Selbsterkenntnis finden kann: Lyrik, Philosophie, Theologie, Psychologie, Kunst. Da ich Geschichten mag, zogen mich die Belletristikregale magisch an. In einer düsteren Ecke im ersten Untergeschoss nahm ich einen Tisch zwischen den Buchstaben V und W der amerikanischen Literatur des 20. Jahrhunderts in Beschlag, und zwischen den Lehrveranstaltungen, die ich gewissenhaft besuchte, begann ich, das Angebot nach dem Zufallsprinzip zu durchforsten.

In den engen Gängen zwischen den Regalreihen stehend überflog ich die ersten Zeilen der Bücher und las dann all jene, von denen ich annahm, sie könnten meine Angst von ihren trotzigen Höhen herunterlocken. Nabokov hat einmal gesagt, man solle die Wirkung, die ein Buch auf einen ausübt, mit dem Kopf, dem «oberen Ende der kribbelnden Wirbelsäule» bemessen. Meine Messlatte war der Eiszapfen in meiner Brust. Wenn er bei den ersten Sätzen eines Romans anfing zu schmelzen, trug ich das Buch zu meinem Tisch und las darin weiter. Wenn er anschwoll und stach, schlug ich das Buch zu und stellte es wieder ins Regal. Auf diese Weise unterzog ich die Meisterwerke der modernen amerikanischen Literatur einer Art neurotischer Ad-hoc-Analyse. James, Faulkner, O'Connor, Cheever, DeLillo, Gaddis und Pynchon gehörten zu denen, die aus irgendeinem unterbewussten Grund zu viel Angst bei mir auslösten, als dass ich mich hätte in sie vertiefen können. Die Autoren, die für mich in Frage kamen, waren unter anderem Hemingway, Bellow, Updike, Doctorow und Styron. Aber der Schriftsteller, den ich damals mit der größten Begeisterung las und der meinen Zustand mit solch verblüffender Präzision zum Ausdruck zu bringen schien, dass seine Romane nicht nur ein Trost, sondern auch eine Erklärung – eine diagnostische Quelle – darstellten, war Philip Roth. Als ich Roth entdeckte, hatte ich das Gefühl, den Rosetta-Stein meiner Angst gefunden zu haben.

Ich spürte gleich eine Affinität zu diesem Autor. Das erste Buch von Roth, das ich aus dem Regal zog, war *Der Ghost Writer*. Es war, als blickte ich in einen Spiegel. Hier taucht zum ersten Mal Roths Alter Ego, der Schriftsteller Nathan Zuckerman auf, der mich irgendwie an mich selbst erinnerte: ein lesewütiger, sensibler, libidinöser junger Mann, der versucht, nach einer behüteten Kindheit in einem liebevollen jüdischen Elternhaus sein Glück zu machen. Nein, das muss anders heißen: der versucht, *trotz* einer behüteten Kindheit in einem liebevollen jüdischen Elternhaus sein Glück zu machen. Denn das ist genau der Konflikt, der krasse, schmerzvolle, skandalumwitterte Konflikt, um den sich die Geschichte dreht. Zuckerman, der kurz zuvor noch ein «orthodoxer College-Atheist» und Intellektuellen-Azubi war, hat eine Geschichte veröffentlicht, die auf einer peinlichen Episode aus der Vergangenheit seiner Familie beruht. Aus diesem Grund stößt er zum ersten Mal auf die Missbilligung seiner Eltern. Übertrieben ehrgeizig, leidenschaftlich und idealistisch wie er ist, will er der Welt seinen Willen aufzwingen und stellt fest, dass er den Interessen seiner gefürchteten und zugleich vergötterten Familie stärker verpflichtet ist und ihrer Autorität und Liebe – vor allem der Liebe, nach der er süchtig ist – mehr Bedeutung zumisst, als er es je für möglich gehalten hätte.

In ihren Einzelheiten war Zuckermans Geschichte nicht meine. Ich konnte mir kaum vorstellen, mit meinem Vater eine erbitterte Auseinandersetzung darüber zu führen, ob literarische Integrität wichtiger ist als ethnische Solidarität oder umgekehrt. Mein Vater hätte vermutlich für die Literatur Partei ergriffen. Und doch fühlte es sich an wie meine Geschichte. Es *atmete* wie meine Geschichte. Der Roman legte eine Pein bloß, der ich noch in keinem Roman begegnet war und die mir seltsam vertraut war: das gleichzeitige Verlangen, die eigene Familie zu beschützen und zu verehren und sich ihr zu entziehen. Nachdem ich den *Ghost Writer* ein zweites Mal gelesen hatte, nahm ich mir sofort Roths andere Bücher vor, und während ich sie den Herbst über in chronologischer Reihenfolge in mich aufsog – von *Goodbye, Columbus* bis *Operation Shylock* –, stieß ich immer wieder auf dasselbe Thema, das Roths Werk hartnäckig durchzieht, auf die gleiche unlösbare Spannung, und ich begann eine Theorie zu erarbeiten, warum mir Roths Darstellung seiner Familie so bekannt vorkam.

Die entscheidende Eingebung kam mir beim Grübeln über meine Umgebung. Wann immer ich es wagte, mich von meinem Tisch in der Bibliothek zu entfernen, und aus dem schummrigen Kellergeschoss emporstieg und blinzelnd in das gleißende Tageslicht trat – verstohlene Ausflüge in feindliches Gebiet, bei denen ich mir kurz die Beine vertrat, nur um rasch wieder abzutauchen –, blickte ich durch die großen Fenster auf den Campus und dachte, *Ich will nicht hier sein.* Ich wollte nie hier sein. Trotzdem war ich hier. Warum war ich hier?

Jedes Mal, wenn ich mir diese Frage stellte, landete ich bei derselben tiefgründigen, verstörenden Antwort.

Meine Mutter. Meine Mutter war der Grund, weshalb ich hier war.

Es war ihre Idee gewesen. Als mein letztes High-School-Jahr begann, hatte sie mir nahegelegt, mich in Brandeis zu bewerben. Ich fand das absurd. «Warum soll ich ausgerechnet dahin gehen?», sagte ich. Ich versuchte ihr klarzumachen, warum das unlogisch war. Das College, so argumentierte ich, war dazu da, den Horizont zu erweitern, etwas Neues und Unbekanntes und Unerprobtes zu testen. Im Idealfall sollte es so sein wie der Wechsel von Schwarzweiß zu Technicolor in *Der Zauberer von Oz*. Die Studierenden in Brandeis waren zu zwei Dritteln jüdisch, genau wie die Mitschüler an meiner High School. Wenn ich, sagen wir, in den Ozark Mountains in Arkansas aufgewachsen wäre, würde es Sinn machen, dorthin zu gehen, einfach um zu sehen, wie es ist, zur Abwechslung mal der Minderheit anzugehören. Aber ich bin in Long Island aufgewachsen. Um mich herum wimmelte es nur so von Juden. Jeder dritte Freund ein Aaron, jede dritte Freundin eine Rachel; jedes Wochenende eine Bar-Mizwa oder Bat-Mizwa. Die Gottesdienste an den hohen Feiertagen waren so überfüllt, dass die Leute Eintrittskarten auf dem Schwarzmarkt anboten. «Ma», sagte ich, «in dieser Stadt gibt es gerade mal zwei schwarze Familien, und eine davon geht in die Synagoge. Was soll das bringen?»

Aber sie bestand darauf. Sie appellierte an meine praktische Seite. Ich musste die Anzahl meiner Bewerbungen erhöhen. Ich musste mich bei mehr Colleges bewerben, bei denen die Aussicht auf ein Stipendium bestand. Ich sollte ein College besuchen, in dem ich mich sicher fühlen konnte. Und dann der Fangschuss: Warum war das so eine große Sache? Wozu die Streitereien? Wenn ich den Studienplatz bekam und nicht dorthin wollte, musste ich ja nicht hingehen.

«Tu es mir zuliebe», sagte sie, «um mich bei Laune zu halten. Füll die Bewerbungsunterlagen aus.»

Ich hielt sie bei Laune. Zu dem Zeitpunkt hatte meine Angst so weit nachgelassen, dass ich Humor wieder zu schätzen wusste. Kierkegaard, so lernte ich später, war der Auffassung, dass zwischen Humor und Angst eine inverse Beziehung besteht. Humor setzt eine gewisse Distanziertheit zu den Dingen voraus, während Angst ein Zustand ist, in dem man sich fürchterlich auf die Dinge fixiert. Was Brandeis betraf, so kannte ich es vor allem von einer mehr oder weniger witzigen Anekdote: Ursprünglich sollte das College Einstein University heißen, aber als die Gründer in den 1930er Jahren dem großen Physiker diesen Vorschlag unterbreiteten, sträubte der sich dagegen. Das ist sehr freundlich von Ihnen, meinte er, aber mein Leben ist ja noch nicht vorbei. Was, wenn ich etwas Schlimmes tue? Was, wenn sich herausstellt, dass meine Arbeit, nun … zerstörerisch ist? Kurze Zeit später drängte er Roosevelt dazu, die Atombombe zu bauen. Den «schlimmsten Fehler meines Lebens», nannte er das später. Ha, ha.

Wie sich herausstellte, bot Brandeis mir nicht nur einen Studienplatz an, sondern auch ein Vollstipendium. Ich würde keinen Cent zahlen müssen. Das war schmeichelhaft, aber ich ahnte nicht, welche Auswirkungen dieses Angebot auf meine Mutter haben würde. Der finanzielle Anreiz, der damit verbunden war, verwandelte sich schnurstracks in einen emotionalen. Meine High School war eine jener vorstädtischen Schulen, die bis obenhin mit Hochleistern vollgestopft waren – dutzende und aberdutzende Teenager mit heimlicher Medikamentenabhängigkeit und vorzeitigen Magengeschwüren, die in außerschulischen Aktivitäten glänzten. Ich hatte ganz ordentliche Noten, legte aber keinen großen Wert darauf, ein guter Schüler zu sein. Jetzt wurde mir auf einmal empfohlen, Wert darauf zu legen. Meine Mutter meinte, ich sei so lange von Menschen mit besseren Noten umgeben gewesen, dass mein Selbstwertgefühl darunter gelitten habe; meine jüngste Angstepisode sei ein Beweis dafür, dass es mir an Selbstvertrauen mangelte. Das Stipendium, das Brandeis mir in Aussicht stellte, sei eine Gelegenheit, um die Wertschätzung der anderen zu gewinnen und mein Selbstbewusstsein zu stärken. Es sei eine Gelegenheit, so die Botschaft meiner Mutter, «ein großer Fisch in einem kleinen Teich» zu sein.

Dieses Argument verwirrte mich in mehrerlei Hinsicht. Zuallererst hatte ich nicht das Gefühl, dass mein Selbstbewusstsein unbedingt aufgepäppelt werden musste. Sicherlich hatte ich eine schwierige Zeit durchgemacht. Aber ich war auf dem Weg der Besserung. Außerdem hatte ich noch nie den Ehrgeiz gehabt, ein «großer Fisch» zu sein. Ein engagierter Fisch, das schon. Ein interessierter Fisch. Abgesehen davon war Brandeis nicht irgendein kleiner Teich. Es war ein kleiner jüdischer Teich. Offenbar spielten bestimmte ethnische und religiöse Überlegungen bei meiner Mutter eine Rolle. Das kam mir seltsam vor, weil ich nie den Eindruck gehabt hatte, dass meine Eltern Wert darauf legten, unsere jüdische Identität über das gesellschaftliche und familiäre Mindestmaß hinaus zu pflegen: Fünf oder sechs Jahre halbherziger Religionsunterricht in der hebräischen Schule; eine verschwenderische Bar-Mizwa mit gemieteten Tänzern und einem riesigen Dessertbuffet; einmal im Jahr ein Sederabend, bei dem die epische Geschichte von Moses und dem Auszug des israelitischen Volkes aus der Gefangenschaft in Ägypten eher im Schnelldurchlauf gelesen als erzählt wurde, um möglichst rasch zum eigentlichen Tagesordnungspunkt, dem Essen, zu kommen. Offenbar hatte ich hier etwas missverstanden. Ich war davon ausgegangen, dass das ganze jüdische Zeug bei uns ungefähr den Stellenwert geerbter Möbelstücke einnahm, aber anscheinend bedeutete es meiner Mutter immerhin so viel, dass die Vorstellung, es würde im Leben ihrer Kinder keine Rolle spielen, ein nicht unerhebliches Maß an Bestürzung bei ihr hervorrief. Einmal, als wir eine Tour durch Georgetown machten und ich von der würdevollen Gemessenheit der Jesuiten beeindruckt war, sah sich meine Mutter lange um und meinte: «Mir wird ganz mulmig, bei den vielen Kreuzen!» Dann fragte sie den Reiseführer, wo sich das jüdische Hillel-Kolleg befand.

Ein selbstbewussteres Kind hätte sich von all dem nicht beeinflussen lassen. Ein selbstbewussteres Kind hätte das getan, was es wollte, und sich sein College selbst ausgesucht. Genau das war der Punkt, ging mir auf. Es war die plausibelste Antwort auf die Frage, die ich beantworten wollte – nicht nur: «Was mache ich hier?», sondern, was viel wichtiger war: «Was stimmt nicht mit mir?» Welcher Defekt war für diese schreckliche Angst verantwortlich?

Welcher Defekt? Vielleicht war ich ein Schwächling? Vielleicht war ich leicht rumzukriegen? Vielleicht war ich auf schändliche, verachtenswerte, erbärmliche, uneingeschränkte Weise fügsam? Vielleicht war ich so willensschwach, dass ich womöglich gar keinen Willen hatte?

Das passte. Das war die passende Erklärung dafür, warum ich in Brandeis gelandet war, die passende Erklärung dafür, wie ich meine Jungfräulichkeit verloren hatte, und die passende Erklärung dafür, warum ich beide Male zusammengebrochen war. Selbst jemand, der nicht weiß, dass er sich unterwirft, spürt es instinktiv. Sein Körper registriert den Akt der Unterwerfung. Und ich habe mich nie gefügt, ohne es zu wissen. Nie. Wann immer ich Dinge tat, die ich nicht tun wollte, war ich mir dessen bewusst. Ich erkannte meine Bedürfnisse intuitiv, ignorierte diese Intuition jedoch mit geradezu sklavischer Bereitschaft. Wenn ich eine Entscheidung treffen musste, machte ich mit meiner Intuition genau das Gegenteil von dem, was alle anderen mit ihr machen würden. Ich behandelte sie nicht wie eine nützliche, wegweisende Botschaft aus den Untiefen meiner Persönlichkeit, sondern wie eine misstrauische, vage, dubiose Stimme, die man am besten zugunsten von vermeintlich objektiveren Daten ignorierte, sprich, zugunsten der Meinung anderer Leute. Ich schloss die Augen und ließ mich von anderen führen. Wie sollte ich da keine Angst haben?

Ich machte aber nicht meine Mutter für meinen schwachen Willen verantwortlich. Verstehen Sie mich nicht falsch. Das war nicht die Lehre über Angst, die ich aus der Lektüre von Roth zog, obgleich ich die deftigen ödipalen Schimpftiraden in *Portnoys Beschwerden* höchst amüsant fand. Ich hegte keinen Groll gegen irgendeine mythische, böse, kastrierende Mutterfigur. Im Gegenteil, als ich aus den Untiefen der Bibliothek auftauchte, hatte ich mehr Verständnis für meine Mutter als je zuvor; mir war klar geworden, wie ähnlich wir uns waren, und ich empfand diese Ähnlichkeit als beruhigend. Ich konnte sogar etwas gequält darüber lachen, wo unser kleines kollegiales Psychodrama mich hinverschlagen hatte. Es war gewissermaßen perfekt. Meine angstbesessene Mutter hatte es tatsächlich geschafft, ihren angstbesessenen Sohn an die Ängstlichen par excellence auszuliefern – an die Juden. Dank Roth konnte ich meiner Lage jetzt etwas Komisches abgewinnen.

Ich *musste* ihr einfach etwas Komisches abgewinnen. Es war das einzige brauchbare Rezept gegen die Pathologie, die Roths Bücher diagnostizierten. Worauf sie hinausliefen, war, dass meine Angst mein Geburtsrecht war. Es handelte sich nicht um eine Panikstörung oder um eine generalisierte Angststörung oder um sonst eine Störung, die im *Diagnostischen und statistischen Manual psychischer Störungen* aufgeführt ist. Vielmehr war es eine *jüdische* Störung – eine genetische und umweltbedingte Erkrankung, die darin bestand, dass man gleichzeitig in zwei verschiedene Richtungen gezogen wurde: Rebellion auf der einen und das Streben nach Anerkennung auf der anderen Seite; der Wunsch nach einem aufregenden Leben einerseits und nach einem konventionellen Leben andererseits; Egoismus auf der einen und Selbstlosigkeit auf der anderen Seite. Was ich da mit mir herumschleppte, war nichts Psychiatrisches. Es war etwas Ethnisches, so wie das Tay-Sachs-Syndrom, das bei aschkenasischen Juden gehäuft auftritt, oder die Vorliebe für geräucherten Fisch. Und wenn ich Roth richtig verstanden hatte, war es nicht heilbar.

Es war eine Erleichterung. Nachdem ich zu dieser Schlussfolgerung gelangt war, fühlte ich mich erleichtert. Sie verlieh meiner Angst einen Schimmer von … nun, vielleicht nicht von Normalität, aber zumindest von sanktionierter Anomalität. Sie maß meinem Zustand eine ehrbare, eine historische Bedeutung bei, die etwas mit meiner Stammeszugehörigkeit zu tun hatte. Da Roths Romane auf dieses Thema fixiert sind, war mir allerdings klar, dass nicht alle Juden dieser Auffassung sind. Genau wie sein Schöpfer zieht der arme Zuckerman den Zorn vieler jüdischer Leser auf sich, weil er in seinen Büchern kein besonders schmeichelhaftes Bild von den Juden malt. («Sehr geehrter Mr. Zuckerman, giftiger, geringschätzender und gehässiger kann man über Juden kaum schreiben …»). Das Letzte, was Zuckermans Vater auf dem Sterbebett zu seinem Sohn sagt, wobei er ihm in die Augen starrt, ist «Bastard». Und am Schluss von *Portnoy* setzt Roth seinen Protagonisten geschickt dem Zorn seines genauen Gegenteils aus, einer mutigen, entscheidungsfreudigen, moralisch resoluten israelischen Soldatin:

> «Als der Abend dämmerte, hatte sie mir zu verstehen gegeben, dass ich der Inbegriff alles Schmachvollen in der ‹Kultur der Diaspora› war. Die vielen Jahrhunderte der Heimatlosigkeit hatten genau solche unangenehmen Männer wie mich hervorgebracht – verängstigt, defensiv, selbstverachtend, geknechtet und korrumpiert vom Leben in der nichtjüdischen Welt. Es waren Diaspora-Juden wie ich, die zu Millionen in die Gaskammern gegangen waren, ohne je eine Hand gegen ihre Verfolger zu erheben, weil sie schlicht nicht wussten, wie sie ihr Leben mit ihrem Blut verteidigen sollten. Die Diaspora! Schon das Wort brachte sie zur Weißglut.»

Trotz aller Verunglimpfungen gab es innerhalb und außerhalb Roths fiktionaler Welt niemanden, der bestritten hätte, dass solche verängstigten, selbstverachtenden, unangenehm überdrehten Juden existierten. Wie hätte man das auch leugnen können? Schließlich gab es uns wirklich. Wir waren real. *Ich* war real. Meine Mutter war real. Mein Bruder Scott war real. Lenny Bruce und Woody Allen und Jules Feiffer und Fran Lebowitz waren real. Diese Jahrhunderte der Heimatlosigkeit hatte es tatsächlich gegeben, und worauf Roths Bücher zumindest teilweise hinauswollten, war, dass das unaufhörliche Kopfzerbrechen, zu dem zwei Jahrtausende des jüdischen Herumwanderns angeblich geführt hatten, nicht nur berechtigt war, sondern überlebenswichtig. Die Exegese – die endlose, verschlungene, gehirnverknotende, gequälte Auslegung der Heiligen Schrift – war die eigentliche Seele der jüdischen Erfahrung. Die Gojim, die Nichtjuden, lasen die Bibel und nur die Bibel. Die Juden lasen die Tora, aber nicht nur die, sondern auch das, was tausende längst verstorbene, streitsüchtige, umständlich denkende Gelehrte darüber geschrieben hatten: All jene Auslassungen darüber, was die Tora bedeuten oder nicht bedeuten könnte und was zu tun ist, wenn sie anscheinend zwei unterschiedliche Dinge gleichzeitig bedeutet, und was das gleichzeitige Vorhandensein von zwei unterschiedlichen Bedeutungen über die Bedeutung im Allgemeinen sagen will, und darüber, was Gott möglicherweise über die Bedeutung im Allgemeinen sagen wollte oder nicht, und darüber, wie all das unser Verständnis von göttlicher Autorität, Ethik, säkularer Gesetzgebung beeinflussen sollte oder nicht, und so weiter und so fort, in einem endlosen, heillosen Durcheinander. Das ist das Judentum. Diese Streitsucht war der Motor seiner Entwicklung. Und ob es einem gefällt oder nicht, so schien Roth zu sagen, sie ist Teil des psychischen Erbes der Juden. In «Eli, der Fanatiker», einer seiner frühesten Erzählungen, wird ein junger jüdischer Anwalt damit beauftragt, die Betreiber einer chassidischen Jeschiwa zu vergraulen, die sich zum Unmut der assimilierten jüdischen Bewohner in der «fortschrittlichen Vorortgemeinde» angesiedelt haben, und am Ende legt er in einer ironischen Wendung die Kleidung des Oberrabbiners an, mitsamt breitkrempigem Hut und Gebetsschal und allem Drum und Dran. Alle glauben, Eli habe einen Nervenzusammenbruch erlitten. In Wirklichkeit, so Roth, «hatte er das Gefühl, diese schwarzen Kleidungsstücke wären die Haut seiner Haut [...] er wollte auf ewig in diesem schwarzen Anzug herumlaufen, während die Erwachsenen im Flüsterton über seine Seltsamkeit redeten und die Kinder mit dem Finger auf ihn zeigten und ‹Pfui ... pfui› machten.»

Diese Trotzhaltung angesichts der Scham macht vielleicht den größten Reiz an Roths Werk aus. Die meisten von Roths Protagonisten sind keine guten Menschen. Sie sind eher anmaßend, egoistisch, frauenverachtend und eitel. In einigen Fällen sind sie ausgesprochen unmoralisch. Aber sie sind fast immer ungeheuer ehrlich, sogar – oder vor allem – auf Kosten ihrer eigenen Ruhe und Gelassenheit. Sie schrecken nie vor der Wahrheit zurück, auch nicht, wenn die Wahrheit entsetzlich ist. Ihr Wille zur Selbsterkenntnis hat fast etwas Tyrannisches an sich.

Das faszinierte mich. Ich verherrlichte das kompromisslose Wesen der Charaktere, denn durch sie schien sich die Vorstellung von Angst als etwas Pathologisches in nichts weniger als eine Tugend zu verwandeln – ein heroisches Persönlichkeitsmerkmal. Sie litten, die Menschen in Roths Romanen. Und wie sie litten! Aber ihr Leid war Teil ihres Scharfsinns. Sie weigerten sich, auch nur ein Fitzelchen ihrer Intelligenz für eine stupide, gewöhnliche Bequemlichkeit zu opfern. In dieser Hinsicht erinnert Roth an Kierkegaard, und da ich die Risiken noch nicht kannte, sog ich die Botschaft in mich auf: Es war keine Schande, ängstlich zu sein, sondern eine göttliche Berufung. Es bedeutete, dass man sich der Widersprüche des Lebens bewusst war und für das wirkliche Wesen der Dinge offener war als alle anderen. Es bedeutete, ein Mensch zu sein, der mit schärferen Augen sah und mit aktiverer Haut fühlte. Es bedeutete, ein Künstler zu sein, und ich wollte mit von der Partie sein.

Episode drei

11 Die Fakten

Bestimmte Berufe sollte ein Angstmensch unter allen Umständen meiden, wenn er auch nur ein kleines bisschen sensibel ist: Wärter in einem Hochsicherheitsgefängnis, Bergarbeiter, Unfallchirurg, Arbeiter auf einer Offshore-Bohrinsel, Mafiascherge, CIA-Agent, investigativer Journalist in Moskau, Strafrichter in Bogotà, Drogenfahnder in Tijuana (Mexiko), Rikschafahrer in Neu Delhi, politischer Karikaturist in Pjöngjang, Regisseur von Schwulenpornos in Teheran und Oppositionsführer in irgendeinem zentralafrikanischen Land.

Hier ist noch einer: Faktenprüfer bei einer großen amerikanischen Zeitschrift.

Tatsächlich gibt es unter den Berufen, die vernünftigerweise für Angstmenschen verboten werden sollten – so wie Fabrikarbeit für Minderjährige verboten ist oder die Kontrolle des Flugverkehrs für Blinde –, vermutlich keinen, der so denkbar ungeeignet ist wie der Job des Faktenprüfers. Das liegt daran, dass diese Tätigkeit von einem Ideal lebt, das für den Angstmenschen ohnehin schon ein Problem darstellt: die Perfektion. Das Streben nach Perfektion ist der kleine Dämon, der die ängstliche Psyche heimsucht, wobei das Attribut «klein» in diesem Satz einen tieferen Sinn hat. Bei einigen der oben genannten Berufe werden Entscheidungen über Leben und Tod getroffen; sie erfordern höchste Wachsamkeit, weil viel auf dem Spiel steht. In einem Zustand akuter Angst ist der Betroffene ebenso wachsam wie ein Chirurg oder Pilot, mit dem Unterschied, dass er nicht die gleiche Veranlassung zu dieser Wachsamkeit hat. Die Wachsamkeit des Angstmenschen steht in keinem Verhältnis zu der tatsächlichen Bedrohung beziehungsweise zu der Bedeutsamkeit oder Folgenschwere seines Handelns.

Die Aufgabe des Faktenprüfers besteht darin, den Wahrheitsgehalt der Artikel zu prüfen, die in einer Zeitschrift veröffentlicht werden sollen. Je nachdem, um was für eine Zeitschrift es sich handelt, kann das alles sein, vom Klatsch über die Öffnungszeiten eines Restaurants bis hin zu politisch brisanten Enthüllungsgeschichten oder Rezensionen von anspruchsvoller Literatur. Was jedoch immer gleich bleibt, egal für welche Art von Zeitschrift der Faktenprüfer arbeitet, ist das, wonach er den lieben langen Tag sucht: Fehler. Fehler jeder erdenklichen Art – kleine, große, fachliche, logische, peinliche, wissenschaftliche, grammatikalische, grundsätzliche oder grafische Fehler, Darstellungs-, Druck-, Interpunktions-, Leichtsinns- oder Zuordnungsfehler. Das ist das Einzige, womit sich der Faktenprüfer beschäftigt, sobald er sich morgens an den Schreibtisch setzt, und das Einzige, was er gemacht hat, wenn er am Ende des Tages wieder geht. Er wird ausschließlich dafür bezahlt, dass er die Früchte der Arbeit anderer Leute nach Makeln, Mängeln und völligem Quatsch durchforstet. Das führt nicht selten zu einer problematischen geistigen Verfassung. Für den Journalisten, der einem ständigen Kontrollprozess ausgesetzt ist, ist der Faktenprüfer ein unerbittlicher Fahnder, der jede winzige Schwachstelle unter die Lupe nimmt und genauestens untersucht. Dabei ist es der Prüfer, der die Psyche des Verfolgten hat, denn er lebt in ständiger Angst davor, zu versagen. Sein berufliches Ansehen und sein Selbstwertgefühl verlangen von ihm, dass er ständig auf der Hut ist und sich keinen Ausrutscher und keine Unaufmerksamkeit erlaubt. Er ist die letzte Instanz, die letzte Verteidigungslinie der Zeitschrift. Ein Faktenprüfer zu sein ist, als spiele man den Videospielklassiker *Kaboom!*, bei dem man wie wild hin- und herspringen muss, um kleine bunte Bomben aufzufangen, die vom oberen Bildschirmrand herunterfallen, mal schneller, mal langsamer, mal mehr, mal weniger, aber ohne Unterlass, und man darf sich keinen Fehler erlauben, sonst heißt es *Boom!* – Game over.

Sara Lippincott, eine frühere Faktenprüferin, hat einmal gesagt: Wenn sich in die gedruckte Ausgabe irgendeiner angesehenen Zeitschrift ein Fehler einschleicht, «lebt er in den Bibliotheken dieser Welt auf ewig weiter, sorgfältig katalogisiert, penibel indiziert und elektronisch gespeichert. [...] Und so führt er einen Forscher nach dem anderen über alle Zeiten hinweg an der Nase herum, und alle machen aufgrund des ursprünglichen Fehlers neue Fehler, und so weiter und so fort, bis zu einer exponentiellen Explosion von Errata.»

Eine exponentielle Explosion von Errata. Wie Sie inzwischen bemerkt haben werden, bringt dieser Satz ziemlich genau zum Ausdruck, wie meine Angst tickt. Ihre Defaulteinstellung ist das fortwährende, lähmende Bewusstsein, dass selbst die banalste Entscheidung der Dreh- und Angelpunkt des Schicksals sein kann, der das persönliche Armageddon heraufbeschwört. Wenn ich sterbe, wird auf meinem Grabstein stehen: HIER RUHT DANIEL SMITH. ER LEBTE IN STÄNDIGER ANGST VOR EINER EXPONENTIELLEN EXPLOSION VON ERRATA.

Die Zeitschrift, für die Sara Lippincott arbeitete, war der *New Yorker*. Der *New Yorker* hat die Faktenprüfung mehr oder weniger erfunden. Dann hat er sie exportiert und damit den amerikanischen Journalismus für immer verändert. Eines der Magazine, an das der New *Yorker* die Faktenprüfung exportierte, war das *Atlantic Monthly*. Dabei handelte es sich um einen direkten Export, wie bei Kolumbus, der die Pferde in die Neue Welt einführte. Der Mann, der für die Einführung der Faktenprüfung verantwortlich war, hieß William Whitworth, ein hochrangiger Redakteur beim *New Yorker* und, so dachten alle, der designierte Nachfolger des langjährigen Chefredakteurs William Shawn. Aber Whitworth war sich nicht so sicher, ob er den Job bekommen würde beziehungsweise ob er ihn überhaupt wollte. Ein Millionär und Herausgeber einer anderen Zeitschrift wollte ihn abwerben – für die Stelle des Chefredakteurs beim *Atlantic*. Im Jahr 1980 nahm er den Job an und zog nach Boston, wo das *Atlantic* 123 Jahre zuvor gegründet worden war. Die Zeitschrift verfügte bereits über eine Faktenprüfungsabteilung, die jedoch längst nicht den hohen Standards entsprach, an die Whitworth gewöhnt war. Er schuf sofort Abhilfe, indem er einen ehemaligen Faktenprüfer vom *New Yorker* damit beauftragte, das *Atlantic* in eine skrupellose Fehlersuchmaschine zu verwandeln. Neunzehn Jahre später trat ich, frisch vom College kommend, eine Stelle als redaktioneller Mitarbeiter beim *Atlantic* an. «Redaktioneller Mitarbeiter» bedeutete beim *Atlantic* «Faktenprüfer».

Wie kann ich die Anziehung beschreiben, die ein Magazin wie das *Atlantic* auf einen jungen Mann mit meinem Hintergrund ausübte? Als ich die Stelle dort antrat, befanden sich die Büros der Redaktion im fünften Stock eines umgebauten Lagergebäudes im North End von Boston. Die allmorgendliche Fahrt in dem stählernen Aufzug kam mir vor, als würde ich den Gipfel irgendeines brahmanischen Olymps besteigen. Dieser Effekt war natürlich gewollt. Das Erste, was man sah, wenn man sich dem Portal näherte, war eine große sepiafarbene Reproduktion der Titelseite der allerersten Ausgabe des *Atlantic* vom November 1857. Darauf war ein aus dem 17. Jahrhundert stammendes Holzschnittportrait von John Winthrop abgebildet, Gouverneur der Massachusetts Bay Colony, der die berühmte Metapher von der «Stadt auf einem Hügel» prägte. Das Zweite, was einem entgegenblickte, wenn man durch die Eingangstür ging, war eine gerahmte Zeichnung des Karikaturisten Edward Sorel. Sie zeigte drei der *Atlantic*-Gründer, die auf den Redakteur und Schriftsteller William Dean Howells anstoßen; Anlass war ein legendäres Dinner, das 1860 im Bostoner Parker

House Hotel stattfand. Howells war zu jenem Zeitpunkt dreiundzwanzig Jahre alt, also nur zwei Jahre älter als ich damals, und er war von seiner Heimatstadt in Ohio an die Ostküste gereist («ein frommer junger Pilger aus dem Westen», wie er sich später beschrieb), nur um die «Berühmtheiten Neuenglands», die Vertreter der American Renaissance zu sehen, die damals in vollem Gange war. Natürlich hoffte er auch, dass die «Berühmtheiten» auf ihn aufmerksam werden würden. Sorels Zeichnung erinnert an die stürmische Erfüllung dieser Hoffnung. Die drei Männer, die dem jungen Howells zuprosten, sind die bedeutendsten und mächtigsten kulturellen Persönlichkeiten jener Zeit: Oliver Wendell Holmes, gefeierter Essayist, Mediziner und Erfinder; James Russell Lowell, Dichter, Literaturkritiker, Satiriker und der erste Herausgeber des *Atlantic;* und James T. Fields, Verleger von Literaturgrößen wie Tennyson, Thackeray, Emerson und Hawthorne und Träger des zweifellos coolsten Bartes im Amerika der Vorbürgerkriegszeit (Howells: «Er wallte in homerischen Locken seinen Hals hinab»). Es war das erste Dinner in Howells Leben, das in Gängen serviert wurde, und das erste im Kreise einer literarischen Elite. Er war begeistert.

«Nun, James», sagte Holmes zu Lowell, als sie alle Platz nahmen: «Dies ist so etwas wie die apostolische Nachfolge – das Handauflegen.»

Ich brauchte gar kein Handauflegen, um mir bewusst zu machen, dass ich zu einer Institution Zugang erhalten hatte, die das Landei Howells als «die gute Luft der hohen Literatur» bezeichnete: das *Atlantic*, dessen Herausgeber er elf Jahre später werden sollte. Es war nicht zu übersehen. Stolze 142 Jahre nach seiner Gründung beschloss das *Atlantic*, seine Autoren und Redakteure nicht mehr mit sämtlichen Vornamen zu nennen. Das war jedoch die einzige Neuerung, die seit General Lees Niederlage bei Appomattox im April 1865 durchgesetzt wurde. Das Gebäude brummte nur so vor Yankee-Korrektheit der alten Schule – was so viel heißt wie, dass es überhaupt nicht brummte. Die Arbeit wurde in vornehmem Schweigen verrichtet, hinter geschlossenen Bürotüren oder in ruhiger Beratungsrunde an einem großen Tisch, der nach Manier der alten Griechen als «Agora» bezeichnet wurde. Und man schrieb auf Papier. Im Jahr 1991! Auf echtes, leibhaftiges, eigens zu diesem Zweck hergestelltes Papier! Als hätte damals nicht jede Zeitung, jedes Magazin und jede literarische Ein-Mann-Zeitschrift längst den Sprung ins digitale Editing getan. Als wäre der technische Fortschritt irgendwann um den 8. Mai 1945 herum eingefroren worden.

Es war fantastisch. Es war alles, was ich mir erträumt hatte. Es fühlte sich an wie ein Zuhause, im besten Sinne des Wortes; wie ein Ort des Rückzugs, der Behaglichkeit und des Wohlbefindens; wie ein Schoß, in dem sich meine Psyche zusammenrollen und einschlafen konnte. Mein Kopf brauchte dieses Zuhause, davon war ich überzeugt.

Im Laufe der nächsten drei Jahre entdeckte ich ein einfaches, leidvolles Muster, nach dem meine Angst kam und ging: Im College in Massachusetts war sie stets vorhanden, aber auszuhalten gewesen; zu Hause in Long Island war sie stets vorhanden, aber kaum auszuhalten. Es passierte jedes Mal, wenn ich in den Ferien nach Hause fuhr. Auf halbem Weg über die Throgs-Neck-Brücke, der Long-Island-Sund unter mir; wenn der Greyhound-Bus in der Dämmerung in den Port-Authority-Busbahnhof einfuhr; wenn der Logan-LaGuardia-Shuttle hart auf der Rollbahn aufschlug; wenn ich zur Anzeigetafel in der Penn Station hochschaute, die sämtliche in ihren Eingeweiden vorhandenen Buchstaben durchblätterte, während ich auf Informationen über den Zug wartete, der mich Richtung Osten bringen würde, über all die Haltestellen, deren Namen ich den Schaffner so oft hatte ausrufen hören – Woodside, Jamaica, Hillside Facility, New Hyde Park, Merillon Avenue, Mineola, Carle Place, Westbury, Hicksville ... Es war wie ein Gebet. Ganz gleich, wie ich reiste, bei der letzten Etappe spürte ich, wie meine Rippen kalt wurden und meine Gedanken hektisch. Ich tauchte in einen Angstnebel ein, der sich erst wieder lichtete, wenn ich denselben Punkt auf der Rückfahrt erreicht hatte, Wochen oder Monate später. Zuerst dachte ich, es sei der ferienbedingte Müßiggang, der ebenso Ruhebank der Angst wie des Teufels ist. Dann schob ich es auf die Jahreszeiten – im tiefen Winter und im Hochsommer florierte meine Angst eben besonders. Irgendwann kam ich aber zu dem offensichtlichen Schluss, dass es mein Zuhause war. Die Atmosphäre dort löste so vorhersehbar meine Angst aus, wie Smog zu Asthma führt.

Die Reaktion war beinahe chemisch. *War* tatsächlich chemisch. Zu Hause zu sein lockerte all die Bänder der neurologischen Kontrolle, die ich in den Monaten seit meinem letzten Aufenthalt festgezurrt hatte. Es handelte sich nicht einfach nur um Regression, wenngleich das auch eine Rolle spielte – das bekannte Syndrom, bei dem die erwachsene Psyche, und ganz besonders die erwachsene jüdische Psyche, bei der Rückkehr nach Hause in ein früheres Entwicklungsstadium zurückfällt (Portnoy: «Guter Gott, ein jüdischer Mann, dessen Eltern noch leben, ist ein fünfzehnjähriger Junge und wird es bleiben, bis sie sterben! Sagte ich fünfzehn? Verzeihen Sie, ich meinte zehn! Ich meinte fünf! Ich meinte null! Ein jüdischer Mann, dessen Eltern noch leben, ist die Hälfte der Zeit ein hilfloser *Säugling!*»). Es war bewusster als das. Inzwischen hatte ich erkannt, dass ich ein Gefühl von Kontrolle hatte, solange ich meine Angst auf einem beherrschbaren Niveau halten konnte. Eine träge, geordnete Umgebung war das Bollwerk, das ich brauchte, um gegen mein ungeordnetes Inneres anzukommen. Und mein Zuhause, wie alle sehen konnten, war nicht gerade der Inbegriff von Ordnung und Kontrolle. Mit meiner Mutter am Ruder war es eher der Inbegriff eines Zirkus – übermütig, sensationell, unterhaltsam, voller Lärm und Energie. Es war das Kryptonit der Selbstverbesserung. Zu Hause zu sein beraubte mich meiner schützenden Aura, und wenn ich Mitte Januar oder Ende August endlich ins College zurückkehrte, war ich wie ein Wackelpudding, den man zu früh aus dem Kühlschrank genommen hatte.

Wissen Sie, ich verlangte ja gar nicht viel. Ich hatte keine hochgesteckten Ziele. Ich wollte einfach nur ein netter, kalter Wackelpudding sein.

Die Büroräume des *Atlantic* strahlten die beruhigende Atmosphäre eines Lesesaals aus und erinnerten auch sonst an eine Bibliothek: Die Wände waren mit Regalen vollgestellt, die mit ledergebundenen Bänden früherer Ausgaben, Reiseliteratur, Geschichts- und Kochbüchern, wissenschaftlichen Büchern und jeder erdenklichen Art von Nachschlagewerken gefüllt waren. Ich liebte es, durch die Gänge zu streifen und zu stöbern. Bei dem behäbigen Tempo, das damals noch beim *Atlantic* herrschte, konnte man sich erlauben zu stöbern.

Und was man dabei alles fand! In einem halbdunklen, abgelegenen Raum gab es zahlreiche Aktenschränke aus Aluminium, in denen die *Atlantic*-Korrespondenz der letzten Jahrzehnte lagerte – ein lebhafter Austausch zwischen mächtigen Herausgebern und literarischen Schwergewichten. «Liebe Ms Oates ...», «Lieber Mr Naipaul ...», «Lieber Mr Bellow ...», «Lieber Mr Nabokov ...». Ich saß auf einem verstaubten, ramponierten alten Sofa zwischen den Schränken und einer IBM-Selectric-Schreibmaschine und las einen Ordner nach dem anderen, während ich alles um mich herum vergaß. Ein Ordner, den ich mehrmals und mit dem heimlichen Vergnügen eines Voyeurs las, war mit ROTH, PHILIP beschriftet. Wie seine Romane und Erzählungen vermittelte Roths Korrespondenz den Eindruck eines kompromisslosen, entschlossenen, wachen Geistes.

Der Ordner enthielt den Briefwechsel zwischen dem Autor und Whitworth, eine Korrespondenz, die fast zwanzig Jahre zurückreichte und größtenteils die Gutachten über Manuskripte betraf, die Roth im Stillen für das Magazin schrieb. Seine Einschätzungen der Texte, die man ihm zu lesen gab, waren ausgesprochen pointiert. «Ich hätte mir gewünscht, dass dieser Aufsatz gut ist», schrieb er, «aber er ist es nicht.» Oft waren sie lustig: «Ich mag keine Geschichten über Kids, die am Ende eines Absatzes ‹Jesus› sagen.» Manchmal nahm er sich auch heraus, in einer Klage über das Gelesene seine persönlichen Empfindungen kundzutun: «Im Moment fühle ich mich ein bisschen wie ein gestrandeter Wal, der darauf wartet, dass das Wasser steigt und ihn in tiefere Gewässer spült.» Manchmal prahlte er auch: «Wie schade, dass Sie nicht zu meiner Lesung kommen konnten – die haben mir die Bude eingerannt.» Manchmal wirkte er auch verzweifelt, etwa in diesem Brief aus dem Sommer 1993: «Das stinkt doch zum Himmel, oder? Der Fall Janet Malcolm hat mich sehr deprimiert, wie ich Ihnen, glaube ich, schon sagte, und noch mehr hat mich der Fall Bill Clinton deprimiert.»

Dann, im Jahr 1995, schrieb der oberste Literaturkritiker des *Atlantic*, ein alter, griesgrämiger Witwer, der Pelzmützen trug und eine Gauloise nach der anderen rauchte, eine Rezension über Roths neuestes, ehrgeiziges Werk *Sabbaths Theater*, das er mit zwei hochnäsigen Zeilen niedermachte: «Um gegen den unausweichlichen Tod zu protestieren, ist sexuelle Ausschweifung ebenso nutzlos wie alles andere. In Mr Roths neuestem Roman ist sie zudem noch langweilig.» Daraufhin holte Roth, der sich in seinem Stolz verletzt sah, eiskalt zum Gegenschlag aus und beschuldigte Whitworth, seine Pflicht als Herausgeber verletzt zu haben, weil er es zuließ, dass die Kritik veröffentlicht wurde.

Whitworths Reaktion war ein Ausbund an Diplomatie. Er brachte sein aufrichtiges Bedauern zum Ausdruck, zeigte aber keine Reue. Er erklärte, dass er die Grammatik seiner Autoren korrigieren oder sie daran hindern konnte, ethnische Gruppen zu beleidigen, aber: «Ich kann ihnen nicht vorschreiben, was sie denken sollen.» Er erinnerte an die vielen bewundernden Kritiken, die das *Atlantic* über Roths Bücher veröffentlicht hatte, und fügte hinzu, dass er sein Werk «mehr als das aller anderen zeitgenössischen Autoren» schätzte. Nach ein paar Jahren kehrte die Korrespondenz zu ihrem alten, freundschaftlichen Ton zurück.

Alles war so, wie es sein sollte. Der Autor tobte und schmollte, und das Magazin bewahrte einen kühlen Kopf. Das Magazin bewahrte immer einen kühlen Kopf. Einen kühlen Kopf zu bewahren war Teil seines puritanischen Erbes, und schon allein deswegen konnte es für einen jungen Mann in meiner Verfassung nur gesund sein, dort zu arbeiten. Obgleich die Reserviertheit, die beim *Atlantic* herrschte, manchmal einschüchternd war, versuchte ich, eine nützliche Lehre daraus zu ziehen, nämlich, wie man mit weniger Angst und Bangen lebt – wie man Emotionen verbirgt und sie dadurch weniger empfindet.

Und manchmal war es tatsächlich einschüchternd. Knapp einen Monat nach meiner Einstellung arbeitete ich gerade in meinem Büro, als ich plötzlich den Umriss einer Gestalt auf meinem Computerbildschirm sah. Ich wirbelte mit meinem Stuhl herum und sah Whitworth im Türrahmen stehen. Er war eine dünne, auffallende Erscheinung mit einer glänzenden, von grauem Haar umrandeten Glatze und einem dichten Bart, wie ihn seine Vorgänger im 19. Jahrhundert getragen hatten. Er trug eine Fliege und einen dreiteiligen Anzug, der in Falten an ihm herabhing. Ich war ihm nie zuvor begegnet.

«Hallo», sagte er.

«Hallo.»

«Ich bin Bill.»

Ich gab zu verstehen, dass ich das wusste.

«Ich würde Ihnen gerne eine Frage stellen», sagte er. Whitworth stammte aus Little Rock und sprach mit einem melodischen, langgezogenen Südstaatenakzent. In den 1960er Jahren hatte er für die *New York Herald Tribune* über die Bürgerrechtsbewegung berichtet und Beiträge für den *New Yorker* geschrieben. Ich hatte Ehrfurcht vor ihm. «Ich stelle diese Frage einigen jüngeren Mitarbeitern.»

«In Ordnung», sagte ich und wappnete mich.

Eine kleine Ewigkeit schaute er nur auf seine Schuhe, als ob dort irgendetwas geschrieben stünde. Schließlich blickte er auf und sagte: «Also, wer ist Ihrer Meinung nach für den Holocaust verantwortlich?»

Der Holocaust! Offen gestanden, damit hatte ich nicht gerechnet. Ich weiß nicht, womit ich gerechnet hatte, aber damit nicht. Eine grammatikalische Frage vielleicht. Oder eine Frage über Literatur oder ein naturwissenschaftliches Thema oder die Jugendkultur. Aber der *Holocaust?* Warum in Gottes Namen stellte er ausgerechnet mir eine Frage über den Holocaust? Plötzlich überkam mich eine Paranoia, wie ich sie noch nie erlebt hatte. Fragte er mich, weil ich … Konnte es sein, dass … Ich meine, stellte er diese Frage wirklich auch anderen jungen Mitarbeitern? Fragte er die

Gojim? Ich war hier der einzige Jude unter vierzig, und ich war ihm nicht zufällig über den Weg gelaufen. Konnte es sein, dass –

Da fiel es mir ein. Die Zeitschrift bereitete eine Coverstory vor, über das Londoner Verleumdungsverfahren des Militärhistorikers und Holocaustleugners David Irving gegen die Historikerin Deborah Lipstadt, Autorin des Buches *Betrifft: Leugnen des Holocaust*. Es war ein langer, komplizierter Artikel, der sich nicht nur mit den Einzelheiten der «Endlösung» und dem kollektiven Gedächtnis befasste, sondern auch mit den Winkelzügen des britischen Verleumdungsgesetzes. In gewisser Weise stellte mir Whitworth tatsächlich eine Frage zur Jugendkultur. Er wollte wissen, was junge Menschen über den Holocaust wussten und dachten. Ich beschloss, ihn zu beeindrucken.

«Nun», sagte ich, «darüber gibt es natürlich konträre Ansichten. Ungeachtet der Kontroverse, die Daniel Goldhagen mit seinem Buch ausgelöst hat und die meines Erachtens völlig übertrieben war, ist seine These, dass der Holocaust das Ergebnis einer eliminatorischen Form von Antisemitismus in der deutschen Bevölkerung selbst war, zumindest diskussionswürdig. Dasselbe gilt für Überlegungen, die die Gleichgültigkeit der Alliierten, insbesondere der Amerikaner, gegenüber dem Schicksal der Juden in Europa hervorheben. So schmerzvoll es auch sein mag, darüber nachzudenken, geschweige denn darüber zu reden: Man darf auch nicht vergessen, dass die meisten europäischen Juden, vor allem die in Österreich und Polen, das Ausmaß der Bedrohung durch die Nazis zu spät erkannt haben und nicht entschieden genug dagegen vorgegangen sind. Wenn man an die Wurzeln der Tragödie gehen will, muss man sich natürlich mit der wirtschaftlichen Brutalität des Versailler Vertrags auseinandersetzen. Ich meine, ich kann verstehen, warum man den Kaiser dafür zur Verantwortung zog, dass –»

«Nein», unterbrach er mich. «Das meine ich nicht. Ich meine, wer genau.»

«Wer genau?»

«Wer genau war Ihrer Meinung nach für den Holocaust verantwortlich?»

Ich machte ein Gesicht, wie Kinder es machen, wenn sie nicht wissen, ob man sie auf den Arm nimmt oder nicht. Whitworths eigener Gesichtsausdruck bot mir keine Orientierung.

«Hm», sagte ich, und dann nochmal: «Hm ... Adolf Hitler?»

Er nickte. Er schien erfreut zu sein. «O. k.», sagte er. «Danke für Ihre Hilfe.» Dann drehte er sich um und ging. Das Einzige, was ich noch hörte, war das leiser werdende Klappern der Geldmünzen in seinen Hosentaschen und mein Herzklopfen.

Ich hätte mich ohrfeigen können. *Adolf* Hitler? Warum hatte ich bloß den Vornamen genannt? Welchen anderen Hitler hätte ich schon meinen sollen? Chuck Hitler? Moe Hitler? Elizabeth Hitler? «Aha, Hitler – aber welchen Hitler meinen Sie denn?» Nachdem ich mit der obligatorischen Selbstzerfleischung fertig war, dämmerte es mir, dass ich aus der kurzen Begegnung mit Whitworth einen therapeutischen Nutzen ziehen konnte. Wahrscheinlich war es irgendeine Befürchtung, vielleicht sogar ein Funken Angst gewesen, was Whitworth an meine Tür getrieben hatte. Ohne ein konkretes Anliegen hätte er sein Büro bestimmt nicht verlassen – das tat er nie. Vielleicht befürchtete er, dass der Name Hitler bei den Lesern meiner Generation keinen großen Nachhall mehr fand, dass wir nicht richtig begriffen, was geschehen war, und wenn doch, dass es uns mehr oder weniger egal war. Sollte Whitworth diese Befürchtung tatsächlich gehabt haben, wäre das ziemlich neurotisch – ich meine, hier ging es um Hitler, nicht um Bill Cosby. Das mit dem Nachhall ändert sich nicht von einer Generation zur nächsten. Auf jeden Fall brachte Whitworth seine Befürchtung – wenn er sie denn hatte – nicht zum Ausdruck. Er platzte nicht damit heraus und versuchte auch nicht, sich zu rechtfertigen. Genauso wenig verbiss er sich die Frage oder blendete sie aus. Er ging praktisch und direkt vor. Er dachte bei sich: «Ich habe diese quälende Befürchtung. Wie kann ich sie am besten ausschalten?» Dann überlegte er sich, wie, und schritt zur Tat.

Et voilà! Keine Befürchtung mehr.

Je länger ich über seine Vorgehensweise nachdachte, desto weiser erschien sie mir. Je länger ich darüber nachdachte, desto mehr erinnerte sie mich an den Job, den ich hier machte. Was hatte Whitworth schließlich anderes getan, als seine Angst einer Faktenprüfung zu unterziehen? Er hatte genau nach dem Prinzip gehandelt, das ich auf die Manuskripte und Druckfahnen anwenden sollte, die man mir vorlegte: dass es für jedes Problem eine Lösung gibt – man muss nur wissen, wo und wie man danach sucht. Logisch. Das war der Leitgedanke, und in jenem frühen Stadium meiner Laufbahn erschien er mir unter therapeutischen Gesichtspunkten als sehr vielversprechend.

Der ganze Prozess des Faktenprüfens erschien als therapeutisch vielversprechend. Man brachte mir bei, dass der erste Schritt eines Faktenprüfers darin bestand, den Artikel, den man ihm zugewiesen hatte, methodisch durchzugehen und jedes Wort, das auch nur einen Hauch von Faktizität verströmte, sauber zu unterstreichen: Namen, Daten, Zahlen, Beschreibungen von körperlichen Merkmalen, Berufsbezeichnungen und akademische Titel, Anekdoten, Zitate, Bildnachweise ... einfach alles. Oft war am Ende fast jedes Wort unterstrichen. Aber der Faktenprüfer durfte sich davon nicht abschrecken lassen. Der Ablauf verlangte von ihm, möglichst systematisch vorzugehen – entweder der Reihenfolge nach, oder, falls der Text es gestattete, nach Sachgebieten. Dazu wurden die einzelnen Wörter farbig markiert und dann Absatz für Absatz auf ihre Quellen hin überprüft. Jedes Mal, wenn der Prüfer die Faktizität einer Angabe bestätigt hatte, sollte er das entsprechende Wort sorgfältig durchstreichen, bevor er mit dem nächsten weitermachte.

Bei jedem unterstrichenen Wort musste sich der Faktenprüfer zunächst fragen: Wie lässt sich am effizientesten feststellen, ob diese Behauptung korrekt ist? Manchmal war die Antwort einfach – dass die Magna Carta im Jahr 1215 ratifiziert wurde, kann man in jedem Lexikon nachschlagen. In der Regel musste man aber mehr tun, zum Beispiel Quellen finden, Interviewtranskripte und Zeitungsartikel lesen und obskures Referenzmaterial sichten. Manchmal gab es überhaupt kein klares Ergebnis. In solchen Fällen war ein wenig Kreativität gefragt. Zum Beispiel stammte einer der ersten Texte, die man mir vorlegte, aus der Feder eines jungen Schriftstellers namens Doherty, der eine Zeitlang als Fernfahrer gearbeitet und einen Essay über seine Erlebnisse geschrieben hatte. Darin beschrieb er unter anderem die Orte entlang seiner Strecke, wo es sich am besten pinkeln ließ: «Wenn man in Alabama den Interstate 65 Richtung Süden fährt, ist die Ausfahrt 318 ein echter Geheimtipp. Die Abzweigung führt an einer sechs Meter hohen Felswand entlang, an der sich verwegene Kiefern und Ranken mit orangefarbenen Blüten festklammern. Grillen zirpen.»

In der Bibliothek des *Atlantic* fand ich einen Straßenatlas, mit dessen Hilfe ich verifizieren konnte, dass es auf dem Interstate 65 Richtung Süden tatsächlich eine Ausfahrt 318 gibt, die in Alabama – genauer, in Falkville, Alabama – liegt, etwa fünfzig Meilen südlich der Grenze zu Tennessee. Was ich allerdings nicht überprüfen konnte, war, ob wirklich jedes Mal, wenn Doherty an dieser Stelle seine Blase entleerte, Grillen zirpten. Das war eine jener Behauptungen, bei denen der Faktenprüfer das Kürzel «on au» an den Rand schreiben durfte, was so viel bedeutete wie «laut Autor». Mithilfe eines fünfundzwanzig Jahre alten Artikels aus dem *Florida Entomologist* («Ein morphologischer Schlüssel zu Feldgrillen im Südosten der Vereinigten Staaten») konnte ich mich jedoch vergewissern, dass die im Südosten der USA beheimatete Feldgrillenart *Gryllus rubens* in diesem Teil von Alabama tatsächlich lautstark vertreten ist. Kopfzerbrechen bereitete mir eine andere Sache: Wie sollte jemand, der wie ich an einem Schreibtisch in Boston saß, bestätigen, dass eine 1200 Meilen entfernte Interstate-Ausfahrt an einer sechs Meter hohen Felswand entlangführt, an der sich Nadelbäume und Schlingpflanzen mit orangefarbenen Blüten festklammern? Einen Tag vor Redaktionsschluss war dieser Satz der einzige, den ich noch nicht durchgestrichen hatte. Schließlich holte ich tief Luft und suchte die Nummer der Polizeistation in Falkville heraus. Der Sergeant am anderen Ende der Leitung hörte belustigt zu, als ich ihm mein Problem schilderte. Dann schickte er einen Officer los, der sich den Bewuchs der Felswand anschauen sollte.

In diesem Fall ließen sich die Fakten also überprüfen. Manchmal war das aber nicht möglich, und dann war der Faktenprüfer gezwungen, sich zu überlegen, welche Lösung er dem Autor am besten vorschlug. In manchen Fällen – sie waren selten, aber es gab sie – war die Behauptung des Autors schlichtweg falsch: Kolumbus segelte danach 1493 nach Amerika, der Comedian Shecky Greene wurde zum Außenminister unter Franklin D. Roosevelt und der Basketballspieler Wilt Chamberlain war homosexuell. Hier gab es keinen Verhandlungsspielraum – der Autor musste sich der Realität beugen. Viel häufiger waren hingegen die Fälle, in denen die Realität selbst umstritten war. Besonders oft ging es dabei um direkte Zitate. Wenn der Faktenprüfer die Quelle dann anrief, stellte er oft fest, dass diese dem Wortlaut keineswegs freudig beipflichtete, sondern leugnete, dementierte, sich herauswand, sich beschwerte und drohte, während der Journalist, der die Quelle zitiert hatte, angesichts dieses Widerstands selbst störrisch, renitent und beleidigend wurde. In solchen Fällen besteht die Aufgabe des Faktenprüfers darin, so etwas wie die Rolle des Richters in *Kramer gegen Kramer* zu spielen. Ziel ist es, zu einer fairen Einigung zu gelangen, die das Wohl des Kindes über alles andere stellt. Keine der beiden Parteien soll etwas bekommen, was sie nicht verdient, oder verlieren, was ihr zusteht. Das Einzige, was den Faktenprüfer interessiert, sind Tatsachen, und er muss einen kühlen Kopf bewahren. Er muss cool und nüchtern und unparteiisch sein, wie ein Gutachter. Er muss die Emotionen ausblenden, sowohl die eigenen als auch die der anderen, und sich auf die Fakten konzentrieren. Nichts als die Fakten.

2009 schrieb John McPhee in einem Beitrag für den *New Yorker*, Faktenprüfer seien in der Regel «kälter als Marmor». Das stimmt nicht. Faktenprüfer sind nicht weniger nervös als andere Leute. Im Schnitt sind sie – notgedrungen – vielleicht sogar nervöser. Amy Meeker, die frühere Leiterin der Faktenprüfungsabteilung des *Atlantic*, sagt, dass alle Prüfer «ein gewisses Maß an Angst brauchen, um ihren Job gut machen zu können.» Was sie meint, ist, dass Faktenprüfung Wachsamkeit erfordert, und Angst macht wachsam.

Das psychologische Problem des ängstlichen Faktenprüfers besteht darin, dass das «gewisse Maß an Angst», das er braucht, um seinen Job gut zu machen, im Treibhaus der Arbeit zu wuchern und den potenziellen Nutzen zu ersticken droht. Zu lernen, wie man Probleme mithilfe von logischen und empirischen Belegen methodisch angeht, gehört zu den nützlichsten Dingen, die ein Angstmensch tun kann. Aber diese Fertigkeit lernt man zunächst am besten in einer Umgebung, in der kein Druck herrscht. Und beim Faktenprüfen steht man immer unter Druck. Selbst beim *Atlantic*, das zu Whitworths Zeit eine behäbige, salonartige Atmosphäre ausstrahlte, gab es viele Arten von teils heftigem Druck.

Zunächst gab es natürlich den Zeitdruck. Noch bevor man in einem Artikel die erste vermeintliche Tatsache unterstrich, wusste man, dass die Uhr tickte. Die neuen Faktenprüfer mussten sich gleich zu Beginn an den Zeitablauf des *Atlantic* anpassen. Dabei merkten sie rasch, wie die Zeit je nach Gemütslage ihr Tempo verändern kann. In seinem Essay schrieb McPhee außerdem, dass man kurz vor Ende der Deadline das Gefühl habe, die Zeit würde schneller vergehen. Das stimmt. Fünfzehn Jahre, nachdem sie einen Artikel über Mittelamerika überprüft hat, kann sich Amy Meeker immer noch daran erinnern, wie sie am Tag vor Redaktionsschluss um drei Uhr morgens aus dem Bett hochschnellte, weil ihr die Namen salvadorianischer Dörfer durch den Kopf rasten.

Schlimmer noch als der Zeitdruck ist der soziale Druck. Im Grunde genommen haben die Autoren ebenso viel Angst wie die Faktenprüfer, wenn nicht sogar noch mehr. Entgegen der landläufigen Meinung ist ihr Job jedoch weniger beängstigend. Sobald ein Journalist seinen Gesprächspartner darüber informiert hat, worüber er schreiben will, fließen ihm die Informationen, die er braucht, praktisch von selbst zu. Diesen Luxus hat der Faktenprüfer nicht. Er muss sich immer aktiv mit Menschen auseinandersetzen, und zwar mit solchen, die er sich nicht ausgesucht hat und mit denen er oft lieber nichts zu tun hätte. Für einen Angstmenschen ist das fürchterlich. Es ist deswegen fürchterlich, weil man als Angstmensch eine geradezu übersinnliche Fähigkeit besitzt, das Urteil von anderen wahrzunehmen. Man kann es natürlich falsch deuten, aber man nimmt es trotzdem wahr, und zwar durch die Laute, die der Gesprächspartner produziert – Hüsteln, Räuspern, Schniefen, Pausen, «Ähs», «Ahs», «Mal-Sehens», «Okays» und all die anderen Dinge, die zu einer normalen Unterhaltung dazugehören. Zudem müssen beim Faktenprüfen viele Gespräche geführt werden, und fast immer mit fremden Personen.

Auf die Gefahr hin, dass der Eindruck entsteht, das *Atlantic* habe sich zu meiner Zeit hauptsächlich mit Blasenentleerung und den dazu erforderlichen Körperteilen beschäftigt, nenne ich hier noch ein Beispiel. Ende 1999 musste ich das Isländische Phallusmuseum – ein Museum über Penisse – anrufen, um verschiedene Fakten zu überprüfen, denn der damalige Redaktionsleiter des *Atlantic*, Cullen Murphy, hatte in einem Reiseessay über diese kuriose Einrichtung berichtet. Der Direktor, ein gewisser Sigurdur Hjartarson, bestätigte mir, dass sein Museum in der Tat über eine Sammlung von Penissen verfügte, in der sämtliche isländischen Säugetiere vertreten waren, außer einer bestimmten Walart und dem Menschen.[2] Während des Gesprächs geriet ich plötzlich in eine Angstspirale. Zunächst nahm ich lediglich den Überschwang in Hjartarsons Stimme wahr. Im nächsten Moment befürchtete ich, dass er die Anspannung in meiner eigenen Stimme als Missbilligung interpretieren könnte. Als ich die nächste Angststufe erreicht hatte, wurde mir klar, dass Hjartarson richtig lag und dass meine Angst in Wirklichkeit einer tief verwurzelten Prüderie entsprang, einem Unbehagen gegenüber jeder auch noch so harmlosen Zurschaustellung von Sexualität. Das bedeutete (und sofort war die nächste Angststufe erreicht), dass die Angst, mit der ich mich seit dem Verlust meiner Jungfräulichkeit herumschlug, weniger ein genetisches Problem oder eine emotionale Störung war, sondern eine Art Sexphobie, und diese Schlussfolgerung beunruhigte und verwirrte mich, weil sie dem offenen und progressiven Bild widersprach,

---

2 In seinem Artikel wies Murphy darauf hin, dass ein älterer isländischer Bauer namens Pàll Arason versprochen hatte, dem Museum nach seinem Tod sein Membrum virile zu vermachen. Meines Wissens ist Arason, der inzwischen sechsundneunzig Jahre alt sein muss, immer noch am Leben und im Besitz seines Penis.

das ich selbst von mir hatte; in meinem tiefsten Innern war ich wahrscheinlich konservativ und unflexibel und steckte voller Komplexe, von denen ich gar nicht wusste ... und ich verfing mich dermaßen in diesen Gedanken, dass ich begann, mein Hemd nass zu schwitzen, während Hjartarson mit unermüdlichem Eifer über die unterschiedlichen Längen, Formen, Umfänge und Funktionalitäten der Phallusse redete, die in seiner fast vollständigen nordatlantischen Sammlung lagerten.

Auf das Schwitzen werde ich gleich noch ausführlich zu sprechen kommen. Zunächst ein eher abstraktes Problem, das mit dem sozialen Druck des Faktenprüfens zusammenhängt. Der Faktenprüfer verbringt nicht nur viel Zeit damit, fremde Menschen anzurufen; er verbringt auch viel Zeit damit, fremde Menschen anzurufen, die zufällig international anerkannte Experten auf ihrem Gebiet sind. Mehr noch, diese fremden Menschen sind zufällig international anerkannte Experten auf einem Gebiet, über das der Faktenprüfer in der Regel noch nicht einmal ein Einführungsbuch gelesen hat. Das lässt sich nicht vermeiden, es sei denn, man hat die Absicht, wochenlang angewandte Molekularphysik oder dergleichen zu büffeln. Andernfalls ist man gezwungen, vertrauenswürdige Fachleute ausfindig zu machen und um Hilfe zu bitten. Glücklicherweise sind vertrauenswürdige Fachleute für gewöhnlich sehr freundliche und hilfsbereite Leute. Offenbar gefällt es ihnen, den Versuch zu unternehmen, einem Normalsterblichen ihr Fachgebiet zu erklären. Das ändert aber nichts an der Tatsache, dass sie alles wissen und man selbst nichts, und das ruft nicht nur eine gewisse Scheu vor dem Gespräch hervor; es fällt einem auch schwer, die Worte zu finden, die für ein produktives Gespräch unentbehrlich sind. Schlimmer noch als das Unbehagen und die Statusangst ist jedoch die Art und Weise, wie diese Interaktionen einem die Arbeit vermiesen, denn in ihrer Eigenschaft als international anerkannte Experten, die mitunter in unverständlichem Fachjargon sprechen, haben diese Leute die Angewohnheit, den Job, für den man 30 000 Dollar pro Jahr plus Sozialbeiträge bekommt, als kompletten Nonsens zu entlarven. Sie haben diese Angewohnheit, weil sie im Gegensatz zu einem selbst qualifiziert genug sind, um den Text zu beurteilen, wegen dem man sie angerufen hat. Die eigene Qualifikation beschränkt sich darauf, auf einem Stück Papier Fakten durchzustreichen, eine nach der anderen, bis sie alle durchgestrichen sind. Wie Amy Meeker sagt, ist es jedoch ein großer Unterschied, ob man Fakten als solche bestätigt oder ob man die Wirklichkeit darstellt. «Man kann jedes einzelne Detail richtigstellen, aber das heißt noch lange nicht, dass das Ganze auch wahr ist», sagte sie zu mir. Aus diesem Grund sind die beängstigendsten Aufgaben, die ein Faktenprüfer bekommen kann, diejenigen, bei denen der Autor und der Experte ein und dieselbe Person sind. Es erscheint einem verlogen und sinnlos, die Mathematik von Göttern zu überprüfen. Es führt dazu, dass man sich beunruhigende Fragen über die Wahrheit stellen muss. Man fragt sich, ob man nicht auf das falsche epistemologische Pferd gesetzt hat. Man möchte sämtliche Texte, die man je überprüft hat, wieder hervorholen und alles darin unterstreichen – jedes *und*, *falls* und *aber* –, oder einfach gar nichts. Man fragt sich, ob man auch nur die leiseste Ahnung hat, was gut für einen ist.

12 Die Achselhöhlen

Schweiß: Er ist der große, unausgesprochene Feind der chronisch Ängstlichen. Nichts kann ihm das Wasser reichen. Auf abgenagte Fingernägel kann man Pflaster kleben. Tränen kann man unterdrücken. Katastrophenahnungen kann man für sich behalten. Aber Schweiß – Schweiß ist das Kainsmal des Angstmenschen.

Vor Jahrtausenden, als der Homo sapiens noch durch die afrikanische Steppe streifte, war es notwendig, dass er schwitzte, wenn er sich bedroht fühlte. Das Schwitzen kühlte seinen Körper und schützte ihn vor Überhitzung, wenn er vor einem Raubtier floh. Außerdem machte der Schweiß seinen Körper glitschig, sodass er schwerer zu packen war. Die Natur hat uns nicht ohne Grund mit Schweißdrüsen ausgestattet. Dann kam in den 1920er Jahren das Kältemittel Freon auf den Markt, und der Plan der Natur war für immer durchkreuzt. In der modernen, klimatisierten Welt der Bürogebäude hat Schweiß ohnehin keinen praktischen Nutzen mehr. Das Einzige, wozu er jetzt noch dient, ist, den anderen zu signalisieren, dass man ängstlich ist. Das führt dazu, dass man noch ängstlicher wird, was wiederum dazu führt, dass man noch mehr schwitzt, und das hat zur Folge, dass man noch ängstlicher wird, und so weiter und so fort, in einem nervtötenden Teufelskreis aus Demütigung und Furcht. Eine entscheidende Frage, die sich der zeitgenössische Angstmensch stellen muss, lautet daher: *Was mache ich mit meinen Achselhöhlen?*

Auf der Website LivingWithAnxiety.com findet man Ratschläge im Bezug auf übermäßiges Schwitzen beziehungsweise Hyperhidrose, wie es in der medizinischen Fachsprache heißt: «Eine wirksame Methode, um das zu vermeiden, ist, sich zu entspannen. Auf diese Weise können Sie den Stress kontrollieren, der diese Angstsymptome auslöst.» Das ist nicht besonders hilfreich. Es ist ungefähr so, als würde man zu einer Person, die fürchterliche Schmerzen hat, weil der Krebs sie auffrisst, sagen: «Eine wirksame Methode, um das zu vermeiden, ist, Ihre Zellen am Wuchern zu hindern. Auf diese Weise können Sie das Wachstum von Tumoren kontrollieren, die dieses Krebssymptom auslösen.» Tatsache ist: Solange eine Person an Angst leidet, hat sie nur zwei Möglichkeiten, um etwas gegen das

Schwitzen zu unternehmen: Entweder sie lässt sich die Schweißdrüsen entfernen oder «lähmen» – manche Hautärzte empfehlen bei Hyperhidrose Botox-Injektionen –, oder sie versteckt es.

Schwarze Kleidung ist ratsam – und ein Jackett: was das Problem bei warmem Wetter allerdings verstärkt und den gefürchteten Beobachter möglicherweise dazu veranlasst, unangenehme Fragen zu stellen, etwa, warum man so warm angezogen ist. Die wirksamste Methode, die ich bislang gefunden habe, ist die Verwendung von bestimmten Materialien, die den Schweiß aufsaugen. Man muss diese Materialien jedoch sorgfältig auswählen. Einmal habe ich mir bei einem Aushilfsjob zusammengeknülltes Klopapier unter die Achseln gesteckt, um den Schweißfluss zu stoppen. Das ging gut, bis ich zu einer Besprechung ins Büro meiner Chefin gerufen wurde. Als ich mich über ihren Schreibtisch beugte, um einen Bericht zu erläutern, den ich geschrieben hatte, löste sich das Papierknäuel, rutschte meine Hemdsärmel hinunter und landete mit einem abscheulichen *Platsch* neben ihrer Tastatur.

Vor circa einem Jahr entdeckte ich dann eine verlässlichere Methode, die ich seither verwende. Diese Entdeckung machte ich, als meine Frau mit einer 96-Stück-Großpackung Always-Ultra-dünne-Damenbinden mit Flexiflügeln und besonders saugfähigem LeakGuard-Kern vom Supermarkt zurückkam. Als ich sah, wie sie den Karton die Treppe hinaufhievte («Die reichen mir bis zur Menopause!», sagte sie), hatte ich einen jener Archimedes-in-der-Badewanne-Momente. Ich wusste gleich, dass diese Maxi-Binden die Lösung für mein Problem waren.

Auf die Idee mit den Achselpads war ich aber schon vorher gekommen. Zwei Jahre zuvor hatte ich einen Artikel über amerikanische Auswanderer in Dubai geschrieben. Bei meinem Aufenthalt vor Ort lag die Durchschnittstemperatur ungefähr bei gefühlten 160 Grad Celsius im Schatten. Das schloss die übliche Methode mit dem Jackett aus und zwang mich, fieberhaft nach einem Produkt zu suchen, mit dem ich die Reise ohne größere Demütigungen überstehen konnte. Bei meinen Recherchen stieß ich auf einen Hersteller namens Kleinert's – «seit 1869 – der weltweite Experte für Schweißschutzprodukte» –, dessen Prestigeprodukt das Einmal-Schweißblatt ist, ein «extrem saugstarkes, dünnes, flexibles, raschelfreies, unauffälliges, selbstklebendes Achselpad für Männer und Frauen, das sicheren Halt, maximale Bewegungsfreiheit und perfekte Anpassung garantiert. Es lässt sich problemlos in die Kleidung einkleben, ist für alle Textilien, einschließlich Seide, geeignet und schützt zuverlässig vor Geruchsbildung und Schweißflecken.»

Ich bestellte eine 24er-Packung, die reichen würde, um beide Achselhöhlen zehn schweißtreibende Arbeitstage lang vor Nässe zu schützen.

Dass der Hersteller schon zu Zeiten der Grant-Administration Achselpads produziert hat, stimmte mich noch zuversichtlicher. Als ich dann in der Wüste war, musste ich jedoch notgedrungen feststellen, dass den guten Leuten von Kleinert's in ihrer 140-jährigen Firmengeschichte wohl noch kein so schwerer Fall wie ich untergekommen war. Spätestens um die Mittagszeit hatte der Schweiß die Achselpads vollständig durchgeweicht und fing an, um die Ränder herum feuchte Kreise zu bilden, die mehr Aufmerksamkeit erregten, als es zwei altmodische Satteltaschen getan hätten. Außerdem gab es ein Problem mit den Klebestreifen. Wie Sie der Produktbeschreibung entnehmen können, ist Kleinert's zu Recht sehr stolz auf seine Klebetechnik. Die Pads, die wie krankhaft übergewichtige Schmetterlinge geformt sind, besitzen drei parallele Klebestreifen, die an einem normalen Männerhemd hervorragend haften – viel zu gut, und genau das war das Problem. Vielleicht lag es nicht an Kleinert's, sondern an der stechenden Hitze in Dubai, aber bei mehr als einer Gelegenheit sickerte der Klebstoff in den Stoff meiner Hemden ein und hinterließ dort dauerhaft dunkle Streifen, die ironischerweise wie Schweißflecken aussahen.

Nach dieser Erfahrung hatte ich erst mal genug von Achselpads. In den folgenden zwei Jahren trug ich fast ausschließlich schwarz. Dann, an einem ganz gewöhnlichen Nachmittag, kam meine Frau mit dem Karton voller Damenbinden daher und – *Aha!* – alles war mit einem Schlag anders.

Natürlich, dachte ich, *warum bin ich nicht früher darauf gekommen?* Die Achselpads von Kleinert's waren einfach nicht das richtige Produkt für mich gewesen. Wie viele Menschen kaufen schon Einmal-Achselblätter? Nicht viele. Aber es gibt mehr als drei Milliarden Frauen auf diesem Planeten. Hygieneprodukte für Frauen bringen pro Jahr dreizehn Milliarden Dollar ein. Dreizehn Milliarden Dollar – dafür bekommt man eine hochklassige Forschung und Entwicklung mitgeliefert. Man bekommt eine Saugfähigkeit, die so innovativ ist, dass der Schweiß quasi in eine andere Dimension abgesaugt wird. Man bekommt ein Haftvermögen, das geradezu außerirdisch ist: Sie können die Vorlage zwölfmal in Ihr Hemd kleben und wieder abziehen, und sie haftet immer noch genauso gut wie beim ersten Mal. Man bekommt maximale Leistung und größtmöglichen Komfort, und das bei minimaler Größe und ganz ohne verräterische Raschelgeräusche.

Wann immer ich heute aus dem Haus muss, um jemanden zu treffen, den ich auf keinen Fall vergraulen darf, trage ich unter meinen Armen ein

Produkt, das von einem multinationalen Konzern fachmännisch entwickelt wurde, um achtzig Milliliter Menstruationsblut pro Stück aufzusaugen.

Ich wünschte, ich hätte über die vielseitige Einsetzbarkeit von Damenbinden schon zehn Jahre früher Bescheid gewusst, denn es war das Schwitzen, das die Arbeit beim *Atlantic* irgendwann unerträglich machte. Mein Leben spielte sich nach einem quälenden Muster ab. Jeden Abend ging ich nach Hause, um mich mit ein paar Drinks und etwas Schlaf zu regenerieren, und jeden Morgen sah ich mich aufs Neue einer Reihe von Gewalten ausgesetzt, welche die Angst, der ich verzweifelt zu entrinnen suchte, zementierten und in ihren Bestandteilen sichtbar machten – die Druckfahnen, die farbig codiert waren wie die verschiedenen Stufen des nationalen Terrorwarnsystems; Zeitungsausschnitte, Referenzmaterial und Transkripte, die von der Illusion zeugten, man könne die Wirklichkeit verifizieren, wenn man sich nur entsprechend bemühte; die ehrfurchterregenden Redakteure, die mir über die Schulter schauten, um sicherzustellen, dass selbst die Angaben in Gedichten auf ihre Richtigkeit überprüft wurden. Gegen zehn Uhr morgens war mein Unterhemd durchgeschwitzt. Gegen zehn Uhr dreißig war der Schweiß ins Oberhemd durchgesickert und hinterließ eine feuchte Spur an der Wulst unter den Achselhöhlen, wo die beiden Ärmelnähte sich kreuzen. Gegen elf Uhr hatte sich das Rinnsal in einen reißenden Strom verwandelt, der den gesamten Achselbereich zu überschwemmen drohte und den Rumpf und die Arme hinunterfloss. Von da ab drehte sich alles nur noch darum, die Flut einzudämmen. Den restlichen Tag über suchte ich fast stündlich die Herrentoilette auf, um mich zu trocknen.

In der Herrentoilette des *Atlantic* gab es keinen elektrischen Trockner, nur einen Behälter mit ziemlich harten Papierhandtüchern, die in perfekte Drittel gefaltet und mit einem Pünktchenmuster versehen waren. Ich versuchte, diese Handtücher so gut es ging zu nutzen. Ich nahm einen Stapel mit in die Toilettenkabine für Behinderte, wo ich mein Hemd auszog, ein Handtuch auf die nassen Stellen presste und auf diese Weise das Schlimmste aufsog. Dann rieb ich die betroffenen Stellen mit den übrigen Papierhandtüchern ab. Der Trick bestand darin, möglichst schnell zu rubbeln. Je schneller man rubbelte, umso mehr Reibung und Hitze entstand. Gleichzeitig musste ich aufpassen, nicht zu heftig zu rubbeln, denn wenn das Papier entsprechend nass war, hatte es die Angewohnheit, zu zerbröseln, mit dem Ergebnis, dass hunderte kleine Papierfetzen an meinem Hemd kleben blieben, das dann aussah wie ein Miniaturbaumwollfeld. Diese Prozedur reduzierte die Lebensdauer meiner Hemden erheblich, aber sie funktionierte – zumindest für kurze Zeit. Nach etwa einer Stunde stand ich wieder in der Toilette, die Arme zur Seite ausgestreckt wie Frankensteins Monster.

Ich versuchte nicht darüber nachzudenken, was meine Kollegen wohl über mich dachten. Eine chronische Harnweginfektion? Bulimie? Die Ruhr? Ich wusste nur, dass die ständigen Toilettengänge äußerst unproduktiv und lästig waren. Mein Weg zur Toilette führte am Büro von Peter Davison vorbei, dem langjährigen Leiter der Lyrik-Abteilung. Davison war ein Schützling von Robert Frost, ein Freund von Robert Lowell und ein Bewunderer von Sylvia Plath gewesen. Ich hätte mich viel lieber zu Davison gesetzt und mir Geschichten über verstorbene Dichter angehört, als mich um meine Achselhöhlen zu kümmern. Ich hätte mir lieber sämtliche Wimpern ausgezupft. Wie schon im College machte mir vor allem der Umstand zu schaffen, dass ich mich nicht zurückziehen konnte und ständig von Menschen umgeben war – und natürlich von Fakten, meinen unauslöschlichen Fakten. Ich hatte das Gefühl, in einer Notaufnahme zu arbeiten, in einer Umgebung, die irgendwie unwirklich erschien und mich benommen machte.

Aber zum ersten Mal war ich auch stinksauer. Es reichte jetzt wirklich. *Basta!* Ich war an einem Punkt angelangt, den die meisten Angstmenschen irgendwann erreichen, wenn sie die ständige Folter satt haben, wenn sie deprimiert und angeschlagen, aber noch nicht k. o. sind und sich schließlich direkt an ihre Angst – sprich, an sich selbst – wenden und sagen: «Jetzt hör mal gut zu: Leck mich. LECK MICH! Du kotzt mich an. Ich habe die Schnauze gestrichen voll von dir. Ich lasse dich nicht gewinnen. Ich mache das nicht länger mit. Du ruinierst mir mein verdammtes Leben, und DU MUSST VERFLUCHT NOCH MAL VERRECKEN!»

Leider löst man das Problem auf diese Weise eher selten. Die Angst lässt sich nicht von irgendeinem Absolutismus beeindrucken. Man muss subtiler, vernünftiger an die Sache herangehen. Das bedeutet aber nicht, dass Wut völlig nutzlos ist, im Gegenteil: Sie ist ein wirksamer Cocktail, der den Willen stärkt. Sie stärkt das Rückgrat. Sie stärkt die Entschlossenheit. Sie sorgt dafür, dass man vor der Angst nicht davonläuft, sondern sich ihr stellt; denn früher oder später muss man das tun, wenn man nicht als hoffnungsloser Agoraphobiker enden will. Wut erzeugt Trotz, und Trotz wirkt belebend. Es ist gut, wenn man sich weigert, der Angst nachzugeben. Man muss nur wissen, wie viel man aushalten kann.

Während ich das hier schreibe, liegt eine Vorladung vom Obersten Gerichtshof des Staates New York auf meinem Schreibtisch, ausgestellt vom Büro des Verwaltungsbezirks New York am 1. Oktober 2003. An die Vorladung ist eine sechzehnseitige Anklageschrift geheftet, in der ich und das Verlagshaus Houghton Mifflin wegen Beleidigung auf dreiundzwanzig Millionen Dollar verklagt werden. Als ich das Schreiben bekam, wohnte ich in einem von Kakerlaken befallenen Mietshaus in Manhattan. Die Klage war der Gipfelpunkt einer Auseinandersetzung, die fast drei Jahre zuvor mit der Veröffentlichung meines ersten Artikels begonnen hatte: ein langer, ausführlicher Beitrag über die Elektroschocktherapie. Der Essay mit dem Titel «Schock und Unglaube» war ein beruflicher Triumph für mich. Als er im *Atlantic* erschien, war ich dreiundzwanzig Jahre alt, und er wurde außerdem in die Anthologie *Best American Science and Nature Writing* aufgenommen, die von Houghton Mifflin herausgegeben wird. Das Ganze war aber auch ein persönliches Desaster. Der Artikel zog der Reihenfolge nach folgende Ereignisse nach sich: die bis dahin längste und schwerste Angstepisode meines Lebens; meine überstürzte, kopflose, halbirre Kündigung beim *Atlantic;* das Ende einer zweijährigen Beziehung mit einer wunderhübschen, intelligenten, geduldigen, so-eine-trifft-man-nur-einmal-im-Leben Art von Frau, mit der ich zusammenlebte; Kummer und Verzweiflung alttestamentarischen Ausmaßes; und eine lange Zeit des psychischen Am-Boden-Seins.

Wenn ich heute darüber nachdenke, hätte es mir von Anfang an klar sein müssen, dass die Elektroschocktherapie als Thema für mein journalistisches Debüt völlig ungeeignet war. Unter Psychiatern und Psychologen ist die Elektroschocktherapie – oder Elektrokonvulsionstherapie, kurz EKT, wie sie in Fachkreisen genannt wird – ungefähr so umstritten wie die Abtreibung im fortgeschrittenen Schwangerschaftsstadium unter Politikern. Die Kontroverse spaltet die Fachwelt und Betroffene in zwei ziemlich klare Lager. Psychiater befürworten die EKT im Allgemeinen. Sie haben gesehen, wie diese Behandlung Patienten aus schweren, katatonischen Depressionen herausgeholt hat. Sie haben gesehen, wie sie Menschen davor bewahrt hat, sich das Leben zu nehmen. In ihrem Buch *Shock Therapy: The History of Electroconvulsive Treatment in Mental Illness* beschreiben der Psychiater David Healy und der Historiker Edward Shorter die Elektroschocktherapie als «wirkmächtig und nützlich, [...] sicher und effektiv». Sie schreiben: «EKT ist gewissermaßen das Penicillin der Psychiatrie.»

Die Gegner der Elektroschocktherapie – hauptsächlich Personen, die dieser Behandlung selbst unterzogen wurden – haben gesehen, wie sie Leben zerstört hat, nicht selten ihr eigenes. Sie warnen davor, dass Elektroschocks verheerende Auswirkungen auf die Kognition, die Persönlichkeit und vor allem auf das Gedächtnis haben können und dass diese medizinische Behandlungsform ebenso wenig legitim ist wie jemanden einen Betonziegel über den Kopf zu hauen. Die Patientenrechtsaktivistin Linda Andre, die Anfang der 1980er Jahre selbst einer Elektroschockbehandlung unterzogen worden war und die in dem Verfahren gegen mich als Klägerin auftrat,[3] schreibt in ihrem Buch *Doctors of Deception: What They Don't Want You to Know About Shock Treatment*:

> *«Der sogenannte ‹Gedächtnisverlust› infolge der Elektrokonvulsionstherapie ist in Wirklichkeit eine Auslöschung von Erinnerungen. Ganze Lebensjahre werden ausradiert, als hätten sie nie stattgefunden. Während der Gedächtnisverlust bei Erkrankungen wie Alzheimer schrittweise verläuft und den Betroffenen und ihren Familien die Gelegenheit gibt, den Verlust zu antizipieren und sich so gut es geht darauf vorzubereiten, tritt die Amnesie, die durch die Elektrokonvulsionstherapie hervorgerufen wird, [...] plötzlich, gewaltsam und ohne jede Vorwarnung auf. Im Grunde wird man seines Lebens beraubt.»*

Die Elektroschocktherapie gehört zu den Themen, die Zeitschriftenredakteure vor eine Herausforderung stellen. Abgesehen von dem Konflikt, der dem Thema innewohnt, hat die EKT auch eine bewegte Geschichte (das Verfahren wurde in den 1930er Jahren in Italien weiterentwickelt, indem man Elektroden an Anus, Maul und Kopf von streunenden Hunden anbrachte). Die EKT hat etwas Kontraintuitives an sich (was sich nach einer brutalen und primitiven Prozedur anhört, kann in Wirklichkeit ein therapeutisch und empirisch valides Verfahren sein), und ihre Geschichte umfasst Bereiche wie Geisteskrankheit, Wissenschaft, ja sogar einen Hauch von Promi-Klatsch: Ernest Hemingway, Judy Garland und Lou Reed wurden alle mit Elektroschocks behandelt (Reed sogar schon im Teenageralter, weil

---

3 Auf den Seiten 227 bis 230 in Andres Buch findet sich ein wenig schmeichelhaftes Portrait meiner Wenigkeit.

seine Eltern ihn von seiner homosexuellen Neigung «heilen» wollten). Außerdem ist das Thema mit allerlei – medizinischen, statistischen, ethischen, rechtlichen, erzählerischen – Problemen behaftet und sollte daher nur von einem Journalisten behandelt werden, der weiß, was er tut.

So ein Journalist war ich nicht. Eigentlich war ich überhaupt kein Journalist. Ich hatte noch nie einen Beitrag geschrieben, nicht einmal für die Schülerzeitung. Ich hatte noch nie eine psychiatrische Fachzeitschrift in der Hand gehabt, geschweige denn die Artikel darin gelesen. Der einzige Mensch, den ich je interviewt hatte, war ein Elektriker, dem ich ein paar Fragen stellte, als ich einen Aufsatz über Berufe schreiben musste, aber das war in der dritten Klasse gewesen. Die einzige Qualifikation, die ich vorweisen konnte, als ich den EKT-Artikel schrieb, war meine Tätigkeit als Faktenprüfer. Immerhin hatte ich dadurch eine Ahnung bekommen, welche Fertigkeiten ein guter Journalist braucht. Er muss in der Lage sein, sich in einem Labyrinth aus Datenbanken und Archiven zurechtzufinden, Expertenwissen auf eventuelle Verallgemeinerungen zu durchforsten und schon von weitem zu riechen, welche Details oder Quellen trügerisch sind. Aber ein Journalist muss noch viel mehr können. Er muss unzählige einzelne und oftmals widersprüchliche Informationsfetzen sammeln und verarbeiten und die relevantesten und vielsagendsten Fetzen zu einem Text zusammenfügen, dessen Länge genau vorgegeben ist und der dem Thema sowohl in der Form als auch inhaltlich gerecht wird; außerdem muss er die Voreingenommenheit und die thematischen Vorlieben der Redakteure berücksichtigen, von deren Stimmung es abhängt, ob der Artikel veröffentlicht wird. Darüber hinaus muss er die Aufmerksamkeit tausender anonymer Leser gewinnen, die keine Zeit oder Gehirnkapazität auf etwas verschwenden wollen, das nicht superinteressant oder -wichtig ist.

Ich besaß keine dieser Fertigkeiten. Aber ich hatte die Mächtigen beim *Atlantic* oft genug dabei beobachtet, wie sie die feuchte Hand von Neulingen und Nichtskönnern hielten – und auf wundersame Weise aus einem minderwertigen Schriftstück so etwas wie Literatur machten –, um mich von der Aufgabe, die vor mir lag, nicht abschrecken zu lassen. «Nicht abschrecken zu lassen» ist noch untertrieben. Ich war regelrecht beruhigt. Zuvor hatte ich es meiner Angst übelgenommen, dass sie mich dazu brachte, meinen Willen dem anderer Personen unterzuordnen; aber in diesem Fall hatte ich nichts dagegen. Ich fand es angenehm, mich voll und ganz in die kompetenten Hände anderer zu begeben. Beim *Atlantic* hatte ich das Gefühl, dass es dort etwas Autoritatives und Institutionelles gab, das mir

Rückendeckung verlieh, mich in die richtige Richtung schubste und mir versprach, mich zu retten. Den eigenen Willen an andere abzugeben, so lernte ich, konnte sowohl Gift als auch Balsam sein.

William James wusste das genau und hat es am besten zum Ausdruck gebracht. In *Die Vielfalt religiöser Erfahrung* beschreibt er die vielen Möglichkeiten, wie die «kranke Seele» erlöst werden kann: «Eine Neugeburt kann somit auch von der Religion weg zum Unglauben führen, von moralischer Verklemmtheit zu Freiheit und Freizügigkeit; oder sie kann dadurch herbeigeführt werden, dass ein Antrieb oder eine Leidenschaft über das Leben eines Menschen hereinbricht, etwa Liebe, Ehrgeiz, Habgier, Rache oder patriotische Hingabe.»

Zufällig trat genau zu jenem Zeitpunkt auch die Liebe in mein Leben. Bei einem Abstecher nach New York, wo mein Bruder Scott und seine neue Frau eine Party veranstalteten, lernte ich ein Mädchen kennen, und die sofortige, gegenseitige Anziehung zwischen uns trug viel dazu bei, mein Gemüt zu beruhigen. Ich verlagerte meine Aufmerksamkeit von mir selbst auf eine andere Person, von meinem Selbsthass auf die Zuneigung für jemand anderen, von Verzweiflung und Entmutigung auf freudige Erregung und gespannte Erwartung. Natürlich war die beruhigende Wirkung der Liebe am Ende ebenso vorübergehend und trügerisch wie das Gefühl von Sicherheit beim *Atlantic*. Die Angst wird dadurch ebenso wenig ausgemerzt wie Schwulsein durch Elektroschocks. Nichts, weder Liebe noch Sicherheit, kann einem die Arbeit abnehmen. Aber beides war schön, solange es dauerte.

In gewisser Weise machte ich in jenen Mittagspausen, Abendstunden, Wochenenden und Ferien, in denen ich den Artikel schrieb, genau das Gegenteil von dem, was ich als Faktenprüfer tat. Meine bezahlten Arbeitsstunden verbrachte ich mit unkooperativen Autoren, fehlenden Quellen, unbeantworteten Anrufen, einschläfernden Regierungsberichten und Hernien verursachenden Wälzern über Themen, die mich nicht interessierten. In meiner Freizeit, die ich mit Schreiben verbrachte, konnte ich dagegen Informationen über ein Thema meiner Wahl sammeln und musste keine Angst vor Fehlern haben, da es keinen festen Abgabetermin, dafür aber ein Sicherheitsnetz gab, das mich auffangen würde, und weil Fehler nicht mehr der springende Punkt waren, sondern Wissen. Endlich prüfte ich nicht mehr nur das, was andere geschaffen hatten, sondern schuf selbst etwas.

Es gab jedoch einen blinden Fleck in meiner Arbeit: Ich hatte Angst vor dem Verrücktwerden. Allein der Gedanke daran machte mir Angst. Ich hatte Angst davor, mich anzustecken. Das ist nichts Ungewöhnliches. Keine Angst ist so verbreitet wie die vor Krankheit und Wahnsinn. Bei Angstmenschen, die ohnehin schon unter ausgeprägten Ängsten leiden, scheint die Angst vor dem Wahnsinn eine dominante Disposition zu sein. Die beste Bewährungsprobe ist eine Panikattacke: Manche sind davon überzeugt, dass sie gleich sterben werden, andere, dass sie gleich verrückt werden. Ich dachte, dass ich verrückt werde. Wenn ich gerade mal keine Panik schob, empfand ich lediglich eine Abneigung gegen alles, was nach Wahnsinn roch.

Im Laufe der Jahre haben zig Therapeuten versucht, mich von meiner Angst vor dem Verrücktwerden abzubringen. Dabei waren sie ungefähr so erfolgreich wie die vielen Webseiten zum Thema Angst, die ihren Lesern versichern, dass diese Befürchtung unbegründet ist. «Niemand, der unter Panikattacken und Angst leidet, ist je ‹verrückt› geworden», steht da. «Allein die Tatsache, dass man sich seiner Panikattacken bewusst ist, ist ein Beweis dafür, dass man *nicht* verrückt wird. Menschen, die ‹verrückt› werden, verlieren den Bezug zur Realität. Bei ängstlichen Menschen ist der Bezug zur Realität dagegen *zu stark* ausgeprägt. Das heißt, dass Menschen mit Angst- und Panikproblemen NIEMALS ‹verrückt› werden. Das schließt sich gegenseitig aus.»

Solche Beschwichtigungen haben bei mir nie gewirkt. Man kann einem Angstmenschen seine atavistische Angst nicht einfach ausreden. Nein, das Einzige, was mir paradoxerweise geholfen hat, war, zehn Jahre meines Lebens damit zu verbringen, über psychische Störungen zu *schreiben* – ich habe mich dem Wahnsinn gewissermaßen so lange ausgesetzt, bis er mir keine Angst mehr machte. Ich habe einen Mann getroffen, der so sehr unter seinen Zwängen litt, dass er einen letzten verzweifelten Rettungsversuch unternahm und sich einem chirurgischen Eingriff unterzog, bei dem ihm zwei Läsionen im Gehirn beigebracht wurden. Ich habe in der hinteren Reihe eines brütend heißen Zuhörerraums geschwitzt, während vorne Dutzende von Menschen über die körperlosen Stimmen sprachen, die sie ständig begleiteten. Ich habe schizophrene, schizoaffektive, manische, depressive und manisch-depressive Menschen befragt und Berichte über psychische Störungen gewälzt, von Nebukadnezar bis zu der Schriftstellerin Zelda Fitzgerald.

Ich befürchtete, dass meine Angst vor dem Wahnsinn meinen Elektroschock-Artikel unsachgemäß beeinflusst hatte – dass das Ganze eine Art

Selbstkasteiung oder Selbstkorrektur gewesen sein könnte. Ich wollte beide Seiten des Themas beleuchten. Ich nutzte die Kontakte des *Atlantic* und vereinbarte Interviews mit allen, die sich in der politischen und wissenschaftlichen Debatte um Elektroschocks hervorgetan hatten. Ich lernte Linda Andre kennen, die Vorsitzende des Committee for Truth in Psychiatry (CTIP) – einer bekannten Organisation, der mehrere hundert ehemalige Elektroschockpatienten angehören –, und befragte sie in einem italienischen Restaurant in der Upper West Side. Sie brachte ihren Sohn mit, der ruhig seine Hausaufgaben machte, während Andre über die Falschheit und Bestechlichkeit des psychiatrischen Establishments sprach. In einem sonnendurchfluteten Esszimmer in einem feinen Haus auf Long Island interviewte ich Max Fink, einen untersetzten, alternden Psychiater, der seit mehr als fünfzig Jahren über Elektroschocks forschte und ein großer Befürworter der Methode war. Ich interviewte einen Vertreter der Citizens Commission on Human Rights, einer Lobbyorganisation, die Scientology nahesteht und versucht, in mehreren Staaten ein Verbot von Elektroschocks durchzusetzen. Ich befragte Kliniker, die Elektroschocks als eine wertvolle Behandlungsmethode mit einer bedauerlichen Vorgeschichte des Missbrauchs und einer Reihe möglicher Nebenwirkungen betrachteten. Ich interviewte Roland Kohloff, den ersten Paukisten bei den New Yorker Philharmonikern, der berichtete, die Elektroschocks hätten ihm das Leben gerettet. Und an einem kühlen Herbsttag im Jahr 2000 fuhr ich schließlich zum McLean Hospital hinaus, der legendären Einrichtung, wo Anne Sexton, Robert Lowell und Sylvia Plath in Behandlung gewesen waren, und sah zu, wie die Ärzte einem verzweifelt aussehenden Mann mittleren Alters, der Turnschuhe und ein violettes Poloshirt trug, Elektroschocks verabreichten. Sie wickelten eine Manschette um seinen Knöchel und injizierten ihm ein Muskelrelaxans. Während der Behandlung zuckte nur sein Fuß.

Angesichts der tiefen Gräben zwischen den beiden Lagern – auf der einen Seite die Aktivisten, die über die Psychiater die Nase rümpfen und ihre Integrität infrage stellen, auf der anderen Seite die Psychiater, die den Aktivisten ihre Angriffe übelnehmen – hätte jeder auch noch so vernünftige Artikel Protest ausgelöst. Aber der Artikel, den ich schrieb, rief einen wahren Sturm der Entrüstung hervor. Zwar räumte ich den Elektroschockgegnern sehr viel Raum ein und stellte ihre Geschichten und Vorwürfe ausführlich dar; aber es gelang mir nicht, sie mit dem nötigen Ernst oder Mitgefühl zu behandeln. Der Artikel stellte glaubhaft dar, dass Elektroschocks mitunter schwere Gedächtnisverluste hervorrufen, gab sich aber keine große Mühe, die medizinischen Fakten hinter diesen Nebenwirkungen zu beleuchten oder die emotionalen Folgen eines solchen Gedächtnisverlusts zu beschreiben oder (was aus der Sicht der Elektroschockkritiker am schlimmsten war) dem Vorwurf nachzugehen, dass vielen Patienten auch heute noch ohne informierte Einwilligung Elektroschocks verabreicht werden. Der Artikel – ich selbst – konnte das alles nicht leisten, denn das hätte bedeutet, mich in die Erfahrung von Menschen hineinzuversetzen, deren Leben (zu Recht oder zu Unrecht) durch Wahnsinn definiert war. Es hätte bedeutet, all jene furchtbaren Gefühle des Zorns, Betrugs und Traumas nachzuempfinden, und das brachte ich schlichtweg nicht fertig. Meine Angst ließ mich nicht mal in die Nähe dieses Feuers gelangen, zu groß war die Furcht, hineinzufallen. Und so landete ich schließlich auf der Seite, auf der mehr «Ordnung» herrsche – wo nach sorgfältiger Erwägung und mit äußerster Vorsicht eine hochentwickelte medizinische Behandlung durchgeführt wird, die meistens erfolgreich ist und (was ich persönlich sehr beruhigend fand) die von angesehenen Berufsverbänden gebilligt wird. Ich landete auf der Pro-Elektroschock-Seite.

Als der Artikel erschien, wurde er von allen psychiatrischen Fachleuten gelobt, die ich dafür interviewt hatte, bis auf einen. Fink schrieb mir eine E-Mail, in der er mir mitteilte, dass ich mit meiner Darstellung der Gegenseite schwer kranke Patienten davon abhalten würde, die Behandlung in Anspruch zu nehmen, und dass ich daher für den Suizid tausender Menschen verantwortlich sei. Ich hatte Blut an meinen jungen Händen. Von Seiten der Elektroschockgegner hagelte es dagegen nur Kritik. Auf der Online-Kommentarseite des *Atlantic* wurde ich der Inkompetenz bezichtigt. In der Klage, die Andre gegen mich einreichte, wies sie darauf hin, dass auf meinen Artikel siebzig negative und lediglich zwei positive Kommentare eingegangen waren, und gab einige der Kritiken zum Besten: «Dieser Artikel klingt wie eine Werbung für Elektroschocks. Es macht mich traurig, dass die Berichterstattung des *Atlantic* so voreingenommen ist» (Kommentar Nummer vier). «Wenn es um Elektroschocks geht, werden journalistische Standards verletzt, die sogar für Schülerzeitungen gelten» (Kommentar Nummer zehn). «Daniel Smith ist kein Journalist» (Kommentar Nummer 12). «Im Einführungskurs Journalismus hat man uns die Grundlagen der journalistischen Berichterstattung beigebracht, und ich habe den Eindruck, dass Mr Smith alles ignoriert hat, was er eigentlich auf dem College gelernt haben sollte. [...] Daniel, Sie hätten Ihren Artikel besser noch mal überprüft!» (Kommentar Nummer 15).

Ein Leser ging den Artikel Zeile für Zeile durch und hob alle Ungenauigkeiten hervor, die er in dem mehrseitigen Text fand. Er unterzog den Beitrag einer Faktenprüfung! Ich bekam zahlreiche tränenreiche Anrufe von Andre, die Antworten verlangte. Die Herausgeber bekamen Anrufe von Andre, die Antworten verlangte. Die Journalistin Liz Spikol, inzwischen eine bekannte Bloggerin auf dem Gebiet kontroverser Psychiatriethemen, reagierte mit einem Meinungsbeitrag, der den Titel «Schockiert und entsetzt» trug. Die letzte Zeile ihres Beitrags lautete: «Ich denke, es ist an der Zeit, dass Daniel Smith, der Autor von ‹Schock und Unglaube›, seinen Geisteszustand überprüfen lässt.»

Genau das dachte ich auch. Verglichen mit meinem damaligen Gemütszustand erschien mir das, was ich nach dem Verlust meiner Jungfräulichkeit durchgemacht hatte, wie ein angenehmer Mittagsschlaf. Trotz allem musste ich weiter zur Arbeit gehen und die Artikel anderer Leute auf Fehler überprüfen. Ich musste weiterhin meine Achselhöhlen auf Feuchtigkeit kontrollieren. Und zu allem Überfluss musste ich mit den vernichtenden Kommentaren über meine eigenen potenziellen Fehler fertig werden und mit den Konsequenzen, die sie womöglich haben würden – nicht für mich, das versteht sich von selbst, aber für andere Menschen und für die ganze Welt.

Konsequenzen. Ein furchterregendes Konzept für einen Angstmenschen. Während jener Zeit verwünschte ich mich für alles, was ich falsch gemacht hatte, und geißelte mich für all die Fehler, die ich glaubte gemacht zu haben. In den schlimmsten Momenten rief ich meinen Bruder Scott an, der mich daran erinnerte, dass es nur zwei Entscheidungen gibt, die dauerhafte Konsequenzen nach sich ziehen, nämlich Leben zu geben und Leben zu beenden. Ich hatte niemanden getötet oder bewusstlos geschlagen. Ich hatte nicht einmal in böser Absicht gehandelt. Ich hatte hart gearbeitet und mein Bestes gegeben, in der Hoffnung, es gut zu machen, etwas Gutes zu tun. Aber ich wurde den Gedanken nicht los, dass jene 500 000 Exemplare der Zeitschrift, die dort draußen in der Welt herumschwirrten, fürchterliche Auswirkungen haben könnten. Sie könnten irgendeinen unglücklichen Menschen dazu verleiten, sich einer Elektroschockbehandlung zu unterziehen, mit dem Ergebnis, dass er sein Gedächtnis verlieren würde. Oder sie könnten einen unglücklichen Menschen davon abhalten, sich einer Elektroschockbehandlung zu unterziehen, und ihn so noch tiefer ins Unglück stürzen. Es war geschehen, und die Folgen waren nicht absehbar.

Und wofür das alles? Für eine Zeile mit meinem Namen? Ein paar tausend zusätzliche Dollar? Und dafür hatte ich den Zorn der Leser auf mich gezogen, die mich aufforderten, meine Aussagen zu widerrufen und mir mit Strafanzeigen drohten? Ich war nicht Norman Mailer. Auch nicht Christopher Hitchens. Mir machten solche Auseinandersetzungen keinen Spaß. Ich war ein Nachwuchsredakteur, der gerade mal zwanzig Monate zuvor das College abgeschlossen hatte. Ich wollte nur schreiben und veröffentlichen. Mir die Füße nass machen. Ein kleines bisschen literarischen Ruhm ernten, nicht mehr. Stattdessen löste ich einen wahren Shitstorm aus. Eine ungeheure Panikflut brach über mich herein und wollte nicht mehr abebben. Nichts ist beständig, außer Leben und Tod? Mach das mal meinem Hirn klar, großer Bruder! Das hatte nämlich nichts begriffen, weil es zu sehr damit beschäftigt war, Leichen zu zählen. Bei der Arbeit ging die Obduktion meines Artikels weiter, und jeden Tag versicherten mir meine Vorgesetzten, dass alles in Ordnung war – so lief das nun mal im Journalismus –, und jeden Tag war ich weniger in der Lage, ein positives oder logisches Wort von anderen wahrzunehmen. Es fühlte sich an, als wären die Ohren voller Wasser, das nicht abfließen will; ein zäher Kokon um das Selbst. Ich taumelte durch den Tag, und nachts träumte ich, dass ich verrückt war und in eine Anstalt eingewiesen wurde, mit dem Gesicht nach oben auf einer Bahre festgeschnallt, Elektroden an den schweißnassen Schläfen. Seile. Tabletten. Pistolen. Brücken. Messer. Keine Entscheidung mehr. Keine Konsequenzen mehr. Wenn das das Leben war, was sollte das alles?

13 Ängstliche Liebe

«Jetzt sitzt du also hier im *Duomo* – ein Tintoretto hier, ein Pisano dort, Jesus, wo man hinschaut – und fühlst dich niedergeschlagen. Du fühlst dich so, wie du dich immer fühlst, wenn das Leben dich in eine Lage gebracht hat, in der du nicht sein willst. Nein, lass uns das klarstellen: Du hast dich *selbst* in eine Lage gebracht, in der du nicht sein willst. Du fühlst (ich fürchte, wir werden dieses Tapiokapudding-Wort noch öfter gebrauchen müssen) etwas, das du als ‹Angst› bezeichnest. Der Begriff ist ein bisschen schwer zu definieren und kann verschiedene psychopathologische Aspekte umfassen: Furcht, Grauen, Selbsthass, Heimweh, das Verlangen, sich irgendwohin zurückzuziehen, wo du dich voll und ganz der Selbstreflexion und Selbsterniedrigung hingeben kannst (dein Bett, zum Beispiel); den Hang, deine Entscheidungen sowohl auf Mikro- als auch auf Makroebene infrage zu stellen (das hier solltest du vielleicht ganz oben auf die Liste setzen) … Sonst noch was? Ach ja: körperliche Symptome. Dazu kann Appetitlosigkeit gehören (und das ausgerechnet in der Toskana! Guter Moses!), Übelkeit, ein Kloß im Hals, mangelndes Kurzzeit-/Langzeitgedächtnis, Lethargie und natürlich der Eiszapfen. Keine verminderte Libido – schließlich bist du erst dreiundzwanzig.

Da muss noch mehr sein … Habe ich schon den Selbsthass erwähnt? Ja? Habe ich auch ganz bestimmt darauf geachtet, jede große und kleine Entscheidung genauestens zu prüfen, so, als ginge es dabei um Leben und Tod? Wirklich? Und wie ist es mit dem unstillbaren Verlangen, deine Mutter anzurufen und dich auszuweinen? (Unstillbar deswegen, weil du diesem Drang unmöglich nachgeben kannst. Wer würde sowas schon tun?)

Also, wenn das alles eine Krankheit ist, wie man dir gesagt hat: Wie kann man sie heilen? Gibt es überhaupt ein Heilmittel? Nein, wahrscheinlich nicht. Aber es gibt eine Vorgehensweise. Bei jeder quälenden Entscheidung, und jedes Mal, wenn du alles schwarzmalst oder deine Gedanken sich im Kreis drehen, denk immer daran: Das hier wird dich höchstwahrscheinlich nicht umbringen. Und: Daniel, du musst etwas nachsichtiger mit dir sein. Das ist nicht einfach. Es ist kein Vergnügen. Aber es kann besser werden, wenn du mir nachsprichst: So ist das Leben nun mal. Es ist nicht perfekt. Es gibt keine Garantien. Nicht jeder wird dich mögen. Nicht alles, was du tun musst, ist angenehm.

Jetzt größer:

Du bist ein Mensch!

Du bist fehlbar!

Du wirst das Leben viel mehr geniessen, wenn du die Tatsache akzeptierst – nein, begrüsst –, dass es keine guten oder schlechten Entscheidungen gibt.

Es gibt nur Entscheidungen.

Triff sie, vermassel es, geniesse es und fang wieder von vorne an.»

Diese Passage entstand in der Kathedrale von Lucca, im Norden der Toskana – *la Cattedrale di San Martino*, benannt nach Martin von Tours, dem ersten Heiligen, der das zweifelhafte Vergnügen hatte, das biblische Alter von achtzig Jahren zu erreichen, anstatt in der Blüte seines Lebens verbrannt, enthauptet, gesteinigt, gekreuzigt oder zu Tode gefoltert zu werden. Der Eintrag in dem Notizbuch mit marmoriertem Einband trägt die Überschrift «Schmerzvoll offener Brief an mich selbst». Ein Datum steht nicht dabei, aber ich weiß, dass ich ihn im April 2001 geschrieben habe, als ich zusammen mit meiner damaligen Lebensgefährtin Joanna zwei Wochen lang durch Italien reiste. Rom, Florenz, Lucca, Siena und Venedig. Das, so rattert es in meinem Kopf, der sich jetzt erinnert, das ist die unerwünschte «Lage», auf die sich der Brief bezieht, ein Ereignis, das offenbar KEIN VERGNÜGEN war. Die Rede ist von einer luxuriösen Italienreise mit einer hübschen jungen Frau, voller kulinarischer Genüsse, Wein, Kunst und Liebesnächten.

Elf Jahre später ist Joanna meine Frau und die Mutter meiner Tochter. Wegen unserer Italienreise wäre sie beinahe weder das eine noch das andere geworden. Die Reise fand zwei Monate nach der Veröffentlichung meines Elektroschock-Artikels statt und zwanzig Monate, nachdem wir uns kennengelernt hatten. Eigentlich sollte sie unsere Beziehung, von der wir beide dachten, dass sie irgendwann zur Heirat führen würde, weiter festigen. Stattdessen brachte sie die angestaute Angst der vergangenen Jahre zum Vorschein und bewirkte damit vor allem eins: Sie führte Joanna vor Augen, dass der junge Mann, in den sie sich verguckt hatte, viel zu sehr in sich selbst gefangen, zu nervös, durcheinander, beklommen und wirklichkeitsfremd – zu egoistisch – war, um jemanden zu lieben und selbst geliebt zu werden. Am Ende desselben Jahres trennte sie sich von mir. Es sollte vier Jahre dauern, bis es mir gelang, sie zurückzugewinnen. In der Zwischenzeit musste ich lernen, meine Angst vor anderen abzuschirmen, sie so fest in mir selbst einzuschließen, dass die unbestimmte Unsicherheit, die sie hervorrief, die Menschen, die ich liebte, nicht länger beeinflussen oder infizieren konnte – das heißt, meine *Gefühle* für die Menschen, die ich liebte. Ich musste lernen, die Liebe vor der Angst zu schützen.

Für den Angstmenschen ist die Liebe – die erlösendste aller Erfahrungen und der Gipfel menschlicher Beziehungen – eine Hölle aus qualvoller Unentschlossenheit, verdorbenem Spaß, wechselhaftem Verlangen, unerträglicher Selbsterkenntnis und, paradoxerweise, Einsamkeit. Und Schuldgefühlen. Vor allem Schuldgefühlen – unerbittlichen und grausamen. Denn die Liebe macht aus dem Angstmenschen nicht nur einen Drangsalierer, sondern auch einen Masochisten. Er will niemandem wehtun, schon gar nicht dem geliebten Menschen. Er ist kein Sadist. Aber er ist toxisch, und allein dadurch, dass er seiner Zuneigung nachgibt, setzt er einen Unschuldigen der Gefahr aus, selbst vergiftet zu werden. Psychischer Selbstmissbrauch wird zu psychischer Gewalt gegen andere. Die Angst fordert Opfer, auch in der Liebe.

Als ich Joanna im Sommer 1999 kennenlernte – frisch von der Uni, frisch angestellt, vor Angst wie gelähmt –, wusste ich von all dem noch nichts. Ich war vorher erst ein Mal verliebt gewesen, und meine Gefühle waren nicht erwidert worden. Ich hatte noch keine feste Freundin und keine längerfristige Sexpartnerin gehabt. Ich hatte noch nie ausprobiert, wie sich meine Angst in Liebesdingen auswirken würde. Ich hatte mir selbst noch keine Gelegenheit dazu gegeben. Auf der High School und im College hatte sich immer und immer wieder die gleiche Komödie abgespielt: Junge trifft Mädchen; Mädchen mag Jungen; Mädchen lässt Jungen wissen, dass es ihn mag; Junge zerbricht sich Tag und Nacht den Kopf über mögliche Folgen; Junge gelangt zu dem Schluss, dass ein Mal ins Kino gehen eine unlösbare Verstrickung, eine lieblose Ehe, eine hässliche Scheidung und Jahre voller Schande, Unterhaltszahlungen, Verarmung und klinischer Depressionen nach sich ziehen wird; Junge lässt Mädchen über Freund ausrichten, dass Junge an einer beidseitigen Lungenentzündung erkrankt ist und sechs bis acht Wochen das Bett hüten muss.

Joanna hatte das Pech, die Erste zu sein, die diesen immer gleichen Ablauf mit ihrem Charme durchbrach. Was in sie gefahren war, dass sie überhaupt Lust hatte, bei diesem Wandel eine Rolle zu spielen, ist mir schleierhaft. Ich habe mir Fotos von der Party angesehen, auf der wir uns kennengelernt haben, und kann bei dem gespenstischen jungen Mann, der mich von den Bildern anglotzt, nicht die geringste Anziehungskraft entdecken. Ich sehe aus, als hätte ich für ein Wochenende Ausgang aus einer Entzugsklinik bekommen. Mit den unrasierten Wangen wirke ich finster und erinnere entfernt an einen Rabbi. Meine Haut weist die typische Blässe der an Schlaflosigkeit Leidenden auf, unter meinen Augen zeichnen sich schwarze Ringe ab, und ich trage unordentliche, unmodische Klamotten. Unter diesen Voraussetzungen wäre es wahrscheinlicher gewesen, Kopfläuse anzuziehen, als eine Frau.

Aber da war sie – frisch, strahlend, aufgeweckt, umwerfend. Ich ertappte sie dabei, wie sie mich beäugte, während ich vor dem Bücherregal meines Bruders stand und versuchte, so zu wirken, als wäre ich voll und ganz in eine Taschenbuchausgabe von Kants *Prolegomena zu einer jeden künftigen Metaphysik, die als Wissenschaft wird auftreten können* vertieft, um Menschen von mir fernzuhalten. Ich überlegte, ob ich vielleicht Guacamole auf meiner Hose hatte. Dann kam meine Schwägerin mit Joanna zu mir herüber und stellte sie mir als ihre Kollegin vor – sie arbeiteten in zwei benachbarten Bürozellen bei einer gemeinnützigen Organisation in Midtown Manhattan, wo sie dafür bezahlt wurden, das Geld eines Milliardärs zu verteilen –, und ich musste in Windeseile drei verblüffende Eindrücke verarbeiten. Erstens: Trotz meiner Unscheinbarkeit und ihrer Schönheit schien sich Joanna völlig freiwillig mit mir zu unterhalten – niemand hatte sie dazu gezwungen oder ihr Gewalt angedroht, falls sie es nicht tat. Zweitens: Obwohl in meinem Kopf, in meinem Hals, in meiner Brust, in meinen Eingeweiden und in meiner Leiste eine kaum übersehbare Panik hauste, schien Joanna nichts davon zu bemerken, oder zumindest schien es ihr nichts auszumachen. Drittens: Trotz alledem schien Joannas Gegenwart meine Angst nicht zu verschärfen, sondern sie sogar zu unterdrücken. Das fiel mir sofort auf. Sie war eine wandelnde, sprechende, blauäugige Xanax-Tablette. Allein ihr Anblick – wie sie da stand und aus einem Plastikbecher Wein trank, mit dem Kopf nickte, während ich auf ihre Fragen antwortete, und sich gedankenverloren eine Strähne ihres bronzefarbenen Haars um den Finger wickelte – war ein Elixier. Dieser Effekt war mir so fremd, dass er mich beinahe ablenkte. Für den Rest der Party waren wir unzertrennbar, und während wir im Flur standen und plauderten oder kokett herumscherzten und uns gegenseitig das Essen vom Teller klauten, musste ich mich zwingen, nicht zu denken: *Ich stehe in einem Flur und plaudere mit einer Frau, ich scherze kokett mit einer Frau herum, ich esse vom Teller einer Frau. Ich tue etwas, das Experten für soziales Verhalten als Zeichen von Männlichkeit und geistiger Gesundheit erachten würden.*

Möglicherweise spielte es auch eine Rolle, dass mir in dieser Situation eigentlich nichts passieren konnte: Ich hatte an einem mir vertrauten Ort eine Frau kennengelernt, die andere im Vorfeld bereits inspiziert und für vertrauenswürdig befunden hatten, und ich würde in weniger als vierundzwanzig Stunden wieder abreisen, und zwar in eine Stadt, die zwei Staaten von New York entfernt lag. Aber selbst diese innere Sicherheit, die das übliche Gefühl von Risiko, Wagnis, Unberechenbarkeit und Unbeständigkeit ersetzte, war etwas so Besonderes, dass ich es eigentlich hätte aufschreiben müssen. Während ich am nächsten Morgen auf dem Interstate 95 Richtung Boston fuhr, wo mich ein Berg von Texten erwartete, die auf ihre Faktizität überprüft werden wollten, konnten nicht einmal die bedrohlichen Sattelschlepper mein neues Selbstvertrauen erschüttern, das die Begegnung mit Joanna in mir gesät hatte.

Dennoch erwartete ich nicht, dass etwas daraus werden würde. Auf Joannas Initiative hin hatten wir unsere Telefonnummern ausgetauscht, aber ich nahm an, dass sie damit lediglich auf höfliche Weise unseren Flirt beenden wollte. «Wenn du das nächste Mal in der Stadt bist, komm vorbei», und so weiter. Doch schon am nächsten Abend klingelte das Telefon neben meinem Bett, und da war sie wieder, sanft und ein bisschen nervös. Unnötig, dass sie erklärte, wer sie war, als ich den Hörer abnahm.

Zu meiner großen Freude stellte ich fest, dass der therapeutische Zauber, den Joanna bei der Party auf mich ausgeübt hatte, auch über die räumliche Distanz hinweg seine Wirkung tat. Während sie von ihrem Leben in New York erzählte – von ihrer Arbeit bei der Stiftung, von ihrer Begeisterung für das öffentliche Bildungswesen, von ihren Freunden und Mitbewohnern –, merkte ich, wie sich in meinem Kopf plötzlich eine merkwürdige Klarheit einstellte: die nicht gekannte Fähigkeit, zwischen Angst und Erregung zu unterscheiden. Diese beiden Empfindungen waren bislang immer frustrierend ähnlich gewesen, da beide mit dem gleichen Adrenalinschub beginnen und die gleiche körperliche Orientierungslosigkeit hervorrufen. Diesmal wusste ich jedoch genau, was der Schauer und das Kribbeln in meinen Gliedmaßen bedeuteten. Es war Euphorie.

Der Rest spielte sich mit einer kaum fassbaren Unumgänglichkeit ab. An jenem Abend telefonierten wir mehr als zwei Stunden lang, ebenso am nächsten Abend und an den darauffolgenden Abenden. Tagsüber konzentrierte ich mich auf die Artikel, die die Redakteure mir zuwiesen, aber abends gab es nur noch die Frau, die sich mir zugewiesen hatte. Nach drei Wochen hielt ich es nicht mehr aus und überzog mein Konto, um einen Flug nach New York zu bezahlen. Von da an sahen wir uns jedes zweite Wochenende, mal in Boston, mal in New York. Die Floristen in beiden Städten verzeichneten enorme Gewinnsteigerungen. Kellner freuten sich über üppige Trinkgelder. Wir verbrachten viele Sonntage hinter geschlossenen Jalousien. Nach neun Monaten genügte mir das alles nicht mehr, und ich bat meinen Mitbewohner, auszuziehen, und Joanna, einzuziehen. Sollte meine Schwägerin das Geld des Millionärs doch eine Weile allein verteilen. Joanna war meine Rettung. Sie wurde hier oben im Norden gebraucht.

Die armen Geschöpfe, die sich in einen Angstmenschen verlieben! Arme Märtyrer! Arme Joanna! Als sie bei mir einzog, konnte sie unmöglich wissen, worauf sie sich einließ. Zwar spielte ich ihr gegenüber manchmal auf meine Angst an, aber wenn, dann nur mit jenem selbsttherabsetzenden ethnischen Stolz, den ich bei Roth aufgeschnappt hatte, jenem clownesken jüdischen Schwadronieren, ohne näher auf meine Vorgeschichte einzugehen und ihr die volle, klinische, unvermeidliche Wahrheit zu sagen. Ich hätte sie gleich zu Beginn über meine Angst informieren müssen, so wie künftige Hundebesitzer vom Züchter darüber informiert werden, dass der Vierbeiner, den sie sich ausgesucht haben, die Staupe hat oder bissig ist.

Auf der anderen Seite – warum hätte ich ihr die Wahrheit sagen sollen? Zum einen wollte ich sie nicht abschrecken, aber zum anderen erkannte ich die Wahrheit in ihrer Gegenwart auch gar nicht. Die Wahrheit, um die sie wissen musste, war, was mich betraf, die alte Wahrheit, die Wahrheit bevor ich Joanna traf. Mit ihr in meinem Leben gab es keine alte Wahrheit. Es gab nur die wunderbare neue Joanna-Wahrheit: Stabilität, Zuneigung, Sinnlichkeit, die Zentriertheit auf die andere Person. Eine optimistische Zukunft. Natürlich hatte ich mitunter auch Bedenken, was meine wundersame Verwandlung betraf, aber ich fand es vollkommen normal, solche Bedenken zu haben. Das hatte nichts Pathologisches an sich. Auf jeden Fall nichts, worüber man sich den Kopf zerbrechen musste.

Für all jene, die mich besser kannten als ich mich selbst, war es leichter, die Tücken dieser Situation zu erkennen. «Bist du sicher?», fragte ein befreundeter Kollege. «Du ziehst ziemlich schnell mit dieser Braut zusammen.» «Joanna ist toll», sagte Scott. «Ich mag sie. Sie gehört schon fast zur Familie. Aber überleg dir das noch mal, Kumpel. Denk darüber nach. Du hattest ja vorher noch nicht mal 'ne Freundin.» «Wozu die Eile?», sagte meine Mutter. «Warum lässt du die Dinge nicht einfach eine Weile so, wie sie sind? Zumindest im ersten Jahr könnt ihr noch getrennte Wohnungen haben. Ich helfe dir bei der Suche!» Selbst eine Kollegin beim *Atlantic*, die nichts von meiner Angst wusste, hat später behauptet, sie hätte einen Anflug von Panik in meinen Augen gesehen, als ich ihr erzählte, dass Joanna bei mir einzog.

Wahrscheinlich hat sie tatsächlich einen Anflug von Panik gesehen. Der Keim war jedenfalls da. Er war lediglich verhüllt. Er lag unter der großen, lauten, köstlichen Ablenkung verborgen, die meine Leidenschaft für Joanna mit sich brachte. Dabei hätte ich inzwischen eigentlich wissen müssen, wie anfällig die Angst für große Ablenkungen ist. Bei kleinen Ablenkungen – ein Film, ein Fußballspiel, ein gutes Essen – wird der Angstmensch sofort noch ängstlicher. Setzt man hingegen sein Haus in Brand, verschwindet die Angst prompt. Aber sobald die Flammen gelöscht sind, sobald alles wieder normal ist, kehrt die Angst mit aller Macht zurück.

Nein, Joanna konnte nicht wissen, welche Schwierigkeiten sie erwarteten. Und ich, der ich noch nie eine feste Beziehung gehabt hatte, konnte auch nicht wissen, welche Schwierigkeiten auf mich zukamen. Aber sie kamen. Im Sommer 2000 zog Joanna nach Boston. Sechs Monate später, als mein Elektroschock-Artikel veröffentlicht wurde und mich ein kalter Angstschwall erneut ins Wanken brachte, geriet auch Joanna ins Wanken.

Es war keineswegs so, dass der Angstkeim, der in mir wuchs, meine Liebe zu ersticken drohte. Das wäre relativ einfach gewesen. Wäre meine Liebe nachweislich tot gewesen, hätte ich mich zum Wohl aller Beteiligten hin stellen können und sagen: «Tut mir leid. Ich habe einen Fehler gemacht. Ich hätte dich nicht bitten sollen, nach Boston zu ziehen. Lass uns jetzt versuchen, deinen alten Job in New York zurückzubekommen!» Das Problem war vielmehr, dass meine Angst meine Liebe *kolonisierte*. Angst ist unter anderem eine Störung der Entscheidungsfindung. Es beginnt mit einem Zweifel an sich selbst, und wenn dieser Zweifel nicht sofort isoliert und geschlachtet wird, vermehrt er sich wie Ungeziefer. Der Zweifel befällt jeden Bereich des Denkens, egal, wie heilig er ist.

Anfangs bemühte ich mich, Joanna nicht in meine Angst wegen des Artikels zu verwickeln. Ich grübelte viel über meine journalistischen, literarischen, intellektuellen und möglicherweise moralischen Schwächen nach. Ich grübelte darüber, wie schwer greifbar die Wahrheit, wie zweischneidig der Erfolg und wie ethisch verzwickt das Verhältnis des Journalisten zu seinem Thema ist. Ich beschäftigte mich ausgiebig mit den Details anderer journalistischer Kontroversen, vor allem mit der, die Roth (zusammen mit dem Clinton-Lewinsky-Skandal) in seinem Brief an Whitworth erwähnte: die Verleumdungsklage des Psychoanalytikers Jeffrey Masson gegen die Journalistin Janet Malcolm. Ich rannte in den nächsten Buchladen und kaufte ein Exemplar von Malcolms *The Journalist and the Murderer*, dessen berühmt gewordener Eingangssatz mich zugleich tröstete und entsetzte: «Jeder Journalist, der nicht zu dumm oder zu sehr von sich eingenommen ist, um zu merken, was läuft, weiß, dass seine Tätigkeit moralisch nicht vertretbar ist.» Aber ich hielt Joanna da raus. Ich brauchte Joanna. Sie war mein Cheerleader und meine Vertraute. Sie war der Mensch, zu dem ich jeden Abend zurückkehrte, mit jenem Gesichtsausdruck, den sie auch heute noch meinen «Reh-im-Scheinwerferlicht-Blick» nennt: müde und frustriert von der Anstrengung, für mehr als acht Stunden am Stück bei Bewusstsein geblieben zu sein. Sie goss mir Drinks ein, massierte mir den Rücken und sagte Dinge wie «Bald wird alles besser. Das versprech ich dir. Du musst nur warten, bis der Rauch sich verzieht.»

Und er verzog sich. Nach ein paar Wochen hörten Andres Anrufe auf, die Online-Kommentare versickerten, die Briefeschreiber wandten sich anderen vermeintlichen Abscheulichkeiten zu, und die Herausgeber schienen zufrieden zu sein, dass das Ganze weder für sie noch für mich irgendwelche rechtlichen oder rufschädigenden Folgen nach sich zog. Aber, Versprechen hin oder her, die Dinge wurden nicht besser. Der Reiz war zwar verschwunden, aber die Reaktion darauf blieb bestehen. Und so kam es, dass sich meine Angst wie ein Einsiedlerkrebs, der sein Gehäuse abgestreift hat, auf die Suche nach einem neuen Zuhause machte und es in der Frau fand, die meins mit mir teilte. Ein fürchterliches Muster nahm seinen Lauf, ein missbräuchlicher Reigen in vier Schrittfolgen.

Schritt eins: zunehmende Unsicherheit. Ich begann mich zu fragen, ob das, was ich die ganze Zeit über für Joanna empfunden hatte, gar keine Liebe wäre, sondern lediglich Schwärmerei, Verlangen, Sehnsucht oder Lust. Vielleicht war es einfach das Bedürfnis eines schwachen Mannes nach emotionalem Beistand. Vielleicht war es nur eine vorübergehende Maskierung von Einsamkeit. Vielleicht war es das, was Roth zu Beginn seines Romans *Die Anatomiestunde* schreibt: «Wenn er krank ist, will jeder Mann

seine Mutter; falls sie nicht da ist, müssen andere Frauen einspringen.»
Was auch immer es war, es war schiere Naivität, eine an Verrücktheit grenzende Selbstzerstörung gewesen, zuzulassen, dass Joanna bei mir einzog. Jetzt war ich mehr als je zuvor in einer Wohnsituation gefangen, die viel zu viel Nähe mit sich brachte.

Schritt zwei: Rückzug. Zu den wachsenden Zweifeln an meiner Zuneigung gesellte sich Unmut darüber, dass Joanna meine Angst nicht auffangen konnte, aber auch Scham, weil diese Angst jetzt so sichtbar war. Ich wurde zunehmend mürrisch und gleichgültig und machte kein Hehl daraus, dass ich unzufrieden war, kurzum: Ich wurde ein richtiges Arschloch. Ich kritisierte Joanna, lehnte ihre Vorschläge ab, ignorierte ihre Bitten und machte ihr unmissverständlich klar, dass mir ihre Gegenwart in Boston, in meiner Wohnung und in meinem Leben schrecklich lästig geworden war.

Schritt drei: Reaktion. Joanna war traurig über mein Verhalten und befürchtete, ihr Leben in New York für jemanden aufgegeben zu haben, der sie nicht nur nicht liebte, sondern sie nicht einmal zu mögen oder besonders zu respektieren schien. Beschuldigungen folgten. Tränen. Verschlossene Türen. Schweigen. Szenen aus dem Fundus der Verfallserscheinungen sämtlicher Liebesgeschichten dieser Welt.

Schritt vier: Rückzieher. Ich war entsetzt über meine Grausamkeit, und plötzlich graute mir davor, wieder allein zu leben. Also bemühte ich mich, den Schaden wiedergutzumachen. Gourmetessen. Blumensträuße. Dilettantische Gedichte. Beteuerungen ewiger Anbetung. Ich setzte alles daran, um sie zurückzugewinnen.

Wegstoßen und anziehen, wegstoßen und anziehen, wegstoßen und anziehen. Es war wie eine Lehrbuchversion des Syndroms der geschlagenen Frau, nur ohne Schlagen, und ich befand mich damit in illustrer Gesellschaft. Kierkegaard quälte die Frau, die er liebte, so lange mit seiner neurotischen Unentschlossenheit, bis sie depressiv wurde. Elf Monate lang schwankte er maniakalisch zwischen Zuneigung und Abneigung, Hinwendung und Zurückweisung hin und her. «Schließlich», sagte sie, als sie sich endlich trennten, «hast du auch ein schreckliches Spiel mit mir gespielt». William James, der zwischen zwanzig und dreißig unter akuter Angst litt, marterte seine zukünftige Frau mit der gleichen Unbeständigkeit. Er schrieb lange, verzweifelte Briefe, in denen er ihr eifrig den Hof machte und sie im selben kurzen Absatz zurückwies. Und dann wäre da noch Franz Kafka, der kläglichste aller Liebhaber im westlichen Kanon. Fünf Jahre lang hielt er seine Freundin und Verlobte hin und stellte all seine literarischen, intellektuellen und polemischen Fertigkeiten in den Dienst zweier widersprüchlicher Ziele: sie zu gewinnen und zu behalten und ihr zu beweisen, dass er ein «kränklicher, schwacher, gänzlich unsozialer, schweigsamer, trauriger, verdrossener, fast hilfloser Mensch» war, mit dem zusammen das Leben ein einziges Desaster sein würde.

Joanna und ich hatten unsere Italienreise praktisch von dem Moment an geplant, als wir zusammengezogen. Wir studierten den Reiseführer von *Lonely Planet*, eigneten uns mithilfe von Audio-CDs (der Pimsleur-Methode) italienische Sprachkenntnisse an und sammelten Tipps zu *ristoranti* und *alberghi*. Die Reise sollte dekadent werden und einfach nur Spaß machen. Aber je näher sie rückte und je stärker meine Angst anschwoll, umso mehr empfand ich diese Reise als lästige Pflicht. Wenn sie die Fesseln meiner Neurose sprengen und das ewige Hin und Her beenden sollte, in das ich uns gebracht hatte, musste ich schon einen Ozean überqueren. Die Geografie von Arbeit und Zuhause war zu einengend und vertraut für eine Wiedergeburt. Und eine Wiedergeburt war das, was ich, was Joanna und ich brauchten.

Dass es keine werden würde, spürte ich schon auf dem Flug. Während Joanna in dem dicken Ordner mit Reiseberichten, Karten und Besichtigungstipps blätterte, den sie zusammengestellt hatte, konsumierte ich ein Budweiser für acht Dollar und fragte mich, ob ein Panikanfall den Piloten dazu bewegen würde, zurückzufliegen, und wenn ja, wie er das wohl über die Bordsprechanlage den anderen Passagieren mitteilen würde. Es müsste schon ein echtes Prachtexemplar von einem Anfall sein, aber ich fühlte mich dazu in der Lage. Es schien meine letzte Chance zu sein, um das zu vermeiden, was – so wurde mir irgendwo östlich von Neufundland klar – zwei katastrophale Wochen werden würden. Zwei Wochen in einem fremden Land! Zwei Wochen permanent an der Seite einer anderen Person! Zwei Wochen, in denen die Verpflichtung, vergnügt zu sein, noch viel beklemmender sein würde, als sie das zu Hause gewesen war. Zwei Wochen!

Eine Zeitlang gelang es mir, alles zu unterdrücken. Von ein paar flüchtigen, schönen Momenten abgesehen – die gemeinsame Zigarette auf der Engelsbrücke, der gemeinsame Mittagsschlaf bei offenen Fensterläden und aufdringlichem Wind, das gemeinsame Sonnenbad auf der Piazza del Campo in Siena – konnte ich nichts genießen, also fand ich es nur fair, dass ich mich darauf konzentrierte, meine Unlust zu verbergen. Wir hatten beide unsere Ersparnisse für den Urlaub angezapft. Auf diese Weise würde Joanna wenigstens etwas für ihr Geld bekommen.

Die List war gut gemeint, hatte aber leider zwei ziemlich große Haken. Erstens ist Joanna keine Idiotin. Sie erkennt den Unterschied zwischen Vergnügtsein und unterdrückter Panik. Es war also nicht nur meine Freudlosigkeit, die sie kränkte, sondern auch die Tatsache, dass ich meine wahren Gefühle verbarg – ein doppeltes Verbrechen an einer Beziehung. Zweitens entfremdete ich mich von der Außenwelt desto stärker, je mehr ich versuchte, meine Panik zu unterdrücken, und je mehr ich mich von der Außenwelt entfremdete, umso stärker hielt ich an der irren Logik meiner Angst und den daraus resultierenden Schuldgefühlen fest. Als wir nach circa einer Woche in Florenz eintrafen, fühlte ich mich wie ein Mittelding aus Jean-Dominique Bauby, dem Autor des Buchs *Schmetterling und Taucherglocke* und Protagonisten des gleichnamigen Films, der am Locked-in-Syndrom leidet, und Rodion Raskolnikow aus Dostojewskis Roman *Schuld und Sühne:* vollständig eingeschlossen in einer durch und durch instabilen Psyche. All die wunderbaren und luxuriösen Dinge, die wir taten, all die Picknicks, die wir veranstalteten, und die Meisterwerke, die wir uns anschauten, und die Liebe, die wir machten, waren pure Verschwendung, was mich betraf. Ich war nicht einmal anwesend. Ich war wieder in Boston, bei meinem Artikel, besessen von dem Schaden, den ich womöglich angerichtet hatte. Besessen von dem Schaden, den ich *garantiert* angerichtet hatte. Man stelle sich vor: ein warmer Apriltag in Florenz; ich mit meiner liebenden, treu ergebenen Freundin im Giardino di Boboli – und alles, woran ich denken kann, ist die Verabreichung von 60 bis 150 Millicoulomb elektrischer Ladung an den Schläfenlappen von katatonisch depressiven Patienten in einer psychiatrischen Klinik.

Endlich, in Venedig, in einer *pensione* mit Blick auf den Canal Grande, reichte es Joanna. Wir hatten gerade unsere Taschen abgestellt, und ich stieß einen jener tiefen Weltschmerzseufzer aus, die zu meinem Markenzeichen geworden waren, da drehte sich Joanna plötzlich zu mir um und sagte: «Weißt du, ich kann mich nicht erinnern, wann du mir das letzte Mal gesagt hast, dass du mich liebst.» An diesem Punkt probierte ich eine Taktik aus, die ich mir zurechtgelegt hatte, für den Fall, dass ich je in eine solche Situation geraten würde. Die Taktik bestand darin, so starr und still wie nur irgend möglich zu verharren – wie eine Eidechse, die sich tot stellt, um einen Angreifer zu überlisten; auf diese Weise, so hoffte ich, würde Joanna ihren berechtigten Vorwurf vergessen und einfach so weitermachen wie bisher.

Es funktionierte nicht.

«Sag doch was!»

Ich stammelte herum und brachte es schließlich raus: «Ich glaube nicht, dass ich dich noch liebe.»

In gewisser Weise stimmte das, obwohl es sich schrecklich anhörte, in einer Umgebung wie dieser, hörbar und lebendig. Manchmal liebte ich Joanna. Wenn ich mich gut fühlte, oder wenn ich sehr, sehr schläfrig war, oder wenn wir zusammen im Bett waren, oder wenn ich mindestens ein Milligramm Xanax eingeworfen hatte. Aber es fiel mir zunehmend schwer, sie *nicht* als Hindernis wahrzunehmen. Sie hinderte mich daran, mich vollständig in mich selbst zurückzuziehen. Und wie kann man jemanden lieben, wenn man ihn nicht einmal wahrnimmt? Und obwohl man ihn nicht wahrnimmt, warum erscheint es gleichzeitig als so wichtig, ihn festzuhalten? Und ist der Impuls, jemanden «festzuhalten», eine Folge davon, dass man ihn nicht wahrnehmen kann?

Ich hatte gerade damit begonnen, über all das nachzudenken, als ich in meinem peripheren Blickfeld den ersten Gegenstand quer durch das Zimmer auf mich zuschießen sah.

14 Brian

Es dauerte noch volle acht Monate, bis Joanna sich von mir trennte. Sie war verletzt und oft durcheinander, aber sie schien zu verstehen, dass der Schmerz, den ich ihr zugefügt hatte, nicht gegen sie gerichtet war, sondern lediglich von mir selbst auf sie überlief. Angst war ihr nicht vollkommen fremd. Sie hatte eine ungefähre Vorstellung davon, was das war und wie es sich anfühlte. Und sie liebte mich, die Arme. Sie zwang sich dazu, optimistisch zu sein. In jenem Sommer schlug ich vor, dass wir uns getrennte Wohnungen suchten. Sie willigte ein, in der Annahme, dass ein wenig Distanz die Dinge verbessern würde. Im Herbst beschloss ich, beim *Atlantic* zu kündigen. Joanna glaubte mir, als ich sagte, ich würde den Job aufgeben, um mich auf meine Tätigkeit als Autor zu konzentrieren. In Wirklichkeit kündigte ich, weil ich es nicht mehr ertrug, unter Menschen zu sein.

Die entscheidende Demütigung für Joanna war mein Auftritt bei einem Fest, das sie an einem Feiertag bei sich zu Hause veranstaltete. Ich erschien mit zweistündiger Verspätung, sturzbesoffen, in Begleitung eines verheirateten Freundes, der sofort die weiblichen Gäste anbaggerte. (Ich heute: «Ich weiß nicht, wie du es so lange mit mir ausgehalten hast.» Joanna: «Geringes Selbstwertgefühl.»). Als sie mit mir Schluss machte, wirkte sie so vergnügt und erleichtert, als hätte sie gerade eine Anhörung vor dem Bewährungsausschuss erfolgreich hinter sich gebracht. Mir ging es ganz ähnlich. Ich hatte darauf gewartet, dass sie den Mut aufbrachte, der mir fehlte. Wenigstens musste ich mir keine Gedanken mehr darüber machen, dass ich sie verletzte, oder mich dafür hassen, dass ich nicht damit aufhören konnte.

Das gute Gefühl hielt genau achtundvierzig Stunden an. Dann legte ich mich mit stechenden Kopfschmerzen ins Bett und stellte fest, dass ich nicht mehr aufstehen konnte. Eine ganze Woche lang lag ich auf meiner Matratze auf dem Boden, um mich herum Berge von gebrauchten Papiertaschentüchern und leeren Tablettenschachteln, rotzend und krank und Tag und Nacht auf meine monströsen Charakterschwächen fixiert, die mich dazu gebracht hatten, die einzige gute, wahre Beziehung zu sabotieren, die ich je gehabt hatte und wahrscheinlich je haben würde. Da war es wieder, das *Macbeth*-Gefühl – die alte selbstbezügliche Psychose. Ich konnte nichts tun, sehen, hören oder riechen, ohne an das erinnert zu werden, was ich zerstört hatte, ohne an Joanna erinnert zu werden. Ich konnte keine Filme anschauen, keine Bücher lesen, nicht fernsehen. Ich konnte nicht einmal aus dem Fenster schauen: Die Bäume, die sich im Wind wiegten, bewegten sich wie sie. Das fröhliche Zwitschern der Vögel war kaum auszuhalten; es war, als machten sie sich über mich lustig. Selbst der Regen war unerträglich. Der Regen sagte: *Ich kann das alles wegwaschen, all den Schmutz und den Müll und den Staub, aber nicht dein gebrochenes Herz, und schon gar nicht das, was in dir drin faul ist.*

Es war schlimmer als alles, was ich mir bei dem Gedanken, Joanna zu verlieren, je vorgestellt hatte. Es war, als wäre sie ermordet worden. Vom Erdboden verschwunden. Sie ging nicht ans Telefon, rief nicht zurück. Nach ein paar Tagen voller Verzweiflung konnte ich von Glück sagen, dass überhaupt noch jemand gewillt war, mit mir zu reden; dass es noch Menschen gab, die bereit waren, mein Gejammer zu ertragen, und mir sogar Trost spendeten und Ratschläge gaben.

Natürlich waren die wenigsten dieser tröstenden Worte und Ratschläge zu gebrauchen. Man kann zu einer hysterisch trauernden Person eigentlich nichts sagen, was nicht nach einem Klischee klingt. Aber ein Vorschlag tat mir überraschenderweise richtig gut. Er kam von meinem Bruder David, den ich eines Abends anrief, weinend und wimmernd und um Hilfe flehend. David, der die Geduld eines Zenmönchs besitzt, hörte zehn Minuten lang schweigend zu, bis meine Batterien leer waren. Dann sagte er: «Zieh dich an, setz dich ins Auto und leih dir *Singin' in the Rain* aus.»

Mein erster Gedanke war, dass David sich für irgendetwas Furchtbares rächen wollte, das ich ihm in der Kindheit angetan hatte. *Singin' in the Rain* ausleihen? Ich hatte gerade die einzige Frau verloren, die ich je geliebt hatte, und er wollte, dass ich mir einen Film anschaute, in dem es um eine reine, leidenschaftliche Liebe ging. Noch dazu mit Tanznummern! Das würde mich umbringen. Ich würde kübelweise Tränen weinen und dadurch so viel Körperflüssigkeit verlieren, dass ich dehydrieren, zusammenschrumpeln und sterben würde. Meine Mitbewohner würden mich Tage später finden, ausgehöhlt wie die Hülle einer Heuschrecke, während sich Gene Kelly und Debbie Reynolds im Schein der Hollywood-Sonne innig umarmten. Ich würde so viel Glück nicht überleben.

Aber David bestand darauf. «Du denkst wahrscheinlich, dass *Singin' in the Rain* das Allerletzte ist, was du jetzt sehen willst», sagte er. «Aber in Wirklichkeit ist es das Einzige, was du dir jetzt anschauen kannst.» *Singin' in the Rain*, meinte David, sei der einzige bekannte Unterhaltungsfilm in der Geschichte der Menschheit, der absolut nicht in der Lage sei, irgendeine Form von Missmut oder Traurigkeit hervorzurufen. Ganz gleich, wer du bist oder in was für einem emotionalen Zustand du dich befindest; ganz gleich, welcher Ethnie, Religion oder sozialen Schicht du angehörst; ganz gleich, welche sexuelle Orientierung oder Überzeugungen du hast: *Singin' in the Rain* lasst dich deine Sorgen vergessen und wieder lächeln.

Und er hatte verdammt noch mal Recht! Bis heute ist mir keine Pille untergekommen, die größere Wunder bewirkt. Der ganze Film war wie ein cinematisches Gegengift bei neurotischen Störungen. Es war, als würde man in ein Universum katapultiert, in dem negative Emotionen keine Rolle spielen, außer vielleicht als sauber übersprungene Hürden auf dem Weg zum Glück – ein Glück von so absurd hoher Technicolor-Wattleistung, dass alles, was einen gerade betrübt, 103 Minuten lang einfach ausgeblendet wird. *Singin' in the Rain*, das ist musikovisuelles Prozac.

Jetzt wissen es alle. Jetzt können andere von dieser Erkenntnis profitieren. Es wäre jedoch verfrüht, wenn die American Psychiatric Association gleich ihre Behandlungsrichtlinien revidieren würde. *Singin' in the Rain* hilft Ihnen vielleicht dabei, ein oder zwei angsterfüllte Wochen zu überstehen, aber kein angsterfülltes Leben. Dafür brauchen Sie entweder eine Gehirntransplantation (die einzige Organspende, bei der es besser ist, der Spender zu sein und nicht der Empfänger), einen Luftschutzbunker, der mit allem ausgestattet ist, was man so braucht, oder eine gründliche Korrektur der Art und Weise, wie Sie existenzielle Risiken beurteilen.

Vielleicht hätte ich Letzteres auch ohne Brians psychotherapeutische Unterstützung erreicht. Bei manchen Menschen nimmt die Angst von selbst ab, wenn sie älter werden. Sie sammeln ihre Fehler – die verpfuschten Beziehungen, die falschen beruflichen Entscheidungen, die gescheiterten Ambitionen – und erkennen, dass keine dieser Katastrophen sie umgebracht hat. Sie fahren das Tempo herunter und legen einen niedrigeren Gang ein. Sie entwickeln eine abgeklärtere, nüchternere, vielleicht sogar amüsierte Sichtweise. Angst ist das Laster der Jugend, ein Symptom von Idealismus, sagt Thoreau, der sowohl etwas von Angst verstand als auch von Idealismus: «In der Jugend sammeln wir das Material, um eine Brücke zum Mond zu bauen oder vielleicht einen Palast oder einen Tempel auf der Erde zu errichten, und in der Mitte des Lebens beschließen wir dann, aus diesem Material einen Holzschuppen zu zimmern.»

Aber ich kannte schon viel zu viele ängstliche Erwachsene – verbitterte, klammernde Erwachsene, die mit den Nerven völlig am Ende waren –, um aus dieser Weisheit viel Hoffnung zu schöpfen. Und meine eigene Angst fühlte sich viel zu muskulös und widerstandsfähig an, als dass ich darauf bauen konnte, dass sie sich kampflos aus dem Staub machen würde. Aber was das Rüstzeug für diesen Kampf betraf – die große Frage, welche Methoden, Waffen und Fertigkeiten ich dafür brauchen würde –, also, was das anging, hatte ich Glück, den richtigen Berater zu finden.

Allein schon das Therapeutenverzeichnis, das vom *Atlantic* zur Verfügung gestellt wurde, war eine Herausforderung. Da gab es mehr Auswahl als in der Eiscremetruhe im Supermarkt. Was sollte ich nehmen? Im Angebot waren transpersonale Therapie, humanistische Therapie, Gestalttherapie, konstruktivistische Therapie; Therapien nach Jung, Adler, Klein, Rogers, Reich oder Sullivan; rational-emotive Verhaltenstherapie, dialektische Verhaltenstherapie, Akzeptanz- und Commitmenttherapie, achtsamkeitsbasierte Stressreduktionstherapie, Kunsttherapie, narrative Therapie, Tanztherapie – man konnte leicht den Überblick verlieren. Erschwerend kam hinzu, dass die meisten Therapeuten keiner bestimmten Theorie folgten, sondern sich bei verschiedenen Ansätzen bedienten, je nachdem, was gerade gebraucht wurde.

Bislang hatte jeder Therapeut diesen «Von allem ein bisschen»-Ansatz auf meine Angst angewendet, und lange Zeit fiel mir gar nicht auf, dass Brian anders war. In den ersten Monaten hörte ich ihm kaum zu. Die Angst war viel zu grell und verwirrend. Alles, was ich tun konnte, war, an meinen Fingerkuppen zu nagen und Brian halb im Scherz anzuflehen, dass er mich in eine Klinik einwies. Einmal, kurz bevor sie die Beziehung beendete, kam Joanna mit zur Therapie. Ich dominierte die Sitzung, nörgelte und wetterte geschlagene fünfzig Minuten lang herum wie ein Irrer. Hätte jemand das Ganze im Zeitraffer aufgenommen, hätten Joanna und Brian am Ende wie Statuen ausgesehen und ich wie ein Nebelstreif.

Und doch war ich nicht nur *zu* verzweifelt, um Brian zuzuhören; ich war auch nicht verzweifelt *genug*. «Am absoluten Tiefpunkt ankommen» ist ein fragwürdiges Konzept – offenbar kann man immer noch tiefer fallen, als man denkt. Aber nachdem Joanna mich verlassen hatte, spürte ich, wie etwas in mir nachgab – eine plötzliche Einsicht, dass die bisherigen Mechanismen verbraucht und wertlos waren. Ich war müde – Angst ist so ermüdend! –, aber ich machte mir auch keine Illusionen mehr. Ich hatte versucht, es allein zu schaffen, und wohin hatte mich das geführt? Kein Job, keine Freundin, keine Zukunftsperspektive und ein fünfzig Jahre alter Musikfilm, dessen Leihfrist bei Blockbuster seit acht Tagen überschritten war. Ich war bereit, die Kontrolle abzugeben.

Die Therapeutin, bei der ich gleich nach dem College gewesen war, hatte mir zu verstehen gegeben, wie wichtig es war, in der Therapie die Kontrolle abzugeben. Immer wieder hielt sie mir meine, wie sie es nannte, «defensive Kopfarbeit» vor. Sie fand, dass ich zu viel dachte und mein Denken dazu nutzte, mich vor therapeutischen Veränderungen zu drücken. Damit lag sie nicht falsch. Ich verbrachte einen Großteil unserer kurzen gemeinsamen Zeit damit, unerreichbar in der geistigen Stratosphäre von Ideen und Konzepten herumzusegeln. Dabei wollte sie mich ganz woanders haben, nämlich in den Niederungen von Familie, Kindheit, Erinnerung, Repression, Trauma.

Nach dem Ende meiner Beziehung mit Joanna war ich schließlich bereit, in diesem Sumpf herumzuwühlen. Ich nahm mir vor, meinen Schutzschild abzulegen und die Krux meiner Angst zu ergründen. Brian schien gewitzter zu sein als die Therapeuten, denen ich bislang begegnet war. Er erinnerte mich an den Psychologen, den Robin Williams in *Good Will Hunting* spielt – einer, der dir vor Augen hält, was für einen Blödsinn du erzählst, und dich dann warmherzig umarmt. Er schien der ideale Partner zu sein, um die wirklich klinischen, die lebensnahen Fragen anzugehen: Wer hat mich verkorkst? Wodurch? Weshalb? Wer hat die Menschen verkorkst, die mich verkorkst haben? Konnte man überhaupt jemandem die Schuld geben, und wenn ja, wem? Gab es noch irgendwelche Ressentiments, die verdaut werden mussten, und wenn ja, welche? Gab es noch irgendwelchen angestauten Ärger? Wenn ja, dann nichts wie raus damit. Sezieren wir meine Psyche. Machen wir eine Geschichte daraus. Schaffen wir eine Katharsis.

Angesichts meines Eifers verblüffte es mich, dass Brian offenbar überhaupt kein Interesse an diesen Dingen hatte. Einmal pro Woche fuhr ich zu der Klinik, begierig darauf, endlich all die Erinnerungen und Gefühle abladen zu können, die sich im Lauf der letzten sieben Tage angestaut hatten, und jedes Mal verschwendete Brian die wertvolle Zeit damit, in seine Kaffeetasse zu starren oder Fusseln von seiner Jacke zu zupfen. Nichts schien diesen Mann zu berühren. Es war entnervend und verwirrend. Ich fühlte mich gekränkt. Schließlich, als Brian nur mühsam ein Gähnen unterdrücken konnte, während ich ihm von meiner traumatischen Entjungferung erzählte – eine Geschichte, von der ich angenommen hatte, sie würde sein Interesse wecken –, sprach ich ihn darauf an.

«Tut mir leid – langweile ich Sie?»
«Oh, Entschuldigung. Nein, erzählen Sie nur weiter. Was sagten Sie gerade?»
«Wie bitte?», sagte ich. «Was ist denn los?»
«Nichts. Überhaupt nichts. Bitte, erzählen Sie weiter.»
«*Was ist los?*»
«Nun», sagte Brian. «Es ist nur – es geht Ihnen schlecht, stimmt's?»
«Allerdings. Natürlich geht es mir schlecht. Wovon reden Sie überhaupt?»
«Es geht Ihnen jetzt, genau in diesem Augenblick, während wir hier sitzen und reden, richtig schlecht.»
«Ja», sagte ich, «na und?»
«Es fühlt sich so an, als befänden Sie sich in einem Haus, und das Haus steht in Flammen, und Sie müssen da sofort raus, weil Sie sonst verbrennen.»
«Ja, genau. Danke. Genauso fühlt es sich an.»
«O. k.», sagte er. «Also, wenn Sie in einem brennenden Haus sind, erklären Sie mir, welchen Sinn es hat, den Feuerwehrhauptmann hineinzuschicken, damit er feststellt, was den Brand verursacht hat. Wäre es nicht sinnvoller ... was weiß ich ... erst das Feuer zu löschen?»

Für einen Moment war ich sprachlos. Ich hatte das unbestimmte Gefühl, dass Brian mich auf die Probe stellte. Schließlich sagte ich: «Sie wollen also nichts mehr über die Lesben hören?»

«Im Gegenteil, ich würde liebend gern mehr über die Lesben hören», sagte Brian. «Es gefällt mir. Wir können über die Lesben reden, wir können über Ihre Mutter reden, wir können über Ihre Kindheit reden, wir können über Elektroschocktherapie oder über das Bücherschreiben oder über sonst was reden. Wir können über alles reden, worüber Sie reden wollen. Es ist Ihr Geld, mein Lieber. Ich frage mich nur, ob wir Ihre Zeit nicht vielleicht besser nutzen können.»

Bislang hatten mir Brians Vorschläge, wie ich meine Zeit nutzen könnte, nicht besonders gut gefallen. Nachdem mein Artikel veröffentlicht worden war, empfahl er mir, jeden Abend zehn Minuten lang die vernichtenden Kommentare auf der Website des *Atlantic* zu lesen. Am ersten Abend hielt ich ungefähr zwanzig Sekunden durch, dann zwang mich eine Angstattacke dazu, mich in der Badewanne zu verkriechen. Daraufhin schnappte ich meinen Computer und deponierte ihn im Schrank. Brian versuchte noch ein paar Mal, mich zu überreden, bevor er – so vermute ich – beschloss, dass es die beste Taktik war, zu warten. Ich war ein ungewöhnlich störrischer Klient, aber irgendwann würde ich nachgeben.

Was er mir jetzt vorschlug, unterschied sich im Grunde genommen nicht wesentlich von der Konfrontation mit meinen Kritikern. Zwar drängte er mich nicht mehr dazu, online zu gehen und die Kommentare zu lesen; dafür riet er mir, den schlimmen Anschuldigungen entgegenzutreten, die ich gegen mich selbst vorbrachte, und zwar so offen und ehrlich und gründlich wie möglich. *Wenn du Angst hast, was empfindest du dann? Das war die erste Frage, die ich mir stellen sollte. Was geht dir durch den Kopf, wenn du spürst, dass der Eiszapfen in deiner Brust wächst? Welche Gedanken führen dazu, dass du dich so unwohl fühlst?*

Diese Aufgabe war keineswegs so leicht und unkompliziert, wie sie auf den ersten Blick erschien. Auf meine eigenen Gedanken zu achten stellte ich mir ungefähr so vor, als würde man versuchen, Skorpione zu liebkosen. Außerdem war mir neu, dass diese Gedanken *vor* dem Gefühl der Angst eintraten und nicht danach. Das widersprach allem, was ich über die Mechanismen meiner Angst und meines Denkens zu wissen glaubte. Der springende Punkt bei meiner Angst war doch immer ihre Körperlichkeit gewesen. Sie arbeitete sich durch Nerven, Haut, Organe und Haare hindurch. Wie ein Fieber durchdrang sie den gesamten Körper. Und da kam auf einmal Brian mit seinem rostfarbenen Backenbart daher und behauptete, dass es sich genau umgekehrt verhielt: Zuerst kamen die Gedanken, dann kam das Gefühl. Erst Fieberträume, dann das Fieber. Das stellte alles auf den Kopf.

«Freud hat das aber anders gesehen. Jung hat das anders gesehen. Erikson hat das anders gesehen.»
«Ach ja?», sagte Brian. «Na und?»
«O. k.», meinte ich. «Wenn das stimmt, was Sie sagen, warum ist mir das bislang nie aufgefallen?»
«Weil Sie nicht darauf geachtet haben.»

Und so begann ein groß angelegtes Experiment der Selbsterforschung. Für meine Freunde und die Steuerbehörde hielt ich mich als freier Journalist über Wasser. Ich berichtete über Stadtratssitzungen und lokale Ereignisse aller Art für den *Boston Globe*, hin und wieder eine Buchbesprechung, und wann immer beim *Atlantic* Not am Mann war, half ich als Faktenprüfer aus. Meine eigentliche Arbeit sah ich aber darin, meine Großhirnrinde zu bewachen. Nicht der leiseste kognitive Furz sollte mir entgehen. Sobald ich jenes vertraute Gefühl der Angst in mir hochsteigen spürte, warf ich den Metascheinwerfer an, um Brians Behauptung zu testen. Hatte ich vorher etwas gedacht? Waren es ängstliche Gedanken gewesen? Hatte ich mich selbst erschreckt?

Die Übung an sich war heilsam. Allein schon die Tatsache, dass ich mich meinem Bewusstsein stellte, anstatt wie üblich davor zu flüchten, gab mir ein Gefühl von Selbstermächtigung. Abgesehen von einem Moment, in dem ein Mercedes mich auf der Commonwealth Avenue beinahe überfuhr, gab das Experiment Brian Recht. Je mehr ich auf die Mechanik meiner Angst achtete, umso deutlicher fiel mir ein Aspekt auf, den ich vorher überhaupt nicht bemerkt hatte – eine Art unterbewusste Stimme, knapp unterhalb der Bewusstseinsschwelle, die unaufhörlich plapperte und Kommentare abgab wie ein kleiner Nachrichtensprecher, der sich in meinen Stirnlappen einquartiert hatte. Und wie sich herausstellte, gehörte dieser Nachrichtensprecher nicht zu der Sorte Mensch, die man bei einer Dinnerparty als Tischnachbarn haben möchte. Mein mentaler Homunculus war äußerst pessimistisch. Sobald es auch nur das geringste Anzeichen gab, dass eine Situation in einer Katastrophe enden könnte, warf er sie auf den Teleprompter und behandelte sie wie eine Nachricht. Was war diesem kleinen Kerl passiert? Was stimmte nicht mit ihm?

Ich hatte keine Ahnung, aber wenigstens wusste ich jetzt, dass es diesen fiesen Winzling gab. Das bedeutete, meinte Brian, dass ich ihn jetzt herausfordern konnte. All die Jahre über hatte mein Kopf klammheimlich mit sich selbst geredet, und ich hatte nichts davon mitbekommen. *War das, was er sagte, wahr? Das war die zweite Frage, die ich mir stellen sollte. Hör genau hin. Wenn du Angst hast, achte darauf, was dein Kopf gerade gesagt hat, und frage dich dann, ob das zutrifft. Behandle jeden Angstgedanken wie eine philosophische These, die es zu überprüfen gilt. Begegne deinen Gedanken mit Logik.*

Die erste Gelegenheit, bei der ich Brians Rat in die Tat umsetzte, war die gleiche, vor der ich wenige Monate zuvor noch voller Entsetzen geflüchtet war. Eines Nachmittags, als ich auf den Rückruf eines Lektors wartete, öffnete ich die Homepage des *Atlantic*, und noch bevor ich darüber nachdenken konnte, ob ich das Richtige tat, klickte ich auf den Link mit den Kommentaren zu meinem Artikel. Wie schon zuvor genügte ein einziger negativer Kommentar – in diesem Fall wurde der Artikel als «verleumderisch» bezeichnet –, um mein gesamtes System mit Angst zu überfluten. Der Impuls, die Seite zu schließen, war überwältigend. Aber ich zwang mich, weiterzulesen und herauszufinden, was ich in der Millisekunde zwischen Trigger und Angst gedacht hatte. Ich brauchte gar nicht lange dazu. Ich hatte gedacht: *Der Kommentator hat Recht. Der Artikel ist verleumderisch.* Nachdem ich das entdeckt hatte, holte ich tief Luft und stellte mir die nächste Frage, die Brian mir aufgetragen hatte: War der Artikel tatsächlich verleumderisch? Schließlich heißt «verleumderisch» nicht «dumm» oder «bösartig». Es war eine formale, eine statische Definition. Ich zog mein Wörterbuch hervor und schlug das Wort «Verleumdung» nach.

> *«Verleumdung [fɛɐ̯ˈlɔɪ̯mdʊŋ] f. Eine unwahre Behauptung, die wider besseres Wissen in Beziehung auf einen anderen öffentlich verbreitet wird, sei es in einer Versammlung, in Form eines Schriftstücks, einer Fotografie oder einer sonstigen Abbildung, und die denselben verächtlich zu machen oder in der öffentlichen Meinung herabzuwürdigen oder dessen Ruf zu gefährden geeignet ist.»*

So gesehen stand außer Frage, dass der Artikel insgesamt nicht verleumderisch war. Die darin enthaltenen Fakten waren nach den strengen Richtlinien des *Atlantic* überprüft worden. Möglicherweise hatte sich ein Fehler eingeschlichen, oder dem Faktenprüfer war ein Fehler entgangen, und vielleicht hatte dieser Fehler eine Person verächtlich gemacht, herabgewürdigt oder ihren guten Ruf gefährdet. Aber war dieser mögliche Fehler wider besseres Wissen begangen worden? Nein. Ausgeschlossen. Ich hatte den Artikel in Treu und Glauben geschrieben, da konnte man sagen, was man wollte. Folglich konnte es auch keine Verleumdung geben. Meine Angst war von einer falschen Prämisse ausgegangen.

Es war, als würde ich eine mentale Bombe entschärfen, und Brian wollte, dass ich diese Methode wagemutig anwandte, ohne dabei die üblichen Katastrophenszenarien auszuklammern, im Gegenteil: Ich sollte mich diesen Gedankengängen stellen, die mit einer harmlosen Entscheidung begannen – Toastbrot oder Vollkornbrot, Rührei oder Spiegelei, Orangensaft oder Grapefruitsaft, Kaffee oder Tee – und mit meinem existenziellen Ruin, einem Szenarium aus Armut, Obdachlosigkeit, Krankheit, Schande und Tod, endeten. Keine dieser Möglichkeiten sollte ich außer Acht lassen. Das Leben war schließlich unberechenbar. Es konnten die tollsten Dinge passieren. Aber wenn ich schon auf Katastrophen bestand, sollte ich zumindest ehrlich sein, was ihre Wahrscheinlichkeit betraf. Ja, es war *denkbar*, dass eine falsche Frühstücksentscheidung durch eine Abfolge logischer Schritte zu einer totalen Entgleisung sämtlicher Hoffnungen und Zukunftsaussichten führen konnte. Aber sogar ich musste zugeben, dass es sehr unwahrscheinlich war. Es brauchte keinen Soziologen, der bestätigte, dass gut ausgebildete Juden der oberen Mittelklasse selten in einem Bostoner Müllcontainer landen. Und was, wenn ich die Ausnahme der Regel war? Was, wenn ich allein und von Krankheiten gezeichnet enden oder gar sterben würde?

«Nun», sagte Brian fröhlich, «zumindest hätten Sie dann keine Angst mehr!»

15 Warten

Ich blieb nur etwa ein Jahr lang bei Brian. Als es Sommer wurde, beschloss ich, dass es Zeit war, nach New York zu ziehen. Joanna und ich lebten nur ein paar Kilometer voneinander entfernt, und es gab erste Gerüchte, dass sie wieder mit jemandem zusammen war. Ich stellte mir einen hochgewachsenen, unerschrockenen Kerl vor, der nach billigem Markendeodorant-Imitat roch – so ein richtiger US-Navy-Typ. Das und das Krematorium gleich um die Ecke sorgten dafür, dass meine Stimmung düster blieb, obgleich meine Angst jetzt schlief.

New York schien ohnehin der geeignetere Ort für mich zu sein. Ich erzählte allen, die es wissen wollten, dass ich beim *Atlantic* gekündigt hatte, weil mir der Job als Faktenprüfer nicht genügend Zeit ließ, um mich dem Schreiben zu widmen. Es war eine Lüge, die allmählich ein Eigenleben entwickelte. Den ganzen Tag zu Hause zu sein erschien mir jetzt als nervtötend. Die Stille, der Mangel an Aufträgen, der Neid auf die gut verdienenden Angestellten mit Krankenversicherung. Dennoch wagte ich es nicht, eine neue Stelle anzutreten, aus Angst, ich könnte mich zum Narren machen und meine Situation noch verschlimmern. Die Kombination aus Schüchternheit, Stolz und Trägheit machte aus mir einen professionellen Schriftsteller, und professionelle Schriftsteller, so sagte ich mir, sollten in New York leben. Dass mein Bruder Scott und meine Mutter ebenfalls dort waren, motivierte mich zusätzlich. Es könnte doch nett sein, die Familie wieder um sich zu haben. Als ich mich bei diesem Gedanken ertappte, war ich schockiert.

Joanna erzählte ich nicht, dass ich wegzog. Schließlich hatte ich sie dazu überredet, umgekehrt von New York nach Boston zu ziehen, und sie wäre von meiner Entscheidung wohl kaum begeistert gewesen. Abgesehen davon war ich noch nicht bereit, sie wiederzusehen. Ich war immer noch durcheinander und viel zu sehr damit beschäftigt, es nicht zu sein. Brians Ratschläge umzusetzen hatte sich als schwere, unaufhörliche Arbeit erwiesen, aber ich machte unbeirrt damit weiter. Wenn mich meine Angst um drei Uhr morgens aus dem Schlaf riss, stand ich auf, machte das Licht an und nahm meine Träume unter die Lupe, um zu sehen, was sie mir mitteilen wollten. Wenn die Angst mich im Supermarkt überfiel, ließ ich meinen

Einkaufswagen zwischen den Regalen stehen und ging zu Fuß nach Hause, um mich wieder zu fangen. Wenn sie mitten in einem Gespräch zuschlug, entschuldigte ich mich, ging zur Toilette und blieb so lange auf der Kloschüssel sitzen, bis ich meine Gedanken identifiziert und analysiert hatte. Warum sollte ich mich selbst nicht an die erste Stelle setzen? Das war der einzige Vorteil des Alleinseins. Da ich für niemanden verantwortlich war, auf niemanden Rücksicht nehmen musste, ja nicht einmal gezwungen war, mit jemandem zu reden, konnte ich meinen eigenen Bedürfnissen frönen so viel ich wollte. Ich konnte mein Leben in eine Notaufnahme verwandeln, in der ich sowohl Arzt als auch Patient war.

Ein neuer Solipsismus, der den alten ersetzte – die Ironie entging mir nicht. Aber das war mir inzwischen egal. Ich hatte genug von allem Komplizierten und Doppeldeutigen; alles, was verzwickt und heikel war, hing mir zum Hals raus. Zu dem Zeitpunkt stieß ich auf Freuds Vorlesung über die Angst. Er nannte sie einen «Knotenpunkt […], an welchem die verschiedensten und wichtigsten Fragen zusammentreffen, ein Rätsel, dessen Lösung eine Fülle von Licht über unser ganzes Seelenleben ergießen müßte». *Nun, Herr Doktor*, dachte ich, *beschäftigen Sie sich ruhig mit den verschiedenen wichtigen Fragen. Ich aber will einfach nur ein bisschen Frieden. Wenn das bedeutet, dass ich mich eine Zeitlang in mir selbst einkerkern muss, von mir aus.*

Ende Juni verließ ich Boston. Als ich meinen Lektor beim *Globe* anrief, um mich zu verabschieden, sagte er: «Du bist ein vielversprechender junger Autor, aber ich bin mir nicht sicher, ob wir das Beste aus dir herausgeholt haben.»

«Ha ha», gab ich zurück.

Da Brian ein derart präskriptiver Therapeut war, konnte ich ihn problemlos nach New York mitnehmen. Ich wusste genau, was ich zu tun hatte. Und ich zweifelte auch nie wirklich, ob das, was ich tat, richtig war – ob es den Tatsachen entsprach und funktionieren würde. Ich spürte, dass es funktionierte. Jedes Mal, wenn es mir gelang, die Angst zu neutralisieren, verlor der kleine Nachrichtensprecher in meinem Kopf ein bisschen von seiner Negativität und Hartnäckigkeit. Seine wilden, unterschwelligen Tiraden wurden seltener, und wenn sie auftraten, hatten sie keine so große demagogische Macht mehr über mich.

Eines Abends, ein paar Monate nachdem ich umgezogen war, wollte ich in aller Eile noch etwas essen, bevor ich los musste, und schnitt mir bei dem Versuch, einen englischen Muffin in zwei Hälften zu teilen, prompt in den Finger. Der Schnitt war tief. Ich konnte das rosafarbene Fleisch der unteren Gewebeschicht und darunter den weißen Knochen sehen. Ein Jahr zuvor hätte ich mir sofort ausgemalt, wie diese eine ungeschickte Bewegung den ganzen Abend, die ganze Woche, meine gesamte Existenz ruinieren würde. Ich hätte mich für meine Dummheit gnadenlos gegeißelt. Jetzt stand ich einfach nur in der Küche und sah zu, wie das Blut in die Spüle tropfte, während ich überlegte. *Das ist nun mal passiert. Vielleicht solltest du was unternehmen.* Und dann gestattete ich mir einen Moment des stillen Stolzes, denn diese gelassene und praktische Haltung signalisierte eine bedeutsame Wende in meinem Denken. Während die Wunde genäht wurde, lächelte ich beinahe.

Nie war ich weniger ängstlich als in jenem ersten Jahr in New York, und das, obwohl wegen des Artikels Klage gegen mich eingereicht wurde und ich mich schwertat, Arbeit zu finden, meine Rechnungen zu bezahlen und über Joanna hinwegzukommen. Zum ersten Mal, seit ich denken konnte, fühlte sich das alltägliche Leben unbeschwert und fließend – natürlich – an. Ich dachte, ich wäre geheilt.

Ich hatte noch nicht begriffen, dass es für die Angst kein Heilmittel gibt, sondern nur eine fortwährende Behandlung. Ich hatte noch nicht begriffen, dass ein Vierteljahrhundert der Angst bleibende Spuren hinterlassen hatte – tiefe Furchen, die sich in mein Gehirn eingegraben hatten. Die einzige Möglichkeit, um nicht wieder in diese alten Spuren zurückzurutschen, war, keine neuen entstehen zu lassen. Ich hatte noch nicht begriffen, dass die einzige Herangehensweise an die Angst, die nicht verhandelbar ist, Disziplin heißt.

Und so kam es, dass ich im Laufe der Jahre immer wieder rückfällig geworden bin. Rückfälle und angstfreie Phasen wechseln einander ab – bis heute. Ich habe praktische Schritte unternommen, um sicherzustellen, dass diese Rückfälle nicht so lange dauern wie früher und dass die angstfreien Phasen dafür umso länger anhalten und stabiler sind. Ich habe Aufträge angenommen und Verträge unterzeichnet. Ich habe geheiratet. Ich bin Vater geworden. Ich habe gelernt, Verpflichtungen nicht aus dem Weg zu gehen, sondern sie als Bollwerk gegen den Zusammenbruch zu begreifen, als Schutz gegen die Angst.

Joanna ist die wichtigste Kontrollinstanz für meine ängstliche Natur: Dieselbe Frau zweimal im Leben zu enttäuschen wäre wirklich dreist, zumal es mich so viel Mühe gekostet hat, sie zurückzugewinnen. Ein Jahr, nachdem ich aus Boston weggezogen war, kehrte Joanna ebenfalls nach New York zurück, und durch einen dummen Zufall landete sie in einer Wohnung, die nur fünf Blocks von meiner entfernt war – sehr zu meinem Leidwesen, denn Joanna war ein wandelndes Mahnmal. Sie erinnerte mich an die schrecklichen Verluste, die meine Angst zur Folge haben konnte, und an die quälende Unentschlossenheit, mit der sie einherging. Es war schmerzvoll genug, dass ich über meine Schwägerin und gemeinsame Freunde mitbekam, was Joanna so machte. Jetzt musste ich Angst haben, ihr in dem Weinladen an der Ecke über den Weg zu laufen. Ein flüchtiger Blick, so fürchtete ich, würde mich um Monate zurückwerfen.

Ich ging ihr aus dem Weg. Wir gingen uns gegenseitig aus dem Weg. Wer will schon die gescheiterte Vergangenheit wiederaufleben lassen. Nach vorne schauen – so lautet das Motto. Ein weiteres Jahr verging, ein weiteres Jahr, in dem meine Angst anschwoll und wieder verebbte und mein Unterbewusstsein mich übers Ohr haute. Ich träumte von ihr.

Wir waren bei einer Zirkusveranstaltung oder Kirmes auf dem Land, um uns herum reges, klischeehaftes Jahrmarktstreiben mit Jongleuren, Stelzenläufern, Feuerspuckern, Seiltänzern. Es gab riesige Elefanten, die auf rot-weißen Bällen balancierten. Es gab weiße Pferde mit seidigem Fell und silberfunkelndem Zaumzeug. Affen in knallbunten Jux-Kostümen führten akrobatische Kunststücke vor. Es war kein beruhigender Traum. Als ich schweißgebadet aufwachte, kaute ich bereits an meinen Fingernägeln herum und fühlte mich verwirrt. Im Mülleimer neben meinem Bett gammelten die Überreste einer Drei-Dollar-Enchilada mit Schweinefleisch vor sich hin, die ich am Abend zuvor verzehrt hatte. Ich stieß die Bettdecke weg und schwor mir, nie wieder mexikanisches Essen bei einem koreanischen Take-away zu kaufen. Dann ging ich eine Runde joggen, um den Kopf frei zu kriegen.

Der Kopf wurde aber nicht frei. Den ganzen Vormittag über saß ich zappelnd an meinem Schreibtisch und konnte mich nicht auf meine Arbeit konzentrieren, weil ich zu sehr damit beschäftigt war, das Traumgefühl von Joanna und mir in diesem ganzen Durcheinander loszuwerden. Den Nachmittag verbrachte ich genauso. Am Abend ging ich wieder joggen. Dann ins Kino. Dann betrank ich mich. Dann kotzte ich. Es half nichts. Am nächsten Tag und am Tag danach und an allen darauffolgenden Tagen war ich genauso beunruhigt und aus dem Gleichgewicht wie an dem Morgen nach meinem Traum. Nach zwei Wochen rief ich meine Freundin Kate an und lud sie zum Essen ein.

Wir trafen uns Downtown in einem Bistro, einem nüchternen Ort mit unverschämt hohen Decken und polierten Betonböden.

«Ich hab ein riesiges Problem», sagte ich. «Ich glaube, ich bin in meine Exfreundin verliebt.»

«Das ist nicht so schlimm», meinte Kate.

«Es ist hoffnungslos. Keinen Versuch wert. Ich hab ihr in Venedig gesagt, dass ich sie nicht mehr liebe. In Venedig! Frauen wollen sowas nicht hören, und schon gar nicht in Venedig. Es wäre besser gewesen, wenn sie mich mit einer Hure erwischt hätte.»

«Vielleicht liebt sie dich ja auch noch.»

«Komm schon, du brauchst mir nichts vorzumachen! Hab ich dir je erzählt, wie ich bei ihr aufgekreuzt bin, einen Monat, nachdem sie mit mir Schluss gemacht hatte? Ich stand vor ihrer Tür und plärrte wie ein Säugling. Sie behandelte mich, als hätte ich die Krätze.»

«Was wirst du jetzt tun?»

«Ich habe keine Wahl. Ich werde nach Südamerika auswandern. Ich muss so schnell wie möglich Spanisch lernen.»

Nachdem wir bestellt hatten, entdeckte Kate einen Freund, der an der Bar saß. Er hatte ein längliches Gesicht, blätterte in einer Zeitschrift und nippte an einem Glas Wein. Wie sich herausstellte, war er Architekt und Autor. Kate hatte einmal für ihn gearbeitet und meinte, er habe Ähnliches durchgemacht wie ich. Offenbar war er ungefähr ein Jahr lang mit einer jungen Frau zusammen gewesen, die er dann sitzenließ, weil er Lust hatte, mit anderen Frauen herumzumachen. Ein paar Monate später erkannte er plötzlich, dass sie die Liebe seines Lebens gewesen war und dass er einen schrecklichen Fehler gemacht hatte. Da war sie aber schon mit einem anderen Mann zusammen, jünger als er, und seine Reue ließ sie völlig kalt.

«Das ist ja schrecklich», meinte ich. «Was ist dann passiert?»

«Ach», sagte Kate, «sie haben jetzt ein tolles Apartment, drei Blocks von hier. Sie ist im sechsten Monat schwanger mit ihrem ersten Kind.»

Ich bat Kate, mir ihren Freund vorzustellen, und platzte gleich mit meiner Geschichte heraus. Ich erzählte ihm alles über Joanna, von unserer ersten Begegnung bei der Party meines Bruders, über meine grauenhaften Ängste, bis hin zu unserer Italienreise und meinem Traum, der mich so aus der Fassung gebracht hatte. Er nickte, als würde er das alles verstehen. Als ich fertig war, fragte ich ihn, was ich tun sollte. Welchen Rat konnte er mir geben?

> Er sah mir in die Augen und sagte: «Verschanz dich.»
> «Was?», sagte ich. «Was meinst du damit?»
> «Grab dir einen Schützengraben, verschanz dich darin und warte. So lange es nötig ist. Sie hat keinen Grund, dir zu vertrauen. Du warst neurotisch, verrückt. Ein echtes Arschloch. Warum sollte sie jetzt ausgerechnet dich nehmen? Warum sollte sie dir zuhören? Deine Worte bedeuten ihr nichts mehr. Du musst ihr zeigen, dass du dich gut benehmen kannst. Du musst ihr zeigen, dass du ein psychisch stabiler, liebender Mensch bist. Und das bedeutet, dass du warten musst, und zwar so lange, bis du sie zurückgewonnen hast. Sei vor allem ihr Freund. Aber du solltest es ernst meinen. Wehe, du hältst dein Versprechen nicht, denn offenbar hast du diesem Mädchen schon ziemlich viel Kummer zugefügt.»
> «Aber wenn es nicht funktioniert? Was, wenn ich sie nicht zurückgewinne?»
> «Das ist möglich. Es gibt keine Garantie, nur eine Möglichkeit und bestenfalls eine Chance auf Wiedergutmachung. Und mach dich darauf gefasst: Selbst wenn es funktioniert, wird es wahrscheinlich lange dauern.»
> «Wie lange hat es bei dir gedauert?»
> «Ein Jahr», sagte er. «Das wichtigste Jahr meines Lebens.»

Joanna hatte Erbarmen: Nach vier Monaten nahm sie mich zurück. Ich drängte sie nicht und versuchte nicht, sie zu überreden. Ich war einfach nur präsent und freundlich und aufmerksam, ohne mich aufzudrängen. Genau wie die Freundin des Architekten war Joanna in der Zwischenzeit eine neue Beziehung eingegangen. Das war natürlich ihr gutes Recht. Ich zwang mich, sie unabhängig von ihrer Wirkung auf mich zu sehen – keine einfache Aufgabe für jemanden, der im narzisstischen Nebel der Angst umherirrt. Ich übte mich in Geduld und wartete.

Zu gegebener Zeit verblasste der andere, und meine Zeit war gekommen. Als wir uns zum ersten Mal wieder küssten, machte Joanna sich los und fragte: «Bist du immer noch verrückt?»

> «Ja», sagte ich. «Leider schon. Aber ich arbeite daran.»
> «Woher weiß ich, dass du nicht wieder ausflippen wirst? Woher weiß ich, dass ich nicht bescheuert bin?»

Ich sagte, dass ich wahrscheinlich wieder ausflippen würde – und nicht nur einmal. Das war unvermeidbar. Es war ein Teil von mir. Aber ich versprach ihr mit erhobener Hand, dass meine Angst sie oder uns nie wieder so anstecken würde wie in der Vergangenheit. Dafür würde ich sorgen.

Es war nicht immer leicht, mein Versprechen zu halten, aber ich habe es gehalten. Wenn ich in mein ängstliches Grübeln zurückverfalle, behalte ich es für mich oder lade es bei denen ab, die nicht mit mir zusammenleben müssen. Ich nehme mir Zeit, um mich wieder mit Brians Methode vertraut zu machen, die, wie ich jetzt weiß, einen Namen hat und auf der ganzen Welt praktiziert wird: Kognitive Therapie. Ich meditiere. Ich lese *Das Buch Scott* und die weisen, trostspendenden Sprüche, die ich selbst im Lauf der Jahre wahllos gesammelt habe. Ich mache sogar die Atemübungen meiner Mutter.

Und wenn nichts von alledem hilft, greife ich zu einem kleinen Trick, den Brian mir beigebracht hat. Das war kurz bevor ich nachgab und mich bereit erklärte, mit der richtigen therapeutischen Arbeit zu beginnen. Es war ein einfacher Trick – eigentlich läppisch. Fast hätte ich mich geweigert, ihn anzuwenden. Aber etwas in mir sagte, ich solle es versuchen, und ich bin froh, dass ich es getan habe.

Bei dem Trick ging es darum, die Sichtweise zu verändern. Wann immer ich merkte, dass meine Gedanken wieder um schwerwiegende Folgen kreisten und mein Kopf sich wieder fatale Ereignisketten ausdachte, sagte Brian, sollte ich einfach den Blick heben, meine Arme nach oben ausstrecken und laut rufen: «Her damit! Zeig mir, was du drauf hast!»

Ich kann unmöglich beschreiben, wie lächerlich ich mir vorkam, als ich das zum ersten Mal machte. Ich stand in der Mitte von Brians Sprechzimmer und zitterte wie gewöhnlich. Die Innenseite meiner Arme war schweißnass. Meine Handflächen und Fußsohlen waren feucht, ebenso meine Stirn, mein Rücken und meine Kniekehlen. Das einzig Trockene an mir war mein Mund, der sich anfühlte wie ein Stück Balsaholz. Er war so trocken, dass ich glaubte, keinen Ton rauszukriegen. Ich versuchte es trotzdem. Ich hob die Arme über den Kopf, richtete meinen Blick auf die Verkleidung der Zimmerdecke und forderte den Gott des Universums oder das Schicksal oder die Furien – wen oder was auch immer – heraus, mit allem auf mich loszugehen, was sie zu bieten hatten. *Her damit!*

Zunächst packte mich blankes Entsetzen. Seltsam. Obwohl ich kein gläubiger Mensch bin, war ich in jenem Moment fest davon überzeugt, dass etwas Allwissendes und Rachsüchtiges da draußen war. Ich war so sicher wie der chassidische Jude, der rituelle Schächter, über den ich einmal gelesen hatte. Jeden Morgen, wenn er seine Frau und seine Kinder verließ, um zur Arbeit zu gehen, weinte dieser Chassid so bitterlich, als stünde ihm seine eigene Hinrichtung bevor. Als er gefragt wurde, warum er das tat, erklärte er, er würde zu Gott rufen. Schließlich konnte man nie wissen, ob Gott ihn nicht erschlagen würde, bevor er Gelegenheit hatte, «Erbarme Dich über uns!» zu rufen.

Noch seltsamer als mein anfängliches Grauen war jedoch das, was danach passierte.

Ich lachte.

Ich konnte nicht anders.

Es war nur ein schwaches Lachen. Es dauerte vielleicht eine Sekunde, bevor ich wieder in meiner Angst gefangen war. Ich weiß nicht einmal, ob man es hören konnte. Auf jeden Fall kam es unerwartet – so unerwartet, als hätte sich auf einmal das Dach der Klinik aufgetan, und ein Lichtstrahl wäre zum Vorschein gekommen, der auf mich gerichtet war. Lachen? Ich hatte seit Monaten nicht mehr gelacht. Vollkommen eingetrocknet. Ich dachte, ich würde nie wieder lachen. Was gab es für mich schon zu lachen? Warum fanden alle das Dasein immer so verdammt lustig? Wie konnte man nur lachen, wo doch dem heimtückischen Gemüt jederzeit Hörner und Klauen wachsen konnten? Lachen war etwas für die Unwissenden. Es war nichts für die Ängstlichen.

Und doch lachte ich. Was war nur über mich gekommen? Ich hatte keine Ahnung.

Ich glaube, ich weiß jetzt, warum ich lachte, und so oft ich kann, versuche ich, mir den Grund ins Gedächtnis zu rufen. Ich glaube, ich lachte, weil ich mit meiner kosmischen Trotznummer nicht die geringste Resonanz erntete. Stille. Ich klingelte, aber niemand machte die Tür auf. Mein kleiner Angstanfall, den ich vor der Anrufung gehabt hatte, war völlig umsonst gewesen. Das bedeutete, dass meine Angst all die Jahre über umsonst gewesen war. Was hat ein Mensch zu fürchten? Viel. *Viel.* Tod, Krankheit, Verlust, Versagen, Erfolg, Armut, Gewalt, Wahnsinn, Verstümmelung, Verunstaltung. Von welcher dieser Plagen war ich in jenem Moment persönlich betroffen? Von keiner. Ich war allein, der hartnäckige Architekt meiner eigenen stumpfsinnigen Demontage.

Was für ein Narr.

Quellen

Aktahr, S. (2009). *Comprehensive Dictionary of Psychoanalysis.* London: Karnac.
American Psychiatric Association (2003). *Diagnostisches und Statistisches Manual Psychischer Störungen: Textrevision. DSM-IV-TR.* Deutsche Bearbeitung und Einführung von H. Saß, H.-U. Wittchen, M. Zaudig & I. Houben. Göttingen: Hogrefe.
Andre, T. (2009). *Doctors of Deception: What They Don't Want You to Know About Shock Treatment.* New Brunswick: Rutgers University Press.
Barlow, D. H. (2002). *Anxiety and its Disorders: The Nature and Treatment of Anxiety and Panic,* 2. Aufl. New York: The Guilford Press.
Bauby, J.-D. (1998) [1997]. *Schmetterling und Taucherglocke.* München: dtv.
Beck, A. & Clark, D. (2010). *Cognitive Therapy of Anxiety Disorders.* New York: The Guilford Press.
Collins, W. (2010) [1860]. *Die Frau in Weiß: Criminal-Roman.* München: dtv.
Darwin, C. (2010) [1872]. *Der Ausdruck der Gemüthsbewegungen bei dem Menschen und den Thieren.* Bremen: Salzwasser-Verlag.
Dostojewski, F. (2007) [1866]. *Schuld und Sühne.* München: dtv.
Dr. Seuss (2012) [1971]. *Der Lorax.* München: Kunstmann.
Freud, S. (1969) [1916–17]. *Vorlesungen zur Einführung in die Psychoanalyse,* 25. Vorlesung: Die Angst. Frankfurt/M.: Fischer.
Freud, S. (1992) [1926]. *Hemmung, Symptom und Angst.* Frankfurt/M.: Fischer.
Freud, S. & Breuer, J. (2011) [1895]. *Studien über Hysterie.* Frankfurt/M.: Fischer.
Goldhagen, D. (2000) [1996]. *Hitlers willige Vollstrecker: Ganz gewöhnliche Deutsche und der Holocaust.* München: Goldmann.
Goldstein, Kurt (1927). Zum Problem der Angst. *Allgemeine ärztliche Zeitschrift für Psychotherapie* 2, S. 409–437.
Hamilton, R. (1790) [1788]. Von den nothwendigen Eigenschaften und der wissenschaftlichen Erziehung eines Feldarztes. In: *Handbuch der militärischen Arzneikunde für Feldärzte und Wundärzte. Nach dem Plane eines englischen Werks von Hamilton,* Band 1. Leipzig: Weygand, S. 33–60.
Healy, D. & Shorter, E. (2007). *Shock Therapy: The History of Electroconvulsive Treatment in Mental Illness.* New Brunswick: Rutgers University Press.
Hofer, J. (1688). *Dissertatio medica de Nostalgia oder Heimwehe.* Basel: Univ., Diss.
Huxley, A. (2009) [1954]. *Die Pforten der Wahrnehmung. Himmel und Hölle. Erfahrungen mit Drogen.* München: Piper.
James, W. (1997) [1901/02]. *Die Vielfalt religiöser Erfahrung: Eine Studie über die menschliche Natur.* Vorlesungen VI und VII: «Die kranke Seele». Frankfurt/M.: Insel Verlag.
Kafka, F. (2008) [1909–1912]. *Gesamtwerk – Neuauflage. Tagebücher. Bd. 1: 1909–1912.* Frankfurt/M.: Fischer.

Kafka, F. (2009) [1912–1917]. *Briefe an Felice*, hrsg. v. E. Heller und J. Born. Frankfurt/M.: Fischer.

Kant, I. (2013) [1783]. *Prolegomena zu einer jeden künftigen Metaphysik, die als Wissenschaft wird auftreten können.* Berlin: Holzinger.

Kierkegaard, S. (1984) [1844]. *Der Begriff Angst*, hrsg. v. H. Rochol. Hamburg: Meiner.

Lipstadt, D. (1994). *Betrifft: Leugnen des Holocaust.* Zürich: Rio Verlag.

Malcolm, J. (1990). *The Journalist and the Murderer.* New York: Vintage Books.

McPhee, J. (2009). Checkpoints: Fact-checkers do it a tick at a time. *The New Yorker*, 9. Februar 2009, S. 56.

Melville, H. (2012) [1851]. *Moby-Dick.* Frankfurt/M.: Fischer.

Niemöller, M. (1937). Als die Nazis die Kommunisten holten. Zitiert unter www.martin-niemoeller-stiftung.de/4/daszitat/a31.

Roth, P. (2012) [1959]. Eli, der Fanatiker. In: *Goodbye, Columbus: Ein Kurzroman und fünf Stories.* Reinbek: Rowohlt, S. 307–365.

Roth, P. (2011) [1969]. *Portnoys Beschwerden.* Reinbek: Rowohlt.

Roth, P. (2004) [1979]. *Der Ghost Writer.* Reinbek: Rowohlt.

Roth, P. (2004) [1983]. *Die Anatomiestunde.* Reinbek: Rowohlt.

Roth, P. (1998) [1995]. *Sabbaths Theater.* Reinbek: Rowohlt.

Roth, P. (1994) [1993]. *Operation Shylock.* München: Hanser.

Shakespeare, W. (1988) [1606]. Macbeth. In: *William Shakespeare: Tragödien*, Übers. Schlegel/Tieck. Stuttgart: Parkland, S. 577–651.

Smith, D. (2001). «Shock and Disbelief». *Atlantic Monthly*, Februar 2001, S. 79–83.

Smith, D. (2007). *Muses, Madmen, and Prophets: Hearing Voices and the Borders of Sanity.* New York: Penguin.

Spikol, L. (2001). «Shocked and Appalled». *Philadelphia Weekly*, 7. Februar 2001, o. S.

Spinoza, B. (2006) [1665]. *Ethik, nach geometrischer Methode dargestellt*, hrsg. von M. Hampe und R. Schnepf. Berlin: Akademie Verlag.

Steinbeck, J. (2012) [1937]. *Von Mäusen und Menschen.* München: dtv.

Thoreau, H. D. (2009) [1852]. *The Journal of Henry David Thoreau: 1837–1861*, hrsg. v. Damion Searls. New York: The New York Review of Books, Eintrag vom 14. Juli 1852.

Siehe auch: «The Monkey Mind Chronicles» (Webseite zum Buch): http://monkeymindchronicles.com.

Über den Autor

Daniel Smith ist Autor von *Muses, Madmen, and Prophets: Hearing Voices and the Borders of Sanity* (2007). Er hat zahlreiche Beiträge veröffentlicht, unter anderem im *Atlantic Monthly*, *Granta*, *n+1* und *New York Times Magazine*. Er lehrt am Bryn Mawr College und am College of New Rochelle, wo er den Mary Ellen Donnelly Critchlow Stiftungslehrstuhl für Englisch innehat.

Werden Sie Ihr eigener Angst-Coach!

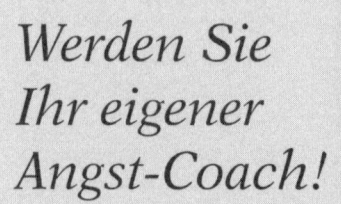

Ein gewisses Maß an Angst ist lebenswichtig. Aber bei vielen von uns geraten diese Gefühle außer Kontrolle. Dann leiden wir unter bestimmten Situationen oder Dingen, periodischen Panikanfällen oder einer allgemeinen erhöhten Ängstlichkeit. Solche Probleme sind nicht nur therapeutisch behandelbar, du selbst kannst schon heute etwas dagegen tun!

Gladeana McMahon
Endlich keine Angst mehr!
Hilfe durch Selbstcoaching
Übersetzt von Irmela Erckenbrecht.
2011. 120 S., 8 Abb., 1 Tab., Kt
€ 14.95 / CHF 21.90
ISBN 978-3-456-84983-6

www.verlag-hanshuber.com

HUBER

Wie die Unauffälligen triumphieren können

Sie fühlen sich oft schon von Kindesbeinen an anders? Sie schätzen Einsamkeit oder den intensiven Kontakt mit wenigen engen Freunden? Sie beteiligen sich oft nur an Gesprächen, wenn sie wirklich etwas zu sagen haben? Sie ziehen sich zurück, wenn sie unter Druck geraten?

«Bezaubernd, praktisch und tiefsinning … dieses Buch zeigt erstmals, wie introvertierte Menschen ihr Leben besser steuern können.» *Phil Zimbardo*

Marti Olsen Laney
Die Macht der Introvertierten
Der andere Weg zu Glück und Erfolg
Aus dem amerikanischen Englisch von Karsten Petersen.
2013. 302 S., 4 Abb., Gb
€ 24.95 / CHF 35.50
ISBN 978-3-456-85227-0

www.verlag-hanshuber.com

HUBER

Strategien für zukunftsweisende Prognosen

Warum wurde Facebook zum größten sozialen Netzwerk? Wie viel Einfluss haben CEOs auf den Erfolg ihres Unternehmens? Und motiviert uns eine bessere Bezahlung wirklich zu einer Mehrleistung? Was im Rückblick als eine schlichte Kausalkette erscheint, die unweigerlich zu diesem Ergebnis führte, ist prospektiv ein unüberschaubarer Wust an Faktoren, deren Wichtigkeit nur schwer oder gar nicht einzuschätzen sind. Und wenn wir Vorhersagen über zukünftige Entwicklungen von Marken, Produkten oder gesellschaftlichen Entwicklungen machen, liegen wir und auch viele Experten folglich meist daneben.

Duncan J. Watts
Alles ist offensichtlich*
*sobald man die Antwort kennt
Wie uns der gesunde Menschenverstand täuscht
Aus dem Amerikanischen von Jürgen Neubauer.
2013. 308 S., 6 Abb., Gb mit Schutzumschlag
€ 24.95 / CHF 35.50
ISBN 978-3-456-85230-0
E-Book: € 21.99 / CHF 30.00

www.verlag-hanshuber.com

HUBER